徘徊在新、旧外交之间

——20世纪20年代日本外交史论

Paihuai Zai Xin Jiu Waijiao Zhijian
20Shiji 20Niandai Riben Waijiao Shilun

◉ 祝曙光/著

人民出版社

目 录

引言

    本书所研究的日本外交并不仅仅限定于 20 世纪 20 年代，而是从 1918 年第一次世界大战结束到 1931 年"九一八事变"爆发，即日本学术界所说的"战间期"（两次大战之间），横跨大正时期和昭和早期。当然日本学术界对"战间期"的时间划分也有不同看法，即下限究竟应该定格在什么时间点上，1931 年？ 1937 年？ 抑或 1941 年？ 多数意见倾向于 1937 年。[①]笔者认为从日本历史发展角度而言，把 1931 年作为"战间期"的下限是合适的。因为 1931 年以前日本的扩张是有限的、可控的、节制的，"而且面临负面反馈时，其扩张政策也是可以逆转的"。占领东北以后，日本开始步入了针对中国的从内蒙古到华北、从华北到华中的全面战争道路，"与传统的战争不同，这是为战而战、失去具体目标的对外战争，或许被称为'法西斯的战争'"。"走向过度扩张的转折点出现在 1931 年。

---

    ① 20 世纪 70 年代、80 年代日本学界掀起了研究 20 世纪 20 年代日本外交史的热潮，取得了比较丰富的成果，但有关 1931 年至 1937 年的日本外交史研究却相对薄弱。20 世纪 80 年代日本和西方学者在文部省的资助下，集中研究了"战间期的日本外交"，其成果由入江昭、有贺贞编辑收入了《两次大战之间的日本外交》(东京大学出版会 1984 年版）。该书由 12 篇论文构成，遗憾的是欠缺以"九一八事变"至 1936 年期间的日本外交为研究主题的论文。入江昭撰写的《探索远东新秩序》(原书房 1968 年版），时间跨度也是 20 世纪 20 年代，即从 1921 年召开的华盛顿会议到 1931 年的"九一八事变"。1975 年 1 月，日美两国学者在夏威夷召开了 20 世纪 20 年代（1918—1931 年）日美关系史学术研讨会，其成果收入细谷千博、斋藤真编辑的《华盛顿体制与日美关系》(东京大学出版会 1978 年版）一书中。2001 年版，服部龙二出版了《东亚国际环境的变动与日本外交 一九一八——九三一》(有斐阁 2006 年版），服部龙二又撰著出版了《币原喜重郎与二十世纪的日本——外交与民主主义》(有斐阁 2006 年版）。

1937 年的决策是由此前政策中所包含的原则驱动的。"①日本左翼学者把
1931 年"九一八事变"爆发至 1945 年日本战败投降概括为整个的"十五
年战争"。②

　　20 世纪 20 年代被誉为近代日本的"和平与民主主义时期",政治上
实行普选制并由政党组阁,外交上积极融入国际社会,参与构建凡尔赛—
华盛顿国际体系,签订华盛顿海军条约和伦敦裁军条约,走协调外交之路。
尽管协调外交夭折了,但协调外交理念却沉淀下来,为二战后日本对外
战略的选择提供了重要的参照价值。美国著名日本问题专家赖肖尔(Edwin
O. Reischauer)指出,战后非军事化和民主化改革是战前日本历史的自然
延续:"任何认为我们是在一张白纸上创造一个全新的日本的想法都是荒
诞无稽的。从整个文化的角度看,变化不可能是很大的,即便那些可以
持续下来的明确的变化,也一定在总体上符合那个社会自身演变的模式。
由此看来,我们在日本的努力有着非常有限也非常现实的目标,那就是
重新调整力量平衡,使日本社会内部的和平民主力量能在将来逐渐压倒
军国主义和独裁主义的力量,也就是将后者占优势的 30 年代的历史逆转
过来。这一论点的假设显然是,日本已经存在强有力的和平民主倾向,
只需稍稍加重天平的这一端,就有可能使其取得支配地位……这一命题
的正确性不仅将由战后那段至关重要的历史来证明,也将由战前日本的
历史来证明。"③

----

①　[美] 杰克·斯奈德:《帝国的迷思——国内政治与对外扩张》,于铁军等译,北京大学出版
社 2007 年版,第 125 页 ; [美] 入江昭、[日] 有贺贞编:《两次大战之间的日本外交》,东京大学出版
会 1984 年版,第 15 页。

②　韩国学者批评"十五年战争"的概念是以中国和美国为中心的历史观,轻视了日本对朝鲜的
殖民统治。从韩国的角度来看,在 1945 年结束的这场战争,或者是发端于 1875 年江华岛的"七十年
战争",或者是发端于中日甲午战争的"五十年战争",或者是发端于日俄战争的"四十年战争"。韩
国学者引用了欧洲历史上百年战争的例子,主张"战争"一词不局限于持续的、全面的战争时期。([美]
劳拉·赫茵、马克·塞尔登编:《审查历史:日本、德国和美国的公民身份与记忆》,社会科学文献出
版社 2012 年版,第 212 页。)

③　归泳涛:《赖肖尔与美国对日政策》,重庆出版社 2008 年版,第 35 页。

二战前对华关系始终是日本外交的核心课题，占据最重要的地位，因为日本从来不是一个世界大国，其与西方国家的关系基本上都是围绕中国问题展开的。如何处理日中关系，以及使西方国家理解日本在华"权益"的重要性是日本外交的主要任务，正如原敬所说，"对清政略即是对欧政略"，反过来讲，对欧（美）政略即是对华政略。

明治维新以后，日本面临严峻的国际环境，西方列强已完成第一次工业革命，正在酝酿兴起第二次工业革命，摆在日本面前的有两条路，或者固守旧的体制，沦为西方国家的殖民地，或者维新变革，与西方国家为伍，即"脱亚入欧"，为此日本选择了后者，在内政外交方面引进西方式的理念、体制和行为方式。到了19世纪90年代初，日本已颁布了宪法，召开了议会，成立了政党，至少在表面上已是一个近代化国家。于是秉持弱肉强食外交理念的日本，在外交上越来越显示出强硬的一面，并视之为理所当然，于是与东亚的另一个强国中国迎头相撞，导致甲午战争的爆发。有意思的是，甲午战争的失败并没有造成中国人仇视日本人的心理，反而促使中国人对本国政治体制的反思，中日之间迅速和解了，中日关系出现了"蜜月"10年，这是国际关系史上的奇特现象。"百日维新"实际上是对明治维新的模仿，是明治维新的中国版。康有为向光绪帝呈送自己所撰的《日本变政考》，把明治维新的经验归纳为三件大事："一曰大誓群臣以革旧维新，而采天下之舆论，取万国之良法；二曰开制度局于宫中，征天下通才二十人为参与，将一切政事、制度重新商定；三曰设待诏所，许天下人上书，日主以时见之，称旨则隶入制度局。"康有为显然受到了明治政府颁布的《五条誓文》的影响。康有为认为，中国和日本同处亚洲，文字政俗相同："惟泰西国数极多，情势各异，文字政俗，与我迥殊，虽欲采法之，译书既难，事势不合，且其富强精巧，皆逾我百倍，骤欲致之，下手实难。惟日本文字政俗皆与我同，取泰西五百年之新法，以三十年追摹之，始则亦步亦趋，继则出新振奇，一切新法惟妙惟肖……吾地大人众，皆十倍日本，若能采鉴变法，三年之内，治具毕张，十年之内，治化大成矣。"①康有为在自编年谱中宣称，光绪为他的《日本变政考》所打动："每日本一新政，皆借发一义于案语中。凡中国变法之曲折条理，无不借此书发之，兼赅详尽，网罗宏大，一卷甫成，即进上。上复催，又进一卷。上以皆日本施行有效者，阅之甚喜。自官制、财政、宪法、海陆军、经营新疆、合满汉、教男女、改元迁都、农工商矿各事，上皆深然之。"光绪亲自任命维新人士黄遵宪为驻日公使，派总理衙门大臣张荫桓和军机大臣王文韶前往日本驻华使馆，传达光绪欲与明治天皇亲密交往的愿望。1898年9月11日驻华公使林权助在致日本外务省的电文中指出，张荫桓、王文韶来日使馆说明三件事情，一是光绪皇帝要赠送明治天皇头等第一勋章；二是将两国外交使节由公使升格为大使；三是此次所奉国书不同于以往，"其文句已由皇帝亲自拟定"，"以示亲交相依之御意"。②尽管戊戌变法失败了，但向日本学习、推进中日关系发展的理念却延续下来了。美国学者任达（Douglas R.Reynolds）指出粉碎中国2000多年帝制政府模式及其思想基础的，不是辛亥革命，而是以晚清新政为中心的思想和体制的革命。"中国在1898—1910年这12年间，思想和体制的转化都取得令人瞩目的成就。但在整个过程中，如果没有日本在每一步都作为中国的样板和积极参与者，这些成就便无从取得。和惯常的想法相反，日本在中国现代化中，扮演了持久的、建设性而非侵略的角色。不管怎样，从1898—1907年，中日关系是如此富有成效和相对地和谐，堪称'黄金十年'。"③1936年，日本学者神崎清有感于当时中日关系急剧恶化的现实，在《支那》月刊上对19世纪末20世纪初的中日关系发表了这样的看法："日本主要通过

①　孔祥吉、[日]村田雄二郎：《罕为人知的中日结盟及其他——晚清中日关系史新探》，巴蜀书社2004年版，第61—63页。

②　孔祥吉、[日]村田雄二郎：《罕为人知的中日结盟及其他——晚清中日关系史新探》，巴蜀书社2004年版，第69页。

③　[美]任达：《新政革命与日本》，李仲贤译，凤凰出版传媒集团、江苏人民出版社2006年版，第5页。

在军事、警务和教育方面的领导，直接参与了清政府的改革，扩展了新的日支关系。清政府正想方设法避免西方的侵略，日本政府也正千方百计遏制西方的渗透。在日俄战争前后，围绕着这一共同利益，出现了日本人称之为对支外交的黄金时代。"3 年后，日本学者实藤惠秀写道："只要注意现代时期，特别是日清战争后到日俄战争之间的年份，是无比的日、中两国的亲和时代。关系密切得使其他外国人妒忌。"1943 年，实藤更是把 1896—1905 年间称为中国"纯粹的亲日时代"。确实，中日关系的密切引起了西方人的嫉妒和焦虑，如乔治·林奇（George Lynch）发表了《中国的日本化》一文。无独有偶，雷里·宾茹（Rene Pinon）也撰写了《中国的日本化》，宣称，"这个新的中国将是日本人的中国"。[①]日本在日俄战争中的胜利更使中国人为日本人骄傲，扫荡了白种人天生优越的种族意识。辛亥革命爆发后，旧的王朝体制被推翻，中国面临国家重建的任务，希望日本帮助中国。

辛亥革命的爆发不仅使中国政治体制发生了转变，而且中国政局陷于动荡，日本将以什么样的姿态面对共和体制的中国，这对日本决策者来说是一个重大的抉择。但是日本却利用中国政治体制的转换所引发的动荡牟取私利，使中国人深感失望。而第一次世界大战的爆发为日本扩大在华利益提供了机会，日本表现出赤裸裸的侵略野心。"二十一条要求"的提出使日本在中国的形象大坏，中国出现了反日浪潮。

第一次世界大战结束后，美国总统威尔逊（Woodrow Wilson）提出了"十四点纲领"，标志着一种外交新理念的出现，外交民主化已显露端倪。国联盟约第 18 条规定："嗣后联盟任何会员国所订条约或国际协议应立送秘书处登记并由秘书处从速发表。此项条约或国际协议未经登记以前不生效力。"[②]也就是说，政府间所签订条约非经公布，则不发生法律效力。

---

① [美]任达：《新政革命与日本》，李仲贤译，凤凰出版传媒集团、江苏人民出版社 2006 年版，第 8 页。

② 《国际条约集（1917—1923）》，世界知识出版社 1961 年版，第 273 页。

这样就将外交置于公众和国际社会的监督之下，杜绝了以前的秘密外交。外交民主化的第二个表现，就是条约须经一国主权机关即国会的批准。1918 年前条约的批准在欧洲只是一种例行公事。在议会中占有多数席位的政府授予某些外交使节或谈判代表以缔结条约的"全权"，"只要谈判代表忠实地执行指令，他所签订的条约一定会被批准"。否认全权代表的签字，换言之，就是拒绝批准，将被认为投不信任票而政府就要随着辞职。"如果在欧洲国家中发生这样的事，那将被认为是在国际上不守信用的行为。"美国的政治体制与欧洲不同，条约须经议会批准。最著名的例子就是美国国会拒绝批准威尔逊总统亲自谈判和签字的《凡尔赛条约》和《国际联盟盟约》。此事在国际上产生了极大震动，它触及了外交政策的民主管理问题。"现在一个民主政府所缔结的任何条约，不仅仅在形式上，而且在实际上，应经国会两院大多数议员的同意。"英国政府制定了一项规则，任何需经批准的条约必须在议会搁置 21 天才得批准。①日本对世界外交理念的变化反应迟钝，在巴黎和会上仍以谋求本国私利为第一要务，根本没有显现出作为"五大国"之一的负责任的姿态。1918 年 9 月，政友会总裁原敬上台组阁，这是日本历史上第一位不拥有士族身份、不拥有任何爵位的首相，开始了近代日本外交的转型。原敬在外交上进行了一系列调整和改革。当时日本的外交处境相当孤立——日英同盟有名无实，形同虚设；日俄关系紧张（因日本出兵西伯利亚）；中国反日浪潮汹涌澎湃（因日本提出"二十一条"、出兵山东）……美英等国开始把精力转向中国，对日本发起外交攻势，重申门户开放、机会均等主义，反对日本在中国谋取特权。在这种情况下，原敬采取了"不干涉内政"、"日中亲善"等外交政策，对欧美采取国际协调外交，形成了国际主义协调外交，继原敬之后的几届内阁都强调日本要实行协调外交。1924 年 6 月，币原喜重郎就任日本外相，产生了日本外交史上著名的币原外交。可以说，

①　[英]哈罗德·尼科松：《外交学》，眺伟译，世界知识出版社 1957 年版，第 69—70 页。

在 20 世纪 20 年代国际主义协调外交思想及外交实践成为日本外交的主流。但是日本始终徘徊在新、旧外交之间，反对国际协调外交、主张推进强硬自主外交的政治势力依然暗潮涌动。1921 年 11 月协调外交之父原敬遇刺身亡。1927—1928 年田中外交一度取代了币原外交。"九一八事变"的爆发则最终结束了协调外交与政党政治，刺激军部实施新的对华扩张行动，使得中日两国发生全面冲突的危险大大加剧了。导致日本徘徊在新、旧外交之间以及最终坚持旧外交的原因是多种多样的，揭示 20 世纪 20 年代日本外交中潜藏的和平、民主价值在当今东北亚波诡云谲的国际形势下具有积极意义。

"二十一条要求"：现代中日关系的梦魇

日本是唯一摆脱了殖民地、半殖民地命运的近代亚洲国家。但是日本决策层和思想家一直存在着浓厚的危机意识。这种危机意识表现在两个方面：一是避免像其他亚洲国家一样，由于国力凋敝、军备松弛而遭受西方列强的侵略；二是加入争夺殖民地的行列，把对外扩张作为解决国内危机、缓和国内矛盾的重要手段。明治政府成立后，把"富国强兵"作为建国的三大政策之一。为此日本在1894年至1918年的20多年时间内，发动或卷入了多次战争，如甲午战争、日俄战争和第一次世界大战。强大的武装力量和对外战争的胜利，增强了军部在国家政治生活中的影响力，军部经常插手外交事务，严重制约了外务省独立自主地开展外交工作。

近代日本外交实际上是从1872年开始的。1872年9月13日中日签订了《日清修好条规》，建立了正式邦交关系。该条约较之以往的东亚传统邦交即华夷国际秩序和大君外交体系有很大区别，"可以将这一条约看成东亚国际关系进入近代标志的条约的嚆矢"。在中国对外认识的前提中，"中国的对外秩序（对国内秩序亦然），其基础是建立在'礼'之上的尊卑秩序，皇帝位于这个秩序的顶点，和皇帝处于同等地位的对等关系的存在是难以想象的"。日本特别重视该条约的平等性，"是因为在'平等'的关系化方面中国做出了让步，从而明确地显示出其以此为基础进而改变东亚国际关系结构的意图"。①明治以前，日本在"锁国"状态下根据有选择的"开国"而一度在朝贡贸易体系中占有相应的位置，获取贸易实利。但是明治以后，日本要通过与朝贡贸易体系的彻底诀别来重新规划东亚新的国际秩序。《日清修好条规》使日本获得了对中国属邦朝鲜处于"上国的地位"。朝鲜扼守东北亚海上交通要冲，有"东北亚门户"之称，是大陆力量中国与海洋力量日本博弈的重要场所，两种力量都不能容忍对方对朝鲜的控制。中日两国开国前，东亚有两种国际秩序，即以中国为中心的华夷国际秩序（朝贡贸易体系）和以日本为中心的"大君外交体系"，两种国际秩序针锋相对，都把朝鲜作为藩属，强调对朝鲜的控制。作为朝鲜的近邻，在历史上中国一直对朝鲜有着深远的影响。但19世纪中期以来西方势力进入东亚，加上朝鲜民族独立意识萌发，清政府对朝鲜的控制有所削弱，日本乘虚而入。为了获得对朝鲜的控制，日本与中国及西方列强展开了长达20多年的斗争。这场斗争又与中国东北的权益交织在一起，对东亚国际关系产生了重要影响，并诞生了历史上独一无二的东西方结盟，即日英同盟。日本在对朝鲜权益的争夺中占据上风，然而它是以牺牲中国东北的权益和其他利益为代价的，日本决不愿意俄国独霸中国东北，同样俄国也不能容忍日本获取整个朝鲜，由此导致了日俄战争的爆发。经过日俄战争，日本不仅巩固了在朝鲜的殖民利益，而且夺取了俄国在中国东北的权益，与英国在中国的势力范围直接接壤。日本在朝鲜和中国东北殖民利益的扩张引起了英国和美国的不安和嫉妒，使日英、日美关系发生了微妙的变化，最终导致日英同盟的终止。

一、太平洋上空战云初起

日俄战争是日美两国关系的转折点。因为经过这次战争，日本不

---

① ［日］滨下武志：《近代中国的国际契机——朝贡贸易体系与近代亚洲经济圈》，朱荫贵、欧阳菲译，中国社会科学出版社1999年版，第49—50页。

仅维护和扩大了在远东的殖民利益，而且确立了在西太平洋海域的海上优势（来自俄国的海上威胁不复存在，日本海军实力由战前的世界第四位上升为第三位），这不能不引起美国的不安和嫉恨。西奥多·罗斯福（Theodore Roosevelt）总统说："现在我的同情完全移到了俄国方面。因为最大的竞争者日本的强大化，不符合美国的利益。"①1905年2月23日《旧金山记事报》刊登了排斥日本移民的文章，这是美国新闻界首次出现的反日现象。美国舆论逐渐从亲日转变为反日。1907—1908年美国黄色报刊登载了大量排斥日本移民的宣传报道，煽动各地排斥日本移民。这种狭隘的民族主义宣传迅速从加利福尼亚蔓延到美国中部和东部，"成长为不易控制的怪物"。日本对美国的反日行动当然不会保持沉默。

日美关系的恶化引起了国际舆论的关注，日美战争论开始流行。1906年11月27日巴黎的《晨报》以"太平洋的战争"为题载文指出，日本将在最近同美国开战，进攻菲律宾和美国西海岸。与此同时，俄国彼得堡的一家报纸也出现了类似的文章，认为日本将在巴拿马运河开通前对美宣战。②日美战争论很快就从法俄等国分别传入美国和日本，各种预测、描述未来太平洋战争的文章、著作纷纷问世。1914年以前，有关日本成功入侵美国的小说在西海岸非常畅销。赫斯特出版社对"黄人危险"大加渲染："当一群日本渔民试图在墨西哥租借一个海湾时，他们还专门集会讨论日本政府企图建立海军基地的阴谋。"日本经历了相似的恐慌，"白人危险"开始在日本媒体上出现。一位退休海军军官撰写了名为《下一场战争》的小说，"讲的是日本进攻美国并占领其在太平洋上的岛屿。当日本准备进军德国在中国的殖民地时，许多军官和士兵以为要去打美

---

① ［日］秦郁彦：《太平洋国际关系史——日美及日俄危机的系谱：1900—1935》，福村出版社1972年版，第64页。

② ［日］秦郁彦：《太平洋国际关系史——日美及日俄危机的系谱：1900—1935》，福村出版社1972年版，第66页。

国"。①这些著作的出版发行显然对日美两国军方和广大民众产生了极大的影响，给日美关系蒙上了浓重的阴影。

随着日美关系的日趋恶化，日美两国军方分别着手起草针对对方的作战计划。日本首次被美国海军当局列为作战对象是在1897年5月。当时海军当局设立的特别委员会制订了围绕夏威夷的对日作战和围绕古巴的对西班牙作战的方案。该方案的主要内容是把美国海军的主力分布在大西洋及加勒比海，占领古巴，在太平洋海域则集结少量兵力防止日本夺取夏威夷。该方案反映了美国海军当局对日本并不重视，对日本的防御也完全是象征性的。日俄战争以后，特别是1906年美国加利福尼亚州发生排斥日本移民的事件后，日美关系急剧恶化。美国军方修正原来的作战计划，开始把日本作为潜在的敌国，考虑在大西洋对德和在太平洋对日作战的问题。第一次世界大战以后，美国海军当局根据国际形势的变化和日美现有的海军实力，再次修订作战计划，设想了对日作战的三个阶段。第一阶段，战争爆发以后，美国迅速把舰队集中到夏威夷，守卫东太平洋海域的战略要点；第二阶段，挺进中太平洋，攻占日本委任统治的加罗林群岛和马绍尔群岛；第三阶段，掌握日本近海的制海权，从海上封锁日本本土。1919年美国海军当局以一半的战舰编成了独立的太平洋舰队，要求强化太平洋沿岸的陆上支援设施。②

日本在1907年首次制定了《帝国国防方针》，决定以俄、美、法为假想敌国，建设一支以最新式战列舰和最新式装甲巡洋舰各八艘为主力的强大舰队。海军采取邀击击灭的作战方针，即首先扫荡美国在西太平洋的海上实力，掌握西太平洋的制海权，确保日本的海上交通线，然后以逸待劳，与进入西太平洋海域的美国主力舰队进行决战。1907年的《帝

---

① ［英］玛格丽特·麦克米兰：《大国博弈：改变世界的一百八十天》，荣慧、刘彦汝译，重庆出版社2006年版，第217页。

② ［日］细谷千博、斋藤真编：《华盛顿体制与日美关系》，东京大学出版会1978年版，第415—416、418—421页。

国国防方针》构筑了日本海军政策的三大支柱，这就是以美国为假想敌国、建设"八八舰队"和维持对美七成的海军实力。1918 年日本修订了《帝国国防方针》，决定以俄、美、中为假想敌国。对美作战的时候，在开战之初陆海军协同，攻占吕宋岛，覆灭敌人的海军根据地，使以后的邀击作战易于进行。使用陆军兵力预定为三个师团，海军的作战是把所有舰队集中到奄美大岛附近，以小笠原列岛一线为巡逻线，根据敌主力的进攻方向全力出击。①

二、第一次世界大战与日英矛盾

有英国学者指出："1894 年以后的半个世纪，英国对日观上的主要问题是日本在中国的活动。这个问题未包括在日英同盟之中，然而却是……日英关系的主要事情。日本的行动是 1921 年日英同盟被废止的主要原因之一，并且在以后也作为日英间的问题而继续。围绕与日本结盟对英国是否有利的议论，在英国内部是经常存在的。"②

英国同日本结盟的目的是为了遏制俄国南下和对抗德国在远东的扩张，维护英国在华利益。日英两国对华政策的一致是日英同盟赖以存在的基础。但是，第三次日英盟约缔结以后，日英两国围绕中国问题发生了尖锐的矛盾。

第一次世界大战爆发后，英国政府于 1914 年 8 月 7 日要求日本海军搜索并击沉正在中国海袭击英国商船的德国伪装巡洋舰，"这也意味着日本对德宣战"。日本政府立即予以答应并向英国发出了有关参战的备忘录。该备忘录声称，"一旦成为交战国，则日本之行动即不能仅限于击沉敌国之伪装巡洋舰"，"亦即为了破坏可能使日本及英国在东亚利益遭受损害

① 日本防卫厅防卫研修所战史室：《海军军战备（1）》，朝云新闻社 1969 年版，第 63 页。
② ［日］细谷千博编：《日英关系史》，东京大学出版会 1982 年版，第 44 页。

之德国势力，必须采取一切可能采取之手段和方法"。①显然，日本将以对德作战为借口，积极扩大在华利益和向南太平洋方向发展，"确立日本对东洋之利权"。

英国对日本这种公然的趁火打劫举动既反感又害怕。8月9日外交大臣格雷（Grey，Sir Edward，3rd Baronet）要求日本暂停当前的军事行动，日本断然加以拒绝并威胁道："如果明确英国业已撤销参战的要求，那将会给日英同盟带来极其恶劣的影响。"英国被迫同意日本参战，"但要求日本声明不攻击德占区以外的中国地区，不在南中国海及太平洋采取战斗行动"。②日本同意就限制战区一事向英国政府作出保证，但拒绝在宣战公告中加以声明。为了牵制日本，8月17日英国政府单方面发表声明："据了解，日本的行动，除非为保护日本在太平洋上的航线，将不使其越出中国海而扩及太平洋，而且不使其扩及德国在东亚属地以外之任何外国属地。"③日本根本不理睬英国的声明，日军在山东的行动大大超越了德占区，使山东省有可能成为第二个东三省。与此同时，日本海军进攻德属南太平洋群岛。

日英两国围绕日本参战所展开的矛盾斗争给日英关系及延续了12年之久的日英同盟蒙上了一层浓厚的阴影。英国严厉批评日本在对德战争中缺乏诚心诚意的合作，日英同盟关系冷却到了最低点。

日本对英国企图限制其行动自由感到不满。日本把一战的爆发作为"大正新时代之天佑"，认为"现在正值欧洲多事之秋，正是我们多年努力取得总收获的时机"，"日本必须下定东亚盟主的决心，果断地确定扩展

① ［日］信夫清三郎编：《日本外交史》上册，天津社会科学院日本问题研究所译，商务印书馆1980年版，第395页。
② ［日］信夫清三郎编：《日本外交史》上册，天津社会科学院日本问题研究所译，商务印书馆1980年版，第395页。
③ ［日］信夫清三郎编：《日本外交史》上册，天津社会科学院日本问题研究所译，商务印书馆1980年版，第395页。

的方策"。①日本的扩张政策与维持中国现状和稳定的英国政策极不一致。

1915年1月日本在未征求英国意见的情况下，向中国提出了范围广泛的"二十一条要求"，使英国感到恼火。3月8日格雷会见日本驻英参事官，"希望日本政府表现出隐忍自重的态度"。在会见中格雷提醒日本把行动局限在满洲，不要损害英国在华利益。3月10日英国大使给加藤高明外相送来了长长的备忘录。该备忘录认为日本在第5号中提出的3条铁路修筑权与英国的既得利益相抵触，要求重新加以考虑。5月4日格雷通过驻日大使向加藤表示，如果日本坚持第5号，造成日中两国关系的破裂，"英国舆论对违反日英同盟精神的事情，不会沉默吧"。②日本在英国的"劝阻"特别是中国人民的强烈反对下被迫后退，暂时撤销了"二十一条要求"中的第5号。

日本在很大程度上是靠英国势力起家的，日本同英国结盟的目的就是为了确立对远东的统治。英国是首先打开中国大门并在中国拥有最多殖民利益的西方强国，日本把它的触角从南满、东蒙伸向长江流域，窥伺整个中国，必然危及英国在华利益，引起日英矛盾的激化，从而影响日英同盟的巩固。日本统治者逐渐意识到，日本在华行动已经超越了英国所能容许的程度，需要重新估量日英同盟的价值。元老山县有朋和井上馨要求改变日本外交的基础，"以求不仅同英国，而且也同俄法两国结盟来预先作好应付战后国际竞争的部署，通过多边同盟来发展日本帝国主义的利益"。③加藤高明拒不采纳山县和井上的意见，他不愿意改变日本外交的基础。加藤的固执引起了元老们的反感。1915年8月加藤被迫挂冠而去，由驻法大使石井菊次郎继任外相。石井非常轻视日英同盟，认为第三次日英同盟对日本来说不过是"壁龛里的装饰品"。1915年10月日本正式加入

---

① ［日］井上清：《日本军国主义》第3册，马黎明译，商务印书馆1985年版，第137—139页。

② ［日］鹿岛守之助：《日英外交史》，鹿岛研究所1959年版，第481—482页。

③ ［日］信夫清三郎编：《日本外交史》上册，天津社会科学院日本问题研究所译，商务印书馆1980年版，第410—411页。

《伦敦宣言》，1916 年 7 月日本与俄国缔结了第四次日俄协定。于是日本外交的基础发生了显著的变化，日英同盟不再是日本外交的唯一基础了。

三、"二十一条"：不合时宜的旧外交之作

第一次世界大战爆发后，日本趁西方列强无暇东顾的机会，加紧向中国扩张。1914 年 8 月 15 日，日本政府向德国发出最后通牒，要求德国在 9 月 15 日以前将胶州湾租借地无代价、无条件地交给日本，以备将来移交给中国。8 月 23 日正午是最后通牒规定期限，德国未作答复。8 月 23 日下午 5 时 30 分，日本政府正式对德宣战，日军在龙口登陆。10 月 6 日，日军占领济南，控制了胶济全线。

日本为了把对胶济铁路及山东的占领合法化，遂企图借条约之力予以保障。1915 年 1 月 18 日，日置益向袁世凯递交了"二十一条要求"。"二十一条要求"酝酿于日本对德宣战之时。1914 年 8 月 26 日，日置益向外相加藤高明建议，利用日本对德参战的有利时机，乘机与中国交涉，确认和扩大日本在华权益，交涉内容有 4 项：1. 关东州租借地及南满、安奉两铁路之延长事项。2. 由日本协助对南满洲及东部内蒙古军政及一般内政之改善事项。3. 南满洲及东部内蒙古两地区，日本居民居住营业自由并给予谋生便利之有关权利事项。4. 由日本供给九江武昌间及南昌衢州杭州间铁路建设之资金，并许与日本承修下列铁路：南昌抚州光泽间、福州厦门间及福州三都澳间。另南昌厦门与南昌杭州铁路间之连接铁路，供给资金之优先权。日置益还技巧性地提出交换条件，即胶州湾将来归还中国和驱逐日本国内的革命党人。但加藤高明认为现在与中国进行交涉，时机还不成熟，"对所呈报的意见，大体没有异议。但目前就要攻占青岛，在此以前如果开始对华交涉，未免时机过早，实非上策"。[①]日军

---

① 章伯锋、李宗一主编：《北洋军阀》第 2 卷，武汉出版社 1992 年版，第 786 页。

攻占青岛后，加藤高明电招日置益回国，面授机宜，要求立即与中国交涉"二十一条要求"。加藤高明拟订的"二十一条要求"，内容庞杂，涉及领域众多，缺乏重点。日置益对此表示异议。日置益的异议引起加藤高明的不满，"加藤一度甚至考虑更换驻华公使，但为避免国际注意，又不宜特派专使担任，且时机亦不可延缓，遂决定坚持己见，仍令日置进行"。①迫于加藤高明的刚愎自用，日置益勉强接受了交涉任务。日置益回到北京后立即与使馆官员讨论"二十一条要求"，使馆官员均认为不妥：1. 交涉内容，过分分歧，且轻重失当，有并非当前紧急重要的问题，不宜并案提出。如使交涉范围扩大，将引起中国政府疑惧，进行上徒增困难。2. 要求内容中有属日本人已实际享有的权利，一旦提出，反使中国政府难以承认。3. 布教权本非紧要案件，日人并非不能实际享有。现因日本宗教界的意见，徒为对欧美教士泄愤之举，必招致华人恶感，对其他条款造成不利影响。日置益根据使馆官员的意见，对交涉内容重新整理，将"真正属于紧急重大事项，做成今次交涉的提案"，派一等书记官小幡酉吉携公使馆的修正案于12月底回东京说服加藤高明，但加藤不为所动，坚持己见。②"二十一条"共5号。第一号四条，中国政府承认日本享有德国在山东的一切权利，"允准，日本国建造由烟台或龙口接连胶济路线之铁路"。第二号七条，要求将旅大租借期限及南满、安奉两铁路期限延长为99年，并承认日本在南满及内蒙古东部的特殊权利。第三号二条，中日合办汉冶萍公司，"中国政府允准，所有属于汉冶萍公司各矿附近之矿山，如未经该公司同意，一律不准该公司以外之人开采"。第四号一条，中国沿海港湾及岛屿，不得租借或割让给其他国家。第五号七条，要求中国中央政府聘用日本人为政治、财政、军事等顾问，中国警政及兵工厂由中日合办，将武昌至九江、南昌，南昌至杭州、潮州间之铁路建筑权给

---

① 台湾"教育部"主编：《中华民国建国史》第二编，"国立"编译馆1985—1989年版，第897页。

② 台湾"教育部"主编：《中华民国建国史》第二编，"国立"编译馆1985—1989年版，第901—902页。

与日本，允许日本在福建省有投资修筑铁路、开采矿产及整顿海口的优先权。①由此可见，"二十一条"的重点在第一号和第五号。但第一号与第五号又有所区别，因为第一号是要求中国政府对日本继承德国在山东的殖民权益的既成事实加以承认，而第五号则是将中国置于日本的控制之下，严重损害了中国的主权。5月7日，日本发出最后通牒，限中国政府48小时答复。袁世凯于5月9日声明，除第五号"容日后协商"外，接受了日本的要求。为了与日本交涉"二十一条"，中国政府与日本公使举行会议20余次，时间长达3个多月。5月8日袁世凯在国务会议上指出："日本不谅，强词夺理，终以最后通牒迫我承认。我国虽弱，苟侵及我主权，束缚我内政，如第五号所列者，我必誓死力拒。今日本最后通牒将第五号撤回不议；凡侵及主权及自居优越地位各条，亦经力争修改，并正式声明将来胶州湾交还中国；其在南满内地虽有居住权，但须服从我警察法令及课税，与中国一律。以上各节，比初案挽回已多。"②事实确实如此。始终参与"二十一条"交涉过程的外交次长曹汝霖指出："日本所提之《二十一条》，议结者不满十条，而第五项辱国条件，终于拒绝撤回。""得此结果，亦是国家之福。世人不察，混称《二十一条》辱国条件，一若会议时已全部承认者……世人对此交涉不究内容，以讹传讹，尽失真相。"③袁世凯在日本发出最后通牒的前一天，即5月6日，密电各省政要指出："在我国不宜因此决裂，蹂躏全局。但尽心竭力，能挽救一份，即收回一份之权利。"④外交部也在致各省政要的电文中指出："此次交涉，历时四阅月，正式会议二十五次。"交涉结果，"于我主权、领土、内政及列国成约，幸无损失，即已失之胶澳，尚有交还之望。虽南满方

---

① 章伯锋、李宗一主编：《北洋军阀》第2卷，武汉出版社1992年版，第786、799—801页。
② 章伯锋、李宗一主编：《北洋军阀》第2卷，武汉出版社1992年版，第821页。
③ 曹汝霖：《曹汝霖一生之回忆》，中国大百科全书出版社2009年版，第133页。
④ 唐启华：《被"废除不平等条约"遮蔽的北洋修约史（1912—1928）》，社会科学文献出版社2010年版，第159页。

面损失较巨，然日俄战争以后，日人在南满势力既已不可收拾，喧宾夺主已越十年，租借本根据成约，内地杂居亦久成事实，而欲于此积弱之时，求恢复已失之权利，断非口舌所能办到。政府殚精竭虑，虽迭经威吓强迫，而关于领土、主权、内政条约诸端，始终迄未松劲"。[1]日本著名外交家币原喜重郎也指出："《1915年之条约及换文》，每多谓为'二十一条要求'，实与事实不合，且属极大之舛误。照此名词，皆以为日本力持原来之全部提案及中国接受其全部。实则日本之第一次提案中，除第五项外，尚有数条，业经完全取消，或经大加修改，以应中国政府意愿，然后草就最后提案，交与中国而请其承受。"[2] "所谓'二十一条'也好，最初提出的日本要求事项有二十一条也好，在交涉中日本撤回的事项相当多，并非所有的都签字了。即便已经签订批准的条目中，向满洲派遣日本顾问这一事情，日本并没有要求实施，也没有这一想法。"[3]所以"二十一条"交涉结束之后，日本舆论对政府极为不满，"以其所获不丰也"。"迨帝制之说起，日本强硬派认为机会又至，主张出兵干涉，大举征服中国"。

　　以往学术界有一个观点，即袁世凯为了当皇帝而接受日本提出的"二十一条"，其实这是想当然。否则就不能解释袁世凯称帝期间，日本为何"领导五国劝告，鼓动三次革命，接济宗社党及蒙匪，扰乱东三省，大拆袁世凯之台"。曹汝霖回忆说，在日使递交"二十一条"的翌日凌晨，袁世凯即招外交总长孙宝琦、秘书长梁士诒、政事堂左丞杨士琦和曹汝霖到总统府讨论应对"二十一条要求"的对策。"总统说，日本这次提出的觉书，意义很深，他们趁欧战方酣，各国无暇东顾，见我国是已定，隐怀疑忌，故提出觉书，意在控制我国，不可轻视。至觉书第五项，意以朝鲜视我国，万万不可与他商议。"袁世凯还对如何与日本交涉

---

① 章伯锋、李宗一主编：《北洋军阀》第2卷，武汉出版社1992年版，第821—822页。

② 唐启华：《被"废除不平等条约"遮蔽的北洋修约史（1912—1928）》，社会科学文献出版社2010年版，第159页。

③ ［日］币原喜重郎：《外交五十年》，读卖新闻社1951年版，第101—102页。

"二十一条要求"提出了详细的切实可行的意见："总统逐条用朱笔批示，极其详细。""并瞩开议时，应逐项逐条商议，不可笼统并商。对第一条批，此本于前清中俄协定东三省会议时，已允继续俄国未满之年限，由日本展续满期，今又要重新更定。但将来若能收回，对于年限没有多大关系，此条不必争论。对承认德国利益问题，批应双方合议，何能由日本议定，由我承认，这是将来之事，不必先行商议，可从缓议。对于合办矿业，批可答应一二处，须照矿业条例办理，愈少愈好，可留与国人自办。对于建造铁路，批须与他国借款造路相同，铁路行政权，须由中国人自行管理，日本只可允与以管理借款之会计审核权，惟须斟酌慎重。对于开商埠，批须用自开办法，并应限制，免日本人充斥而来，反客为主。对汉冶萍铁矿厂，批这是商办公司，政府不能代谋。浙闽铁路，批须查卷，似与英国有关。对福建让与，批荒唐荒唐，领土怎能让与第三国。对内地杂居，批治外法权没收回之前，不能允以杂居。至第五项，批此项限制我国主权，简直似以朝鲜视我，这种条件岂平等国所应提出，实堪痛恨。日本自己亦觉不妥，故注希望条件，不可理也，万万不可开议，切记切记（两句加朱笔密圈）等语。"[1]美国驻华公使芮恩施（Paul Samuel Reinsch）在其回忆录中指出："反对袁的人指责说，提二十一条要求这个主意，最初是袁提出来的，以便他可以换取日本对他日后政策和野心的支持。然而就我所知道的自始至终的整个谈判情况来说，我必须认为，这种指责是非常荒诞的。"[2]袁世凯还果断撤换对"二十一条"交涉漫不经心的孙宝琦的外交总长职务，任命陆征祥为外交总长。袁世凯指示陆征祥对谈判尽量采取拖延态度。陆征祥采取许多巧妙的计策拖延谈判。"日本要天天谈，每周五次，陆则提出每周开会一次，并和颜悦色地和日方争辩。他说他很忙，有许多别的外交问题等他处理，他还要参加内阁

① 曹汝霖：《曹汝霖一生之回忆》，中国大百科全书出版社2009年版，第122—123页。
② [美] 芮恩施：《一个美国外交官使华记》，李抱宏、盛震溯译，文化艺术出版社2010年版，第139—140页。

的会议。"最后达成妥协，每周会谈三次，时间是下午四点至六点。"陆的妙计是每次说完开场白后即命献茶，尽管日本公使不悦，他还是决意尽量使喝茶的时间拖长。"①中国为获得国际支持，不理会日本要求保密的要求，交涉期间顾维钧在当天下午或第二天，面见芮恩施和英国公使朱尔典（Sir John Newell Jordan），将谈判内容及时透露给美国和英国。美国驻华公使芮恩施认为"中国保护自己的最好办法，就是将事情公开化，不然，日本人会三番五次提出无理要求，而对外则一概拒不承认"。②王芸生在其所著的《六十年来中国与日本》一书的 1933 年版中指出："综观二十一条交涉之始末经过，今以事后之明论之，中国方面可谓错误甚少。若袁世凯之果决，陆征祥之磋磨，曹汝霖、陆宗舆之机变，蔡廷幹、顾维钧等之活动，皆前此历次对外交涉所少见者。""及二十一条要求提出，中国政府乃聚精会神以应付。自兹以往，中国外交政策颇为正确，在技术上亦多可取之处。"③

"二十一条要求"交涉结束后，中日关系不仅没有改善，反而进一步恶化。1916 年 1 月，日本政府拒绝中国特使周自齐赴日，"以窘辱北京政府"。这一事件发生后，日本各大报刊纷纷发文报道，"日政府已辞退中国特使，其要旨谓：中政府扬言，俟周使归国，实行帝政，颇启列国猜疑，中国南方亦有卖国使节之目，日政府甚深迷惑"。中国驻日公使在致外交部的电文中表示：此次拒绝周使，"即是蔑视元首之发端，其机关报口气图画，已不以友谊相待"。"看彼逐日阁议及与元老往来之状态，似不仅谢绝特使而已。彼政府乱暴举动，每出意外，其欲倒我政府，计

　　① 《顾维钧回忆录》第一分册，中国社会科学院近代史研究所译，中华书局 1983 年版，第122—123 页。
　　② ［美］鲍威尔：《我在中国二十五年——〈密勒氏评论报〉主编鲍威尔回忆录》，邢建榕等译，上海书店出版社 2010 年版，第 40 页。
　　③ 王芸生编著：《六十年来中国与日本》第 6 卷，大公报社 1933 年版，第 398—400 页；转引自唐启华：《被"废除不平等条约"遮蔽的北洋修约史（1912—1928）》，社会科学文献出版社 2010 年版，第 156—157 页。

划已非一日。"日本政府还严词警告袁世凯，"延缓帝制。如不听，则出自由行动，派兵驻中国要地"。①

在与日本交涉"二十一条"期间，袁世凯多次拍桌子发火。1915年1月19日袁世凯在会见日籍军事顾问扳西利八郎时，"以颇为激愤之口吻言称：日本国本应以中国为平等之友邦相互往还，缘何动辄视中国如狗彘或奴隶？如昨日日置公使所提出之各项要求条件，我国固愿尽可能予以让步，然而不可能之事就是不可能，毫无办法。"②袁世凯是否能拒绝日本提出的"二十一条要求"呢？不可能。因为当时欧战正酣，西方列强无法对日本进行牵制，而中国则没有力量与日本决裂。当日本提出最后通牒后，英国公使朱尔典极力劝说中国政府接受，否则后果将非常严重。袁世凯指出："我国国力未允，目前尚难以兵戎相见。""为权衡利害，而至不得已接受日本通牒之要求，是何等痛心！何等耻辱！""经此大难以后，大家务必认此次接受日本要求为奇耻大辱，本卧薪尝胆之精神，做奋发有为之事业。"③确实，中国当时没有实力与日本开战，不得不以和平手段与日本周旋。袁世凯的错误在于解决了"二十一条"问题后，"颇喜其外交之胜利"，"不至再有大问题发生"，而根本没有想到日本统治者对"二十一条要求"的交涉结果极为不满。

日本在交涉"二十一条要求"中所表现出来的虚伪、狡诈，使日本在中国和世界的形象大坏。芮恩施指出，"日本人犯了两个根本性的错误。其一，他们虚伪地否认提出第五号的各项要求，而且不如实地说明这些要求的真正性质；其二，公然发出进行武力威胁的最后通牒。""日本人通过发布新闻说给外国人听的是一套，而他们在北京实际上干的又是一套。日本报刊对此大为恼火，这与其说是因为日本政府企图欺骗它的盟友的行为被当场揭穿，不如说是因为国外及时的宣传和强大的舆论正在

---

① 王芸生编著：《六十年来中国与日本》第七卷，三联书店1981年版，第27—30页。
② 章伯锋、李宗一主编：《北洋军阀》第2卷，武汉出版社1992年版，第803页。
③ 章伯锋、李宗一主编：《北洋军阀》第2卷，武汉出版社1992年版，第822页。

挫败日本把自己的要求强加于中国人的企图。"①5月9日，日置益在致加藤高明外相的电文中指出："五月九日当地发行的二十余种汉文报纸，俱将中国外交部提供的我最后通牒译成汉文刊出，慷慨悲愤，情绪激昂，并以五月七日为国民蒙受奇耻大辱之日，要作为纪念日永矢弗忘；痛呼国民今后卧薪尝胆，奋发图强，期于异日雪此耻辱。各报纸论调大同小异，关于交涉事项的报导与各种评论，几乎布满各报篇幅。"②中国掀起了大规模的抵制日货运动，许多在华日本教习被解聘，在日本的约4000名中国留学生不顾教育部的通告，愤然集体退学归国，以示抗议。"更有甚者，在大量留日学生变得仇日的同时，许多留美学生在这前后陆续回国并且发挥了重要的影响。顾维钧在政界的迅速上升和胡适在学界的'暴得大名'，在某种程度上象征着一种在那时主要还是潜在的权势转移——美国在华影响的上升和日本在华影响的下降。"③政友会总裁原敬不无忧虑地感叹："对中国外交失败之极。""总之，此次事件引起了本应成为亲善之中国之反感，亦招致了本应关系亲密之列国误解，若长此以往，日本将来会处于何种境况？不外是陷入被孤立之境。不言自明，多强大之国家，都不可被孤立。"④日本国际关系史专家卫藤沈吉指出，"二十一条"并不包含什么新东西，"除满洲租借地的扩张外，它们也不意味日本在中国更有地位"。"二十一条"的提出，显示了日本外交的迟钝和愚笨，而提出最后通牒，"使其感觉迟钝到了顶点"。"这份最后通牒并没有使日本有多少收获，但为每年5月25日成为国耻纪念日提供了象征"，激发了中国的民族主义。"二十一条使中国和美国大众如此激愤的原因是它们的不合

① [美]芮恩施：《一个美国外交官使华记》，李抱宏、盛震溯译，文化艺术出版社2010年版，第135页。
② 章伯锋、李宗一主编：《北洋军阀》第2卷，武汉出版社1992年版，第803、822页。
③ 罗志田：《乱世潜流——民族主义与民国政治》，上海古籍出版社2001年版，第85—86页。
④ 《原敬全集》下卷，原敬全集刊行会1929年版，第245—248页，转引自陈月娥：《近代日本对美协调之路》，中国社会科学出版社2005年版，第105—106页。

时宜。它们是按照 19 世纪 90 年代帝国主义的掠夺精神炮制的, 但晚了 20 年, 在中华民国和美国的进步运动兴起之后。从任何意义上说, 它对日本是一次得不偿失的胜利。"① "二十一条"使得中国人对日本的好感荡然无存, 民间充斥着厌日和仇日情绪。

① [美] 费正清、费维恺编:《剑桥中华民国史》下卷, 杨品泉、张言等译, 中国社会科学出版社 1993 年版, 第 113—117 页。

第
二
章

巴黎和会：中日两国的激烈交锋

    巴黎和会是新旧外交的第一次正面交锋。威尔逊的"十四点纲领"使中国人深受鼓舞，以为凭借新外交的旋风可以一举收回德国在山东的殖民权益，免遭日本的趁火打劫。但是，中国外交的成败取决于美国是否有能力和意愿贯彻新外交的理念。1919年的美国与1946年的美国不同，1919年的美国还不够强大，还不足以使欧洲国家与东方的日本听从于它，结果中国在巴黎和会上的合理要求没有得到满足。巴黎和会也是对日本外交适应能力和弹性的一次检验。尽管日本在继承德国在华权益问题上取得了胜利，然而日本在巴黎和会上的表现非常笨拙，除涉及自身利益外，在国际联盟等有关构筑世界新秩序的议题上则沉默寡言，被国际舆论讥讽为"和平会议的沉默伙伴"。巴黎和会后，日本外务省内掀起了革新运动。

一、威尔逊的十四点纲领：新外交的诞生与日本

    1918年1月18日，美国总统威尔逊在国会发表演讲，提出了公开外交、民族自决、裁军、建立国际联盟和反对秘密外交等主张，即著名的"十四点纲领"，标志着新外交的正式诞生。威尔逊的"十四点纲领"是有感于以往秘密外交、均势外交所引发的巨大军事冲突而提出的。旧

外交"通过谋求势力均衡的协商、联盟来达到目的。协商、联盟的方式必然要产生秘密外交，随之带来秘密条约。秘密条约使国民在不知不觉中陷于战争的深渊，在不知不觉中把国民同帝国主义者的利益联结在一起"。① 威尔逊将势力均衡和秘密外交排除于国际政治之外，"公开的和平条约，必须公开缔结，缔结后不得有任何种类的秘密的国际谅解，而外交也必须始终在众目睽睽之下坦率进行"。② 威尔逊在前往巴黎的途中对美国代表团中的专家们表示："他们的使命是进行新秩序与旧秩序的斗争。"③ 威尔逊的"十四点纲领"不仅在欧美受到了积极评价，而且给被压迫民族带来了希望。有历史学家指出：威尔逊和列宁推翻了欧洲政治传统，为世界史开创了新的时期："在欧洲的一角，有作为崭新的思想与政府体系的布尔什维克。在欧洲的另一角，美国作为没有同欧洲结合的国家，竟以凌驾于传统的所有强国的规模而开始介入了。1917年，旧的意义上的欧洲史结束了，世界史开始。这是列宁与威尔逊的年代。他们两人都把政治行动的传统标准破坏殆尽，都把乌托邦说成是地上的天国。这是我们现代世界诞生的一瞬间，也是近代人存在的富有戏剧性的一瞬间。"④

由于威尔逊决定在"十四点纲领"的基础上召开巴黎和会并构建战后国际秩序，中国驻美公使顾维钧向威尔逊递交了一份备忘录，综述了中国对和会的希望，并请美国予以支持。备忘录包括以下要点："一、今后中国和其他国家的关系应建立在平等原则基础上；二、中国的主权与独立应受到签约国之尊重；三、1900年义和拳之乱所导致的辛丑条约即使不完全废除，也应予以修正。"国务卿兰辛（Robert Lansing）和助理国

---

① [日]信夫清三郎编：《日本外交史》下册，天津社会科学院日本问题研究所译，商务印书馆1980年版，第450页。
② [英]E. H. 卡尔：《两次世界大战之间的国际关系》，徐蓝译，商务印书馆2009年版，第225页。
③ [美]罗伊·沃森·柯里：《伍德罗·威尔逊与远东政策（1913—1921）》，张玮瑛、曾学白译，社会科学文献出版社1994年版，第242页。
④ [日]信夫清三郎：《日本政治史》第四卷，周启乾译，上海译文出版社1988年版，第133页。

务卿朗向顾维钧保证："对备忘录中所述之希望，美国是同情的。"威尔逊在会见顾维钧时，回答了顾提出的问题，"他的回答进一步证实了美国的同情态度"。"他对我详谈了他对和会的希望，反复申述他在著名的'十四项原则'中论述过的原则。他说，要想世界永久和平，必须有一个新秩序。不应再用老一套的外交方式来解决战争问题，战胜国不应要求割地赔款；应该废除秘密外交，应该通过建立维护世界和平的组织来创立新秩序。"[①] 1919 年 1 月 6 日，驻华公使芮恩施致电威尔逊，要求总统在巴黎和会上支持中国："我感到有义务提请您考虑把中国问题的永久彻底解决纳入为缔造和平而欲达成的协议之中的迫切需要。我直接向您呼吁……因为在中国人民心目中，您已成为他们最美好的希望和愿望的化身……一位外国政治家的话在中国如此深入人心实乃前所未有……""五年来的经历使我不能不得出这样的结论：日本军事主子们采用的方法只能导致罪恶和破坏，想以公平和正义来阻止他们是不可能的，只有明确认识到这种行动不能容忍，才可能阻止他们。""中国必须摆脱外国在其境内施加的一切政治影响，摆脱由外国控制铁路和在政治势力的支持下得到种种优惠安排的状况。"[②] 芮恩施的报告反映了美国代表团中所存在的亲华反日观点："日本精神就是普鲁士精神，日本的领导人公开赞美这种精神，并有意识地选择普鲁士政府为样板。""在远东要想正义获胜，自由幸存，就必须遏制日本。"[③] 和会前美中两国代表团建立了非常密切的关系，"前者十分坦白地向后者提供忠告和建议"。

日本外交的转型始于第四次伊藤博文内阁时期（1900—1901 年）。时任外务大臣的加藤高明认为，应该使外交决策权从元老手中回归到外

---

① 《顾维钧回忆录》第一分册，中国社会科学院近代史研究所译，中华书局 1983 年版，第168—169 页。

② [美]罗伊·沃森·柯里:《伍德罗·威尔逊与远东政策（1913—1921）》，张玮瑛、曾学白译，社会科学文献出版社 1994 年版，第 245 页。

③ [美]罗伊·沃森·柯里:《伍德罗·威尔逊与远东政策（1913—1921）》，张玮瑛、曾学白译，社会科学文献出版社 1994 年版，第 245 页。

相，同时排除军部特别是陆军对外交的干涉。日本外交名义上由外务省主管，但是由于元老、军部在日本政治体制中的特殊地位，往往撇开外务省独自决定和执行对外政策，形成所谓"双重外交"，遭到国际社会的批评。第二次大隈重信内阁时期（1914—1916年），加藤高明再次以外相身份入阁，把他的外交理念化为具体行动，废止了从1898年以来形成的将外交机密文书送元老传阅的惯例，而以简单的事后报告代替，提出了"外交归外务省"的口号。加藤高明公然挑战元老、军部在外交事务上的特权，引起了元老、军部的强烈不满。1914年9月24日，四位元老与大隈首相会谈，要求政府确认元老在外交中的重大作用，"首相和元老间经过交换意见而确定的外交上的一致意见，作为外务大臣的加藤男爵必须遵行"。"凡重要的外交往来函电或交涉文书，均要破以往不交元老传阅之例，将它们的原文或译文送交元老传阅；又，将来同外国进行的重大交涉事件，均要事先与元老进行协商，以体现举国一致之实。"①加藤拒绝向元老妥协。1915年8月10日，在元老的运作下，反加藤势力迫使加藤辞去外相职务。由此说明，"在天皇制权力范围内由外务省实行一元化的难以逾越的界限"。1916年10月，大隈重信内阁辞职，由元老山县有朋的心腹、朝鲜总督寺内正毅出任首相。1917年6月6日，寺内内阁设立临时外交调查委员会（外交调查会），这是对加藤高明倡导的"外交一元化"的反动。外交调查会设总裁一人、干事长一人、委员若干人、干事若干人。该机构"直属天皇，对有关时局的重要案件进行考察和审议"。根据外交调查会议事规则，"有关本会的议事及报告事项，无论大小，须绝对恪守秘密"。外交调查会会议分为报告会和评议会。报告会由干事长报告外交上的经过及情况，应其他委员的要求提供调查资料。评议会由干事长说明所要讨论的议案或案件，通过会议调查审议。评议会议案由干事长起草并经总裁认可。有关国防外交问题，外交调查会认为有调查

---

① [日]升味准之辅：《日本政治史》第二册，董果良译，商务印书馆1997年版，第469页。

的必要，经总裁认可，由干事长向首相通报，要求相关部门负责人出席会议加以说明。外交调查会每月开两次例会，必要时可临时开会。①寺内正毅首相任总裁，本野一郎外相、后藤新平内相、加藤友三郎海相、大岛健一陆相、枢密院顾问官牧野伸显、平田东助、伊东已代治和政友会总裁原敬、国民党总理犬养毅任委员，本野一郎外相任干事长。外交调查会的设立极大地削弱了外务省的权力，导致了外务省地位的下降。"组织这个外交调查会以来，外交大权从外务省脱离，外务省仅成为办理外交事务的官厅。因为寺内总理本人是军阀巨头，把军阀的立场摆在第一位来运营国家、规定外交国策，自然外交政策也就带有军人派头的帝国主义色彩，以至出现所谓双重外交，并不奇怪。在用人等方面也是以重视严格等级制度的军人态度来对待，因此，无论是外务大臣本野一郎，或是后藤新平，在寺内面前简直可以说抬不起头来。所以，外务省的次官和政务局长等，即使在外交方面相当老练，或是出色人才，一旦遇上寺内，都被当作仅执行具体外交事务的官员来对待，几乎并不放在眼里。"外交调查会设立之后，外交人员被置于无责任的地位，"诸如寺内内阁的援段政策、劝告中国参战、日中陆海军共同防御协定、对华经济援助贷款（通称西原借款）、出兵西伯利亚等外交政策，都是先在这个外交调查会上讨论决定其根本大纲，然后在形式上作为内阁会议决定的事项，责成外务省来实施"。②当时外务省的机构只有政务局和通商局两个局，政务局的大部分工作由外交调查会承担了，除中国问题外该局几乎无事可做。

舆论广泛反对设立外交调查会。6月17日，京都大学教授佐佐木在《东京朝日新闻》上发表文章，指出尽管外交调查会辅助天皇，但不允许在国务大臣之外设立辅弼机关，所以外交调查会的成立违宪。大阪朝日、大阪每日、东京朝日、日日、东京每日、报知、万朝报等报纸连日刊登文章，

---

① [日]外务省百年史编纂委员会：《外务省的百年》上卷，原书房1980年版，第661—663页。
② [日]外务省百年史编纂委员会：《外务省的百年》上卷，原书房1980年版，第665—666页。

猛烈抨击设立外交调查会，其主要观点是设立该机构违宪，是转移国务
大臣的责任、维持寺内内阁的计谋等。6月23日召开的第39届临时议
会也围绕外交调查会设立的必要性和合法性展开讨论，有议员提出废止
外交调查会，理由是该机构的设立违宪，侵犯了枢密院的权限。但议案
未获通过。宪政会总裁加藤高明以在内阁之外设立直属天皇的外交机构、
会牵制外务大臣为由，拒绝入会。加藤高明倡导"外交一元化"，着眼点
是在形式上统一外交，由外务省主管外交，防止政出多门。但是他的外
交理念仍停留在旧时代。

　　威尔逊"十四点纲领"的出笼，使日本敏感地意识到新外交的到来。
1918年9月原敬上台组阁，建立外交一元化体制，推行对美协调、"日
中亲善"、不干涉中国内政的外交实践，形成了日本外交史上有名的协调
外交政策。原敬任命与自己有相同外交理念的西园寺公望、牧野伸显等
人为参加巴黎和会的日本全权代表。本来不少政界人士呼吁原敬首相作
为首席全权代表出席巴黎和会，因为另外四大国（英、美、法、意）的
首席全权代表均为总统或总理。外交调查会多数成员赞成原敬首相任首
席全权代表，元老山县有朋也劝说原敬出席巴黎和会，驻英大使珍田捨
巳于1918年11月23日致电外务省，"为了维持帝国的威望，内阁总理
大臣或外务大臣担此重任，代表帝国最为适当"，或者阁外有崇高资望的
政治家担任全权代表，具体条件是军人以外的与德国无密切关系的政治
家。但是巴黎和会时间长，首相、外相长期滞留国外不利于施政，最后
确定由西园寺公望、牧野伸显、驻英大使珍田捨巳、驻法大使松井庆四郎、
驻意大利大使伊集院彦吉为全权代表，前首相西园寺公望任首席全权代
表。西园寺公望年老体弱，直到会议进程过半的1919年3月2日才到巴
黎，实际上牧野伸显担当了首席代表。在出发前往巴黎前的1918年12
月2日和8日，牧野伸显在外交调查会会议上对以往的"旧式外交"进
行抨击，"自己担当重任赴欧洲，对外固应为我帝国极力倡导顺乎世界大
势，同时又不能不切望勿使国内陷于茫然自失之窘境，今后愿致力于排

除威压权谋之手段，以走正道扶助弱国为主义"。"过去日本外交有些表里不一、权谋术数、以势压人，表面上口称日华亲善，内幕却是霞关外交、私人外交和军人外交三足鼎立，以致引起外国的猜疑。"鉴于战后和平主义的世界风潮，有必要对日本的对外政策特别是对华政策进行反省，即以往日本的对外政策，或标榜正义公正，或声明机会均等、门户开放，提倡不干涉内政、日中亲善，实际行动却与此相悖，为此受到列国批评，必须恢复增进帝国的国际信义。在对华关系上，排除"强压的、利己的、阴谋的政策乃至手段"，真心诚意谋求日中的谅解亲善，开辟帝国对华政策的新局面。具体做法就是日本率先提倡废除治外法权、撤退外国特别是我国的军队、放弃庚子赔款等。①但是，牧野伸显的发言引起了留恋或推行旧外交人士的强烈不满。外交调查会中的多数人不认同牧野伸显的观点，寺内前首相和田中义一陆相则紧逼牧野，要他用事实来说明外交上的分裂。新旧外交首先在日本国内发生了冲突。为了安抚军部和右翼势力，原敬在调和新旧外交主张的基础上确定了日本参加巴黎和会的方针，从而使代表团的活动并未脱离旧外交的窠臼。

二、山东问题与中日关系

巴黎和会是新旧外交的第一次正面交锋，也是对日本外交适应能力和弹性的一次检验。

中国作为战胜国之一，应邀出席了巴黎和会。中国代表团向和会所提各项议题均被拒绝受理，只有山东问题因涉及德国海外殖民地的处置，被允许列入和会议程。胶济铁路在山东问题中最为重要，"鲁案以铁路为第一要点"。

---

① 　[日]外务省百年史编纂委员会：《外务省的百年》上卷，原书房1980年版，第709页；[日]信夫清三郎编：《日本外交史》下册，天津社会科学院日本问题研究所译，商务印书馆1980年版，第446—447页。

甲午战争以后，帝国主义列强掀起了瓜分中国的狂潮。1896 年 12
月 16 日，德国公使海靖（Friedrich Gustav von Heyking）向清政府提出以
租赁 50 年的方式割让一个储煤站的要求，并指明要索取胶州，遭到清政
府的拒绝。1897 年 11 月 1 日，山东曹州府巨野县发生两名德国传教士
被杀事件，德国立即抓住这个机会，派军舰闯入胶州湾，并于 11 月 15
日强占胶州城。海靖向清政府提出六项要求，其中包括"德国工程师，
在山东省内，具有建筑通省铁路以及开采铁路沿线矿藏的优先权"。张之
洞指出，"六条中惟铁路最毒，意在踞全齐耳"，"不许则难了，轻许则贻
害"。①

德国一方面以武力胁迫清政府接受它的要求，另一方面拉拢英、法、
日、俄等国，以消除各国对其侵略计划的阻挠。1898 年 3 月 6 日，清政
府被迫与德国签订了不平等的《胶澳租借条约》。条约规定，中国将胶州
湾租与德国，"允准德国在山东盖造铁路二道：其一由胶澳经过潍县、青州、
博山、淄川、邹平等处往济南，及山东界。其二由胶澳往沂州及由此处
经过莱芜县至济南府。其由济南府往山东界之一道，应俟铁路造至济南
府后，始可开造"，"于所开各道铁路附近之处，相距三十里内，如胶济
北路在潍县、博山县等处，胶沂济南铁路在沂州府莱芜县等处，允准德
商开控煤斤等项，及须办工程各事，亦可德商华商合股开采"。② 1899 年
德国开始建造胶济铁路，1903 年完成了胶州至周村的 300 余公里铁路，
以后又修通了周村至济南的铁路，1904 年 6 月 1 日，胶济铁路完工通车，
全长 440.7 公里。胶济铁路东起青岛，西连济南，接津浦铁路北达北京，
战略地位十分重要。

第一次世界大战爆发后，日本趁西方列强无暇东顾的机会。加紧向
中国扩张。1914 年 8 月 15 日，日本政府向德国发出最后通牒，要求德

---

① 宓汝成编：《中国近代铁路史资料》第二册，中华书局 1963 年版，第 376—377 页。
② 宓汝成编：《中国近代铁路史资料》第二册，中华书局 1963 年版，第 380—381 页。

国在 9 月 15 日以前将胶州湾租借地无代价、无条件地交给日本，以备将来移交给中国。8 月 23 日正午是最后通牒规定期限，德国未作答复。8 月 23 日下午 5 时 30 分，日本政府正式对德宣战，日军在龙口登陆。"龙口的登陆作战，不仅是为了进攻胶州湾，而且隐藏着要控制整个山东的意图。"日军占领潍县车站以后，违背了原先同意的不到潍县以西的诺言，沿胶济铁路西进，直逼济南。中国政府于 9 月 26 日、27 日、30 日接连向日本提出抗议，谴责日军破坏中国中立和侵占胶济铁路。9 月 27 日，外交部照会日本驻华公使日置益：日本军队进入潍县，"占据车站，该铁路为中德公司，各车站向无德国军队，均归中国保护。潍县系完全中立地点，贵国如此行为，显与声明不符，实属侵犯中国中立"。要求日军立即撤退，并交还车站。①日本外相加藤高明辩解说，德国经营的胶济铁路同胶州湾租借地是不可分割的，占领它不是侵犯中立。当时中国外交次长曹汝霖在同日本驻华公使日置益举行的会谈中，明确表示不同意日本对胶济铁路的占领，同时提出非正式调停案：一、中国政府不允许将胶济铁路出卖或让与日本以外的第三国；二、战后日德两国对胶济铁路有何协议，中国政府不执异议。10 月 4 日，中国政府得到德方同意将胶济铁路让给中国接管，待战后解决的意见。中国政府为此同日本商议，日本却不承认这种接管。②10 月 6 日，日军占领济南，控制了胶济全线，还将铁路员工逐步换成日本人。中国政府要求日军撤回国内或仅留驻青岛，胶济沿线不能驻扎日军。

日本为了把对胶济铁路及山东的占领合法化，遂企图借条约之力予以保障。1915 年 1 月 18 日，日置益向袁世凯递交了"二十一条"。"二十一条"共 5 项，其中第一项即为山东问题，内容为"中国政府允诺，日后日本国政府拟向德国政府协定之所有德国关于山东省依据条约或其他关

---

① 章伯锋、李宗一主编：《北洋军阀》第 2 卷，武汉出版社 1992 年版，第 705 页。

② 吴东之主编：《中国外交史》第二册，河南人民出版社 1990 年版，第 39—40 页。

系对中国政府享有一切权利利益让与等项处分，概行承认"。"允准，日本国建造由烟台或龙口接连胶济路线之铁路。"①5月7日，日本发出最后通牒，限中国政府48小时答复。袁世凯于5月9日声明，除第五项"容日后协商"外，全部接受了日本的无理要求。

英国受日英同盟的制约，无法有效地干预日本的行动。美国既反感日本的趁火打劫行动，又不想卷入中日纷争，而是尽量维持远东现状和门户开放、机会均等主义。1914年8月10日，日本舆论报道美国大西洋舰队正赴远东途中。为此中国驻日公使陆宗舆拜访美国大使格恩里（George W. Guthrie），"很想知道美国舰队是否是用来保护中国及维持远东的和平"。格恩里否认了这一消息。8月12日，美国驻华临时代办马慕瑞（John Van Antwerp Mac Murray）致电国务院，"这里流传着一个谣言说，美国正在给亚细亚舰队派出相当多的增援部队，以便在必要时援助中国，中国对这个谣言寄予奢望"。美国国务卿布赖恩（William Jennings Bryan）要求马慕瑞对此予以否认。②美国不愿意对日本施加军事压力。1914年10月7日，美国驻华公使芮恩施表示，中国政府对于山东问题，"现在不要决断，颇为得计。大战后凡与有关系之国，必有大会议，于彼时必有公断，中国不致吃亏，若现与日本决断，会议时恐无挽回机会。现在只好以日本所允者行之，其不允者听之，公道自在人心。贵国亦无所忌惮也。贵国处此时势，以和平之法待遇日本，是为上策"。③

中国对德宣战后，日本为了巩固其在山东的地位，1918年9月24日，外务大臣后藤新平与中国驻日公使章宗祥进行了关于山东问题的换文，换文主要内容为：一、胶济铁路沿线的日本军队，除济南留一部队外，其他全调集于青岛；二、胶济铁路由中国巡警队担任警备，但在巡警队本部及重要站所应聘用日本人；三、胶济铁路所属确定后由中日两国合

---

① 章伯锋、李宗一主编：《北洋军阀》第2卷，武汉出版社1992年版，第799页。

② 章伯锋、李宗一主编：《北洋军阀》第2卷，武汉出版社1992年版，第755—758页。

③ 章伯锋、李宗一主编：《北洋军阀》第2卷，武汉出版社1992年版，第720页。

办经营;四、现行的民政机构撤销。[①]当时北洋政府在复文中竟明确表示"欣然同意",这就默认了日本在山东的非法地位,遗日本于巴黎和会上拒绝归还山东以重要口实。

1919年1月27日,巴黎和会开始讨论山东问题。日本首席代表牧野宣称:"胶州湾租借地及铁路,并德人在山东所有其他一切权利,德国应无条件让与日本。"1月28日,中国代表顾维钧在发言中指出,胶州湾租借地是中国领土不可分割的一部分,1898年中国将该地租与德国,"实肇始于德国侵略之行为"。"胶济铁路至济南而接津浦,可以直达北京,实足以扼自海至京最捷之一途。""即仅为国防问题,中国全权断不能听任何他国于此重要地点,有所争持。"现中国处于战胜国地位,要求德国归还山东及胶济铁路是理所当然的事情。"二十一条"是日本依恃武力向中国提出的无理要求,中国政府不愿接受,"经日本送达最后通牒","始不得已而允之",然而中国政府视之"至多亦不过临时暂行之办法",最终修正之权当在和会。"进而言之,中国既于宣战布告中显然声明,所有中德两国从前所订一切条约、合同、协约,皆因两国立于战争地位,一律废止。则1898年3月6日之约,德国因之而得据有租借地暨铁路以及他项权利者,当然在废止之列。而德人所享之租借权利,按法律言之,即业已回复于领土之主权国"。"即谓租借之约不因战争而废绝,然该约中本有不准转租之明文",德国无权转租与第三国,"至铁路一节,则按1900年3月21日之中德胶济铁路章程,本有中国国家可以收回之规定,即含有不准转让与他国之意"。[②]

第一次世界大战期间,英法等国为了促使日本积极对德作战,曾同意日本继承德国在山东的殖民权益,形势对中国不利。法国总理克列孟梭(Georges Clemenceau)明确表示法日两国在青岛问题上已有成约,所

---

① 章伯锋、李宗一主编:《北洋军阀》第2卷,武汉出版社1992年版,第720页。
② 《秘笈录存》,中国社会科学出版社1984年版,第73页。

以法国不能支持中国的要求。4月22日，中国代表在由英美法等国首脑组成的最高会议上再次陈述中国的要求。美国总统威尔逊声称，"中国、日本既有1915年5月之条约换文于前，又有1918年9月之续约于后，而英法等国亦与日本协定条约，有维持其继续德国在山东权利之义务"，所以中国对德宣战不能取消中日间的成约。英国首相劳合·乔治（David Lloyd George）也表示，"当时允酬日本之价未免稍昂，然既有约在前，究不能作为废纸"。中国代表指出，日本的地理位置与中国十分接近，"尤其是在满洲，它在那里占有一条直达北京的铁路，如果将德国权利转让给日本就会造成一个非常严重的局面。如果日本占领着满洲和山东的铁路，北京就将处在一个被钳制的地位"。为了防患于未然，"现在就应该解除这些不幸的条约"。①但日本代表却公开扬言，如果不让它继承德国在山东的殖民权益，就拒绝在和约上签字。

4月30日，在没有中国代表参加的情况下，英美法三国会议最终决定承认日本继承德国在山东的全部殖民权益，并将有关条款列为《凡尔赛和约》（对德和约）第156、157、158条。中国在巴黎和会上外交失败的消息传回国内以后，激起全国人民的极大愤慨，爆发了轰轰烈烈的"五四"爱国运动。在国内人民斗争的压力下，中国代表团拒签《凡尔赛和约》。"中国此举使日本处于微妙境地，没有中国的签字同意，它在对德和约中获享的权利就不能合法继承。"②自此，山东问题成为中日两国的悬案。山东问题极大地影响了中日关系。王芸生指出："自二十一条交涉以来，中日关系本已走入恶境，乃袁世凯殂谢，段祺瑞当国以后，却出现波平浪静空气和缓之一段落。此一段落，可自民国五年末西原借款酝酿之日算起，至民国八年初巴黎和会开幕时止。""迨巴黎和会开幕，山东问题之论争一起，中日外交积累之素憾遂表面化。""顾维钧在三国

---

① 程道德等编：《中华民国外交史资料选编（1919—1931）》，北京大学出版社1985年版，第60—63页。

② 《顾维钧回忆录》第一分册，中国社会科学院近代史研究所译，中华书局1983年版，第212页。

会议中之演词，开中日两国论战之记录，终止拒签凡尔赛和约，中日关系乃打破多年来之敷衍状态，转入对垒形式。"①

日本赢得山东的代价是巨大的。"二十一条"交涉以来，中国的反日运动进一步高涨，"严重阻碍了日本在中国的计划"。另一方面日本与西方国家的关系也受到了破坏。"1921年沃伦·哈定（Warren Gamaliel Harding）当选美国总统，美国政府更加反日。20世纪20年代，由于在中国和贷款联盟问题上的分歧以及日本公民在美国遭遇的歧视，本已紧张的美日关系继续麻烦不断。""英国人开始认真考虑盎格鲁与日本海军联盟的未来。西方人坚信日本是'黄色普鲁士'。寇松（George Nathaniel Curzon）先对真达然后对日本驻伦敦大使谈论日本在中国的行为。他认为日本坚持在中国的要求是不明智的，既使中国敌视，又使英国忧虑。他督促日本大使考虑英日关系以及远东地区的安全问题。"②

巴黎和会对山东问题的处理与"十四点纲领"的精神严重背离，令中国人极为失望，多年来中国学界对巴黎和会一直持负面评价，这是可以理解的。其实威尔逊的顾问们也几乎一致要求他反对日本的要求，无论后果如何。"如果警察可以保留捡到的钱包内的东西，而只把空钱包交还失主，并声称他履行了职责，那么日本的行为就可以容忍"。"和平令人向往，但还有比和平更珍贵的——公正和自由。"③但并不能因此而否认"十四点纲领"的积极意义。威尔逊在和会上批评日本坚持旧外交的做法，对日本代表团进行了措辞尖锐的长篇道德演说，"他说，远东和平的焦点在中国和日本，他认为日本应多想想它对中国的义务——这种义务论是国联的中心思想。他希望日本能带动远东共同坚持国联思想"。"他要求日本明确答复它打算如何帮助中国。他希望列强将来分享利益，并

① 王芸生编著：《六十年来中国与日本》第七卷，三联书店1981年版，第364—365页。
② ［英］玛格丽特·麦克米兰：《大国博弈：改变世界的一百八十天》，荣慧、刘彦汝译，重庆出版社2006年版，第235页。
③ ［英］玛格丽特·麦克米兰：《大国博弈：改变世界的一百八十天》，荣慧、刘彦汝译，重庆出版社2006年版，第232页。

给中国一个平等于世界各国的机会。"①尽管和会达成的条约有缺陷，但威尔逊认为新外交的理想并未湮灭，巴黎和会只是"修正而不是拒绝了'十四点'"。他在巴黎向国际法律协会发表演讲时，是这样回答凡尔赛条约的批评者的："就人类的经验而论，你不可能一下子冲进光明。在中午到来，阳光洒满山水大地之前，你必须经过黎明渐渐进入光明的白天；因此我们必须明白，所希望的东西不会因为指出实现希望必须经历的过程：法律程序、从昔日束缚我们的许多事物中慢慢解脱的过程，而落空。你不可能一下子就把人的种种积习统统抛掉，必须慢慢除掉它们，或者，更确切地说，必须慢慢改变习俗，必须慢慢地改，必须使习俗慢慢适合于我们将利用其达到的新目的。"②此外，1919 年的美国与 1946 年的美国不同，1919 年的美国还不够强大，还不足以使欧洲国家与东方的日本听从于它，正如威尔逊感叹的那样："法国和英国已与日本订约承认对德条约中达成的山东解决办法，因而使自身完全受到约束。你说我们应该怎么办？……除非按你的意见，我们强迫英国和法国与日本解除专约，那么你说我们应该怎么干这件事？又靠什么力量去干？"威尔逊表示，他不喜欢山东解决办法，"但情况是没有其他办法可想。他问道，你打算为了把山东归还中国而对日本、法国和英国开战吗？"③威尔逊与他的前任一样，因缺乏贯彻其政策所必需的实力而不得不对日本谋取远东优势地位的行动采取了妥协的外交手段。巴黎和会之后山东问题仍是中日两国交涉的重要问题，一直延续到华盛顿会议上才得以解决。

日本在巴黎和会上的表现令国内外舆论深感失望。在涉及日本国家权益的议题上，日本充分发表意见，不遗余力维护自身权益，甚至以拒

---

① [美]罗伊·沃森·柯里：《伍德罗·威尔逊与远东政策（1913—1921）》，张玮瑛、曾学白译，社会科学文献出版社 1994 年版，第 258 页。

② [美]罗伊·沃森·柯里：《伍德罗·威尔逊与远东政策（1913—1921）》，张玮瑛、曾学白译，社会科学文献出版社 1994 年版，第 271 页。

③ [美]罗伊·沃森·柯里：《伍德罗·威尔逊与远东政策（1913—1921）》，张玮瑛、曾学白译，社会科学文献出版社 1994 年版，第 283—285 页。

签和约、退出会议相要挟，而在国际联盟等有关构筑世界新秩序的议题上则沉默寡言，采取"大势顺应主义"，被国际舆论讥讽为"和平会议的沉默伙伴"。日本在国际舞台上展现的外交形象与其大国地位极不相称。英美代表团阵容庞大，均由数百人组成，包租了巴黎几个宾馆，有完备的情报收集系统，对和会讨论的议题有深入研究，准备了丰富翔实的资料，能够迅速提出相关议案。而日本代表团人手不足、组织不完备，除涉及日本自身权益的议题外，对许多国际问题均缺乏深入研究，不仅无法准备议案，连发表意见都很困难，显得非常狼狈。为此，外务省内的少壮派掀起了"革新运动"，其目标是开放门户、选拔青年优秀人才充实外交团队，对外交人员进行培训，在外务省内设置有充分权限的常设机构来推进革新运动。1919 年 9 月 20 日少壮派成立了"外务省革新同志会"，东京设干事 5 名，英美法中各设干事 2 名以下。在东京的会员每月定期开会一次，彼此交换意见。9 月 26 日，干事会通过了"外务省革新纲领要目"，包括"门户开放"、"省员的养成与馆员的培养"、"选拔淘汰"、"新设调查局"、"政务通商事务的一局化"和"课的增设与课长的权限扩充"、"经费的充实"等。9 月 29 日，46 名少壮派外交官员在"外务省革新纲领要目"上签名并呈递内田康哉外相，要求在外务省内设置有充分权限的审议和实行革新案的常设机构。10 月 1 日的《东京朝日》发表了题为"少壮派抬头之秋、霞关的改造"的文章，指出最近外务省少壮派官员在研究外交的名义下经常聚会，列举以往外交政策的错误、武断外交的弊端，要求改变因袭的秘密外交方针，在新的国际形势下增进外交效率。当天的《东京朝日》还载文指出，构成霞关中间力量的少壮新进外交官参加巴黎和会以后，积极倡导改革，在外务省内吹入一股"清凉的新空气"，现在这股改革运动的潮流已席卷省内各课，大多数外交官赞成其观点，加入该运动。①

---

① ［日］外务省百年史编纂委员会：《外务省的百年》上卷，原书房 1980 年版，第 740—743 页。

在革新运动的推动下，鉴于外交事务的日趋繁杂，外交方式和外交手段的变化，日本政府对外交机构进行了调整，选拔优秀人才充实外交人员队伍。1913年，外务省机构为二局四课制，即政务局（下设第一课、第二课）和通商局（下设第一课、第二课），政务局掌管外交事务，通商局承担通商航海及移民事务，第一课负责亚洲区域，第二课负责亚洲以外区域。另有大臣官房，下设人事、文书、会计、翻译、电信五课。1919年7月，新设条约局，接着又设立临时和平条约事务局、情报部等，临时和平条约事务局负责国际联盟及对德和平条约实施等相关事宜，1924年12月废止，其所辖事务转归条约局。尽管情报部的设置是在1921年8月23日，但筹备工作很早就开始了，并从1920年4月起进行实际活动。第一次世界大战后各国都非常重视在国际舞台上展开舆论宣传，中国外交人员也在巴黎和会上进行了卓有成效的宣传活动，日本显得非常被动。为了收集情报、操纵舆论，必须设立强有力的宣传情报机构。"外务省革新同志会"提出的改革内容之一就是"设置情报部"。在巴黎和会召开前，原敬首相就认真考虑了这一问题。他派当时的《读卖新闻》主笔伊达源一郎前往巴黎，与全权代表牧野伸显和伊集院彦吉商量此事。伊集院彦吉主张在内阁设立强有力的情报局，把外务省、陆海军和大藏省的情报系统统一起来。伊达集思广益，以伊集院的构想为中心，拟订方案回国呈递给首相，但原敬认为："这是根本不可能实行的方案。陆军军阀、海军军阀都非常任性，要统一他们的情报是无论如何办不到的事情。我身为总理大臣也没有办法，很伤脑筋。这个方案中的情报局长不知何人来做，我看也干不了三天。与其做无用功，不如在外务省设立强有力的情报部，大力进行情报的收集、交换、公布等活动，我认为这个办法可行，就这么办吧！"[①]第一次世界大战以后，军部在国家政治

① ［日］外务省百年史编纂委员会：《外务省的百年》上卷，原书房1980年版，第1028—1029页；［日］信夫清三郎编：《日本外交史》下册，天津社会科学院日本问题研究所译，商务印书馆1980年版，第455页。

生活包括外交上仍有很大的影响，具有威压权谋旧外交理念的军部首脑决不会放弃对外交的干预。原敬对军部的意图洞若观火。他在委托伊达对设立情报机构进行调查时，自己似乎已有腹案。由于对伊达方案不满意，原敬指令外务省实行自己的腹案。这一工作大约是从 1919 年下半年开始的。关于在外务省设立情报部等新机构的传闻在省内外流传起来了。1920 年 1 月 17 日的《东京朝日》发表了以"情报部的开始"为题的文章，并报道了内定的情报部长及各部主任的人选。外务省情报部首任部长为伊集院彦吉，下设三个课，第一课负责中国、香港、澳门及暹罗的情报事务,第二课负责上述地区以外的情报事务,第三课掌管部内的庶务工作。另设文化事业部，负责对华文化事业。1921 年起，外务省开始发行《外务省公报集》和《外务省年鉴》，日本外交正式进入情报宣传时代。1920 年 10 月，政务局拆分为亚洲局和欧美局。这样外务省就形成了稳定的四局制，直到 1942 年 11 月才重新设立政务局。[①]第一次世界大战以后，外交人员数目和经费预算有了很大增加。

1917—1924 年度外务省职员数、预算经费一览表[②]

年度	职员数（人）	预算额（日元）
1917 年	486	7，455，981
1918 年	586	13，614，722
1919 年	673	26，676，204
1920 年	896	23，878，480
1921 年	1138	32，781，144
1922 年	1154	31，077，077
1923 年	1095	26，795，307
1924 年	1101	26，493，543

① ［日］外务省百年史编纂委员会：《外务省的百年》上卷，原书房 1980 年版，第 997—999 页。
② ［日］外务省百年史编纂委员会：《外务省的百年》上卷，原书房 1980 年版，第 755 页。职员数包括外务省内职员和在外使领馆判任以上人员。根据日本文官官制，一至二等为敕任，三至九等为奏任，其下为判任。

巴黎和会以后，舆论要求废止外交调查会的呼声日益高涨，认为外交调查会只是一个临时机构，随着第一次世界大战结束及和平条约的签订，外交调查会已失去了继续存在的理由，日本外交应回归正常。华盛顿会议以后，一些外交调查会委员后藤新平、犬养毅等也提出废止该机构。1922 年 8 月 7 日，后藤新平致信加藤友三郎首相，提出辞去外交调查会委员一职。随着后藤新平、犬养毅、平田东助、伊东已代治等人陆续退出外交调查会，"外交调查会无论在形式上还是实质上都已失去存在的意义"。1922 年 9 月 18 日，外交调查会被废止，结束了其 5 年零 4 个月的活动。

第三章

华盛顿会议与日本

由于中国拒签《凡尔赛条约》，而美国国会没有批准该条约，《凡尔赛条约》无法在远东发挥作用，使巴黎和会后的远东太平洋地区仍处于无序状态。为了限制日本的海军军备和抑制日本的对华扩张，美国提议召开华盛顿会议。华盛顿会议是巴黎和会的继续，由《四国条约》、《五国海军协定》和《九国公约》等条约构成的华盛顿体系是凡尔赛体系的补充，确立了第一次世界大战后远东太平洋地区的新的国际秩序。华盛顿会议是美日在远东太平洋问题上的一次全面的较量。

华盛顿会议的召开和华盛顿体系的建立反映了一战后远东各种政治力量的变化。尽管参加华盛顿会议的国家达到了9个，但会议的主角显然是美、日、英三国，而在涉及远东太平洋问题上更是凸显了美日的核心地位，由此说明英、法、德、俄等传统的远东争霸列强衰落了，对远东事务的干预力不从心，或者干脆从远东撤退了。从这个角度而言，华盛顿体系的稳定与延续关键取决于美日关系的变化。

一、日美两国的海军军备竞赛与华盛顿会议的召开

明治初年，日本中央政府没有自己的军队，推翻德川幕府依靠的是

西南强藩的军事力量。幕府一倒，藩兵各归故土，强藩各自为政，这种状况既潜伏着国家分裂的危险，又妨碍新政府实施对外扩张政策。1871年2月明治政府发布建立天皇亲兵（日后成为近卫军）的法令，亲兵由萨摩、长州、土佐三藩的步、骑、炮兵一万人组成，归兵部省管辖，这是日本近代军队诞生的标志，同时旧藩兵被解散。由于明治政府建立近代军队的重要目的是对外扩张，所以军制改革、人员扩充和武器更新进行得非常迅速。1873年，日本兵员人数为平时31680人，战时46350人。西南战争以后，日本加快了对外扩张的步伐，把"富国优先"的"富国强兵"政策转变为"强兵优先"的"强兵富国"政策。1880年11月，参谋本部本部长山县有朋向天皇上奏《近邻邦兵备略表》，强调："强兵为富国之本，而不是富国为强兵之本"，"兵强则民气始可旺，始可言国民之自由，始可论国民之权利，始可保交往之平等，始可收互市之利益，始可保国民之富贵"，主张必须把增强军备置于一切政策的首位。[①] 1888年，日本建立6个师团体制，每个师团总兵力达到12000人。海军是在原幕府与各藩舰队的基础上逐渐加以扩充的。1872年1月，明治政府撤销兵部省，建立陆军省和海军省。1875年粗具规模的日本海军侵入朝鲜江华岛，迫使朝鲜签订不平等的《江华条约》。1893年，日本建立起了以扶桑、松岛、吉野等为主力战舰的31艘舰船的舰队，总吨位达到5.98万吨，与1872年海军初建时相比，增加了近4倍。1882年日本以中国为假想敌国，开始了长达10余年的针对中国的扩军备战。战争的结果导致军队的大量扩充，甲午战争时动员24万人，占总人口的0.54%，出征者17.4万人；日俄战争时动员108万人，占总人口的2.31%，出征者94.5万人。[②] 为了加快军队的动员和部署，保证军队的调动和接应，克服以往的给养限制、季节限制和传递限制，日本在国内投入巨资敷设铁路，以便迅速、及时

---

① 蒋立峰、汤重南主编：《日本军国主义论》上，河北人民出版社2005年版，第448页。

② 殷燕军：《近代日本政治体制》，社会科学文献出版社2006年版，第378—389页；[日]井上清：《日本军国主义》第1册，马黎明译，商务印书馆1985年版，第175、203页。

地把大量兵力和军需物资投入战场或战场后方的集结区。日俄战争前，基本上完成了连接主要区域的纵贯干线铁路。当时日本陆军总兵力达到13个师团，13个师团的司令部所在地以及4个军港均有铁路相连。①日俄战争结束以后，明治政府又利用铁路进行了长达半年多的大规模的凯旋输送，一直持续到1906年5月，在国内掀起了歇斯底里的民族主义情绪。1907年，军部提出了25个师团及"八八舰队"的扩军计划。1918年，军部又要求将陆军兵力扩充到40个师团。

但是在扩军备战的总趋势下，日本国内围绕国家发展道路的争论并没有停息。19世纪80年代初期，日本出现了两种具有代表性的国家发展观：一种是主张日本应脱离落后的亚洲而跻身列强的"脱亚入欧论"，一种是日本应协助、联合和主导中国、朝鲜一道防止西洋入侵的"东洋盟主论"。1887年5月日本著名思想家中江兆民出版了《三醉人经论问答》一书，尖锐地提出了日本国家发展道路的选择问题，即日本究竟是走军国主义道路，还是和平发展道路？是对外扩张，还是睦邻友好？《三醉人经论问答》一书虚构了洋学绅士、豪杰君、南海先生三个各具不同思想倾向的人物，借三人豪饮鼎谈的形式分别阐述、分析、对比了当时日本正流行的三种典型的政治、外交论。其中洋学绅士"鞋帽服饰全部西装打扮，鼻目俊秀，身材颀长，举止大方，言辞明辨"，是通晓西方近代思想的学者，代表了西方式的和平民主思想；豪杰君"身高臂粗，脸黑目陷，上穿蓝地白点的和服外套"，"好大喜功，喜欢冒险，不惜以贵重的生命为诱饵，是以钓取功名为乐事"的壮士，主张当今世界乃实力主义时代，空谈理论不如向外扩张，代表向外侵略的扩张主义；南海先生则是中间论者。洋学绅士主张日本应"夷平堡垒，销毁大炮，改军舰为民船，裁兵为民，专门研究道德伦理之学，讲求工业技术，成为纯粹的哲学之子。这样，那些以文明自夸的欧洲各国人士，能无愧于心吗？！

---

① ［日］原田胜正：《明治铁道物语》，筑摩书房1983年版，第224页。

他们如果顽固逞凶，不仅不觉心愧，反而乘我裁军之际，悍然来犯，这时，我们寸铁不带，一弹不上，以礼相迎，他们将如何对待我们呢？挥剑斩风，剑无论如何锋利，但对飘忽渺茫之风，岂能奈何？难道我们不能化为风吗？！""以弱小之国对强国作战，全力以赴，其实力也不足强国的万分之一，通常无异于以卵投石。既然对方素以文明自夸，那么，文明的本质是道义之心，他们不会没有道义之心吧！"他提倡日本"以自由做军队、做舰队；以平等做堡垒要塞；以友爱做剑炮，那时，我们将无敌于天下"。万一日本被列强占领，洋学绅士建议国民忍耐或迁往他国，"世界各国岂不皆是我的宅地吗？"面对强大而言行不一的西方列强，"他无礼，我有礼；他不讲道理，我讲道理；他所谓的文明，实际是野蛮，他说我野蛮，那才是真正的文明！他大怒而肆行暴虐，我笑而坚守仁义，他对我岂可奈何？"洋学绅士认为，当今世界，列强争霸，犹如"四、五个狂人相互挥棒乱斗，而可爱的婴儿在中间嬉笑游戏，反而未遭创伤，这不是比利时、荷兰、瑞士吗？""在十九世纪的今天，以武威为国家的光荣，以侵略为国策，强夺别人土地，杀害别国人民，一心想当地球的主宰者的国家，真是疯狂的国家啊！""投以剧毒，见其药效出乎意外地剧烈，而自身既惊又悔的是德国；侮辱别国是吴下阿蒙，但适得其反，自身受屈辱而悔恨的是法国；买了众多田宅，积蓄了财富，害怕别人来抢，为多方防备而苦恼的是英国；像儿童看见大人恣意狂为，殊不知大人心中尚有种种忧虑而妄加钦羡，想加入其行列的是意大利。"至于俄国，则早已是一个疯狂的国家。洋学绅士甚至提出绝对和平观点："宁可别人杀我，我也绝不杀人。问题不在于其人是不是盗贼暴徒。为什么呢？如果因为他想杀我，所以我也杀他，这种说法和对方想做坏事，所以我也做坏事如出一辙。""我的意思是，我国人民不持一枪，不携一弹，希望死于敌寇之手，是为了使全国人民化为一种活的道德，成为永垂后世的模范。"

面对弱肉强食的世界，豪杰君认为空谈理想没有用，"当今世界各国竞相重视军事，凡学术所得发明创造，尽皆用之于军备，使之日趋精锐"。

"后进国想得到文明的内容，其方法虽然很多，但主要地不外乎是用巨额金钱去购买。就小国来说不可能支付如此巨款，必然要进而侵占另一大国，非使自己变为富国不可。"豪杰君提出以割占中国大陆，使日本由"小国"变为"大国"的对外扩张理论。他说："有一个大国（我一时把它的名字忘了）。它，国土非常辽阔，资源极其丰富。但它又非常衰弱。我听说，这个国家虽有百万余军队，但杂乱无训练，一旦危急毫不顶用。又听说，这个国家虽有制度，却宛如没有。这是一只极肥的上供用的大牺牛。这就是天赐给小国使其果腹的食饵。为什么不快去割取一半，或割取三分之一呢？颁布一纸诏书，募集举国壮丁，此时，至少也可得四五十万人，倾国库之财，至少可买数十上百军舰。""把该国的一半或三分之一割取过来为我国所有，我们将成为大国。"豪杰君还认为，在社会转型时期，必然产生新旧两种势力的矛盾与斗争，"一旦矛盾激化，双方想一举决定胜败，这时国家多么危险啊！"化解的唯一办法是对外扩张。

南海先生认为洋学绅士的和平主义和豪杰君的扩张主义都有失偏颇，难以苟同。针对列强侵略之说，南海先生断言："你们两位各自固执自己的积极或消极的两极理论"，"两者的主张虽然冰炭不相容，但据我观察其病根实系一个。这个病根是什么呢？就是过虑。"他指出："欧洲各国的军队犹如虎狮，其议院、其报纸犹如铁网，而且，又有各国势力均衡的策略，国际公法的约束，暗中使各国手足受到束缚，所以狰狞的虎狮终年只能张嘴吐舌，不能随意咬人。"万一西方列强"悍然来侵犯"，"将如何对待呢？"南海先生提出的是有别于洋学绅士和豪杰君的全民自卫对策，"全国皆兵，竭力抵抗，或据守要地，或突然进击，进退出没，变化莫测。因为他是客，我是主，他不义，我是正义。因此，我国军队，不论将校兵卒，同仇敌忾，士气旺盛，有什么不能自卫的道理呢？！"他指出："为什么需要按绅士君的计策束手待毙呢？！为什么需要按照豪杰君的策略招致邻国的怨恨呢？！"在此基础上，南海先生批驳了豪杰君割占中国的扩张理论："如像中国，无论从其风俗习惯来说，抑或从其文物风格及其地势来说，作为亚洲小国的我国，应该与之友好，巩固国交，绝不可以怨相嫁。到了我国特产日益增加，货物丰富的时候，中国地大物博，人口众多，实在是我们的一大市场，是取之不尽的利益源泉。不考虑这一点，而按一时发扬国威的念头，以一言不合为借口挑起争端，我看是最坏的下策。"最后，南海先生得出结论："总之，外交的良策是：无论世界何国都要与之和好，万不得已时，也要严守防御的战略，避免远征的劳苦和费用，尽量减轻人民的负担。"

中江兆民从自由民权论者的立场出发，提出了近代日本国家发展道路的三种选择，并逐一分析了各自的逻辑、依据和利弊得失，投入了自己四十年来的思索与体验。尽管洋学绅士、豪杰君和南海先生三人身上都有兆民的影子，但综观兆民的学术和政治生涯，其思想倾向和行为方式显然与南海先生颇为相似。[①]

尽管豪杰君的军国主义扩张路线在日本近代史上占据了主导和正统地位，但和平裁军思想就像一条不断的线一样，在近代日本历史发展的各个阶段时隐时现，虽然它常常处于被压制的状态，但是当日本的对外扩张遭遇困境、挫折或对经济发展、百姓生活造成重大负面影响时，它会以极大的能量展现自己，对军国主义扩张路线形成冲击。

日俄战争是日美两国关系的转折点。因为经过这次战争，日本不仅维护和扩大了在远东的殖民利益，而且确立了在西太平洋海域的海上优势（来自俄国的海上威胁不复存在，日本海军实力由战前的世界第四位上升为第三位），由此引起了美国的不安。西奥多·罗斯福总统说："我过去偏袒日本，然而讲和会议（朴茨茅斯会议——引者注）召开以后，我不偏袒日本了。"[②] "现在我的同情完全转移到了俄国方面。因为最大

---

①　[日] 中江兆民：《三醉人经论问答》，滕颖译，商务印书馆 1990 年版，第 3—4、30—31、34—37、43、53、55—57 页。

②　日本国际政治学会：《通向太平洋战争的道路·1·满洲事变前夜》，朝日新闻社 1963 年版，第 11 页。

的竞争者日本的强大化，不符合美国的利益。"①1905 年 2 月 23 日《旧金山记事报》刊登了排斥日本移民的文章，这是美国新闻界首次出现的反日现象。美国舆论逐渐从亲日转变为反日。1907—1908 年美国黄色报刊登载了大量排斥日本移民的宣传报道，煽动各地排斥日本移民。这种狭隘的民族主义宣传迅速从加利福尼亚蔓延到美国中部和东部，"成长为不易控制的怪物"。

日美关系的恶化引起了国际舆论的关注，日美战争论开始流行。1906 年 11 月 27 日，巴黎的《晨报》以"太平洋的战争"为题载文指出，日本将在最近同美国开战，进攻菲律宾和美国西海岸。与此同时，俄国彼得堡的一家报纸也出现了类似的文章，认为日本将在巴拿马运河开通前对美宣战。②各种预测、描述未来太平洋战争的文章、著作纷纷问世。这些著作的出版发行显然对日美两国军方和广大民众产生了极大的影响，给日美关系蒙上了浓重的阴影。

随着日美关系的日趋恶化，日美两国军方分别着手起草针对对方的作战计划。日本首次被美国海军当局列为作战对象是在 1897 年 5 月。当时海军当局设立的特别委员会制订了围绕夏威夷的对日作战和围绕古巴的对西班牙作战的方案。该方案的主要内容是把美国海军的主力分布在大西洋及加勒比海，占领古巴，在太平洋海域则集结少量兵力防止日本夺取夏威夷。该方案反映了美国海军当局对日本并不重视，对日本的防御也完全是象征性的。日俄战争以后，特别是 1906 年加利福尼亚发生排斥日本移民的事件后，日美关系急剧恶化。美国军方修正原来的作战计划，开始把日本作为潜在的敌国，考虑在大西洋对德和在太平洋对日作战的问题。一战以后，美国海军当局根据国际形势的变化和日美现有的

①　[日]秦郁彦：《太平洋国际关系史——日美及日俄危机的系谱：1900—1935》，福村出版社1972 年版，第 64—66 页。
②　[日]秦郁彦：《太平洋国际关系史——日美及日俄危机的系谱：1900—1935》，福村出版社1972 年版，第 64—66 页。

海军实力，再次修订作战计划，设想了对日作战的三个阶段。第一阶段，战争爆发以后，美国迅速把舰队集中到夏威夷，守卫东太平洋海域的战略要点；第二阶段，挺进中太平洋，攻占日本委任统治的加罗林群岛和马绍尔群岛；第三阶段，掌握日本近海的制海权，从海上封锁日本本土。1919 年美国海军当局以一半的战舰编成了独立的太平洋舰队，要求强化太平洋沿岸的陆上支援设施。①

日本在 1907 年首次制定了《帝国国防方针》，决定以俄、美、法为假想敌国，建设一支以最新式战列舰和最新式装甲巡洋舰各八艘为主力的强大舰队。海军采取邀击击灭的作战方针，即首先扫荡美国在西太平洋的海上实力，掌握西太平洋的制海权，确保日本的海上交通线，然后以逸待劳，与进入西太平洋海域的美国主力舰队进行决战。1907 年的《帝国国防方针》构筑了日本海军政策的三大支柱，这就是以美国为假想敌国、建设"八八舰队"和维持对美七成的海军实力。1918 年日本修订了《帝国国防方针》，决定以俄、美、中为假想敌国。对美作战的时候，"在开战之初陆海军协同，攻占吕宋岛，覆灭敌人的海军根据地，使以后的邀击作战易于进行。使用陆军兵力预定为三个师团，海军的作战是把所有舰队集中到奄美大岛附近，以小笠原列岛一线为巡逻线，根据敌主力的进攻方向全力出击。②

日本和美国分别视对方为假想敌国，展开了激烈的海军军备竞赛，极力谋求海上优势。西奥多·罗斯福总统深受马汉（Alfred Thayer Mahan）学说的影响。他用在位的短短八年时间，将美国海军实力从世界第五位提高到仅次于英国的世界第二位，成为马汉理论的实践者。1908 年 10 月，进行环球航行的美国舰队特意在横滨停留，向日本炫耀美国的海军实力。1916 年 8 月，美国参众两院又以压倒多数通过了旨在把美国

---

① ［日］细谷千博、斋藤真编：《华盛顿体制与日美关系》，东京大学出版会 1978 年版，第 415—416 页、第 418—421 页。

② 日本防卫厅防卫研修所战史室：《海军军战备（1）》，朝云新闻社 1969 年版，第 63 页。

建成世界上第一流海军强国的庞大的造舰计划。1917年美国海军当局提出为了保证在西太平洋海域的胜利，美国必须拥有超过日本两倍的海军军备。①

　　日本面对美国咄咄逼人的造舰计划不甘示弱。1906年9月，海军大臣斋藤实提议在近期内建造31艘军舰（其中包括1艘战列舰、3艘装甲巡洋舰、3艘二等巡洋舰），得到了内阁的同意。1907年的《帝国国防方针》决定海军军备以最新式的战列舰和最新式的装甲巡洋舰（舰龄未满8年）各8艘为核心，并配备相应的辅助舰艇。1918年修订的《帝国国防方针》，提出了新的扩充海军军备的方案。在激烈的海军军备竞赛中，日美两国的海军军费急剧上升。众所周知，日本的经济实力远远不及美国，它承受不住军备竞赛的巨大负荷，不可能在军备竞赛中胜过美国。海军将领加藤友三郎认为，即使日本勉强建成了"八八舰队"，也养不起这支庞大的舰队，因为维持"八八舰队"的费用占日本政府每年预算支出的三分之一以上。"从明治末期到八八舰队预算成立间的海军军备的扩充，在国家预算上成为大藏省最大问题的与其说是建造舰艇的临时费，莫如说是经常费……只要国家财富没有飞跃的增长，维持'八八舰队'就完全不可能。"大藏省甚至向海军当局发出绝望的呼吁——海军决定了"日本财政的生死"。②

　　1919年6月，日本海军当局设置了"国际联盟关系事项研究会"，着手研究裁军问题。该研究会认为，"鉴于现在及不远的将来帝国的国情和对外关系"，国际裁军条约的产生对日本有利。③1920年日本爆发了明治年代以来最严重的经济危机，主要产业都陷入了困境。日本无力继

①　[日]细谷千博、斋藤真编：《华盛顿体制与日美关系》，东京大学出版会1978年版，第418—421页。
②　日本防卫厅防卫研修所战史室：《大本营海军部·联合舰队（1）》，朝云新闻社1975年版，第182—183页。
③　日本防卫厅防卫研修所战史室：《海军军战备（1）》，朝云新闻社1969年版，第294页。

续与美国进行海军军备竞赛了。1917—1921 年日本的军费支出平均每年占总支出的 43.54% 和国民收入的 7.7%，按比率大大高于美国（1917—1922 年美国的军费支出分别占总支出的 23% 和国民收入的 2.26%），[①]财政负担已达极限。整顿财政、限制军备已是刻不容缓。日本驻美大使馆一等书记官广田弘毅要求政府主动向英美提议缩减军备，"恢复战后萎缩了的经济机能"。

尽管 1920—1921 年太平洋上空战云初起，日美矛盾趋于激化，似乎一场战争迫在眉睫，然而第一次世界大战结束不久，两国统治者都不敢冒天下之大不韪，轻率地发动一场新的战争。在华盛顿会议召开以前，美国出现了历史上规模最大的反战运动，有 1400 万封信和请愿书送到了国务院，要求裁减军备。

日本的和平反战运动始于日俄战争前。1903 年，社会主义者幸德秋水、堺利彦、基督教徒内村鉴三通过《万朝报》进行反战和平宣传。持反战立场的还有《东京日日》、《每日》等报刊。由于《万朝报》社长黑岩周六放弃反战的主张，幸德等人毅然退出《万朝报》社，于 1903 年 11 月组织"平民社"，出版了以宣传"平民主义、社会主义、和平主义"为宗旨的《平民新闻》（周刊），该周刊不顾当局的压制和处罚，报道人民的困苦，反对战争。更值得提及的是，1904 年《平民新闻》发表了《告俄国社会党书》的社论，呼吁不分种族和地域的不同，共同开展反对帝国主义战争的斗争。俄国社会民主工党认为这一呼吁与普法战争期间，德国社会民主党人威廉·李卜克内西（Wilhelm Liebknecht）和倍倍尔（August Ferdinand Bebel）发表的反对合并阿尔萨斯、洛林的宣言一样，具有重要意义。1904 年，在荷兰首都阿姆斯特丹召开的各国社会党大会上，日本代表片山潜和俄国代表普列汉诺夫（Georgi Valentinovich

---

① 日本国际政治学会：《通向太平洋战争的道路·1·满洲事变前夜》，朝日新闻社 1963 年版，第 19、22 页。

Plekhanov）在主席台上紧紧握手，双方都发表了反对战争和军国主义的演说，这一幕具有象征意义。日俄战争期间，反战、厌战的情绪在日本蔓延。东京基督教青年会组织集会活动，反对战争。诗人与谢野晶子在给进攻旅顺的弟弟题为《君勿死去》的诗中有"旅顺城的存亡算什么"的句子，激烈反对战争。大冢楠绪子在《百度参拜》一诗中写道："当被问到国家和丈夫孰重的时候，只有默默而饮泣。"这些诗不是藏之于密室，而是公开登载在杂志上，博得了人民的喜爱，政府也无可奈何。①日俄战争以后，内村鉴三多次呼吁日本应像瑞士、丹麦那样当一个"理想的小国"。1912年1月至3月，《东洋经济新报》连载了该报主编的文章——《放弃满洲乎、扩军备战乎》，明确表示反对扩军，反对帝国主义，主张"放弃满洲"。1914年，《东洋经济新报》接连发表了《战争无休止乎》、《反驳侵略领土论》、《不可占领南洋》、《决不可占领青岛》和《再论不可占领青岛》等社论，指出："按照我国民生活之现状，当前无论在经济、社会以及政治诸方面，均须进行彻底整顿并开展大规模改革运动。""在政治方面，变限制选举为普通选举；在产业方面，取消保护政策，确立自由开放政策；在对外政策方面，抛弃帝国主义，奉行工商主义；在国防政策方面，缩减当前过于臃肿之军备，改为高效率之小型军备；在教育方面，废除官学特权；在社会问题方面，把妇女和工人从当前穷困境遇中解放出来。""每十年发动一次战争，是滥用国民的爱国心，或过分迫使发扬爱国心，我们不禁窃为此担忧。"②1916年1月至10月，作家武者小路实笃创作了和平反战剧本——《一个青年的梦》，对国家持否定、批判与怀疑的态度。在第一幕亡魂召开的和平大会上，亡魂登台叙述战争的残酷和死亡的痛苦，进而指出："教那些自以为不会死在战争上的人，知道战争的可怕，而且知道死在战争上，是没有意思的事。"③日本的裁军运动始于1920年

① ［日］井上清、铃木正四：《日本近代史》上册，杨辉译，商务印书馆1959年版，第252—255页。
② ［日］井上清：《日本军国主义》第3册，马黎明译，商务印书馆1985年版，第143—155页。
③ 董炳月：《"国民作家"的立场——中日现代文学关系研究》，三联书店2006年版，第86页。

底。1921 年 2 月，尾崎行雄在第 44 届议会上提出《限制军备决议案》，主张：通过裁军来摆脱日本在国际上的孤立，削减阻碍教育、产业、交通发展的军费，克服落后于时代的大舰巨炮主义。由此拉开了裁军大辩论。同年 9 月，尾崎行雄与岛田三郎、吉野作造等人发起成立了裁军同志会，会中集结了许多政界、学界、舆论界和劳动界的民主主义者。[①]轻工业资本家也掀起了裁军运动。因为轻工业资本家，特别是其中的中小资本家势单力薄，经不起扩军带来的经济负担。

美国提议召开国际裁军会议的消息，进一步推动了日本的裁军运动，"民间的裁军呼声更加高涨起来"，首相原敬、海相加藤友三郎等人认为，这是挽救日本财政的"神风"。显然 1920 年的经济危机进一步加剧了财政与扩军间的矛盾，继续大规模地扩充军备势必造成日本经济的全面崩溃。此外，日本经济的发展对美国存在着高度的依赖性。第一次世界大战以来，日本对美输出和输入均占日本外贸的首位。日本对美输出物以生丝、绢织物、陶瓷器和茶叶等农副产品为主，输入以棉花、木材、机械、铁、小麦等战略物质及工业原料居多。"在日本近代资本主义的发展史上，赖以创汇的原有产业中，生丝一直独占鳌头。"据统计，从 1880 年到 1930 年的半个世纪里，各年度生丝在出口总额中所占比重均居首位，成为日本外贸的"王牌"和"摇钱树"。[②]因此，确保美国市场对日本经济的发展至关重要，生丝出口量的增减直接影响日本农村经济和硬通货储备。日本著名经济学家中村隆英指出："日本输出入的 30% 以上依赖美国；可是对美国而言，日本只不过占输出的 5%，占输入的 10% 弱。"生丝的输出不仅对农产品价格低落时期的农户非常重要，而且左右了日本外贸的动向。"尽管南部的棉花栽培也是美国国内屈指可数的农产品，然而毕竟不像日本的生丝占那么大的（出口）比重。从这个意义上讲，

① [日]信夫清三郎编：《日本外交史》下册，天津社会科学院日本问题研究所译，商务印书馆 1980 年版，第 480 页。

② 万峰：《日本资本主义史研究》，湖南人民出版社 1984 年版，第 196—197 页。

日本在经济的一切方面，都决定性地依赖作为市场、作为原料供应者的美国。相反，日本只不过是美国经济的一个市场，妇女靴下的原料供应者而已……美国经济的动向一有变化，日本立即受到强烈冲击。"[1]

从 1920 年开始，日本经济出现了历时 10 年的长期萧条。为了克服经济困难，挽救财政危机，日本政府积极引进外资。第一次世界大战以后，欧洲各国急于恢复经济，扩大投资，剩余资金不多，日本在引进外资方面必须依靠美国。此外，"日本为了推进在中国、满洲、山东的建设，非常需要投入资本，然而只有纽约才能提供充分金额的资本"。[2] "为了维持这种密切的经济关系，同美国的政治合作是必要的，成为原内阁的外交原则。"[3] 在经济形势日趋恶化的情况下，出现了立足于资产阶级合理主义观点的裁军论，如犬养毅在 1921 年 7 月的国民党大会上提出了根据产业立国主义的裁军。他指出："在经济上，通过整顿财政和裁减军备来巩固产业立国的基础，以求在国际竞争上占据优越地位；在国际上，以裁军和产业主义来消除各国认为日本是军国主义和侵略主义的误解；在军事上，为了准备国家总体战，平时应全力以赴地发展产业，缩短服役年限，削减常备师团，以增加生产劳动力。"[4]

第一次世界大战给各国人民带来了极大的灾难。战后和平主义运动有了很大发展，要求裁军的呼声日益高涨，美国提议召开国际裁军会议引起世界舆论的广泛欢迎。1921 年 7 月 12 日，日本内阁与外交调查会举行联席会议，讨论是否接受美国提议。会议认为："关于裁军问题，最近英美各国的政府当局均表赞同，其舆论也大体上呈现一致的形势，即

---

① [日]细谷千博、斋藤真编：《华盛顿体制与日美关系》，东京大学出版会 1978 年版，第 481 页。

② [日]细谷千博、斋藤真编：《华盛顿体制与日美关系》，东京大学出版会 1978 年版，第 205 页。

③ [美]入江昭：《探索远东新秩序》，原书房 1968 年版，第 9 页。

④ [日]信夫清三郎编：《日本外交史》下册，天津社会科学院日本问题研究所译，商务印书馆 1980 年版，第 480 页。

认为达成限制军备的国际协定，尤其是日英美三国间的海军协定为当务之急。假如日本不响应美国关于审议该问题的提议，不免受到妨碍确保国际和平计划的责难。有鉴于此，日本政府答复美国政府，欣然参加以限制军备为目的的国际会议，从大局上看，这是上策。"[1]原敬认为，日本已进入世界五大强国之列，在世界上的地位"非常重大，其责任亦愈益重大"，日本"负有为世界和平作出贡献之责任"；而华盛顿会议无疑是世界上大国之间召开的非常重大的会议，各国采取一致行动削减军备能够减轻国民的负担，"此乃世界之幸福"。[2]

在日本选择成为"大陆国家"还是"海洋国家"的问题上，陆海军有着不同的意见。陆军认为俄国是日本最大的威胁，"以俄国的对日复仇战为前提，估计即便在将来俄国仍是我国防上主要的敌国"；日本应向中国特别是满洲求发展，主张陆主海从，积极扩充陆军，"对于海军仅期待这样的辅助作用，即为了日本至大陆间的交通线的安全，确保从日本列岛到巴士海峡的制海权"。海军对陆军的战略思想不以为然。海军战略理论家、被誉为日本的"马汉"的佐藤铁太郎认为，向中国发展而置南方海洋于不顾是本末倒置。佐藤"痛斥陆军所宣传的俄国复仇战是非现实的，日本不应深入经营满洲"。[3]佐藤主张"舍弃满韩"，认为英国是11世纪在欧洲大陆失去领土之后，才确立了执欧洲政局牛耳地位的。很显然，这是一种南进论，即海洋国家论。海军认为应以美国为主要假想敌国，主张海主陆从，大力扩充海军。

陆海军各自强调本军种的重要性，在军费分配上互不相让，唯恐本军种吃亏，政府无法统一军部的意见。陆相海相都可以利用"帷幄上奏"

---

①　[日]鹿岛守之助：《华盛顿会议及移民问题》，鹿岛研究所出版会1971年版，第24—25页。

②　[日]原奎一郎编：《原敬日记》第5卷，福村出版社1965年版，第414页；转引自陈月娥：《近代日本对美协调之路》，中国社会科学出版社2005年版，第235页。

③　[日]秦郁彦：《太平洋国际关系史——日美及日俄危机的系谱：1900—1935》，福村出版社1972年版，第171—172页。

单独辞职，从而倾覆政府。在此情况下，政府在军费分配方面只能折中调和，让陆海军平分秋色，避免偏袒任何一方。佐藤铁太郎不无忧虑地指出，自古以来没有哪个国家同时扩充陆海军，使两个军种均处于第一流的地位，以陆海军中的一方为扩充的重点才是合乎逻辑的。然而，"前述的那种陆海均势、分立的基调，直至太平洋战争仍然没有改变。"①

　　陆海军为了达到扩充本军种的目的，甚至不惜介入政治，各自寻求政党及社会团体的支持，壮大本军种支持派的声势，以便使扩充本军种的议案在议会得以顺利通过。陆海军的这种做法导致了双方矛盾的进一步激化。陆军少将田中义一在1913年2月2日给寺内正毅的一封长信中指出："万一海军支持政友会，陆军另属新政党，各具分野，实为国家堪虑之大事。窃维今后至要者，乃陆海军协同一致，屹立于政党之外。"②军部已经意识到这一问题的严重性。不久，陆军内部拟定了一份题为《鉴于时弊，关于拥护军令权独立之建议》的绝密文件。该文件声称："关于国防，只应由超然于政务以外之参谋总长及海军军令部长任辅佐之责……制定符合机宜之计划，仰乞天皇圣断，别无他途。岂有军部自身玩弄权术，诉诸舆论，求其援助之必要？"关于扩充陆海军问题，指出："先由参谋本部与军令部进行协商，根据完全一致之意见，再与行政部交涉，以维护军令权之独立……若行政部由于财政情况，不能接受军部要求，双方则应进而重新协商，自行制定缓急顺序，决不可仰承内阁之成案。"③陆海军当局很清楚，如果双方互相拆台，各自寻求政党的支持，势必给政党干预军务以可乘之机，"军部自身恐将走向损害统帅权之路"。日本军部希望同美英等国就限制海军或陆军军备问题达成妥协，从而挽救濒临崩溃的财政，转移民众对军部专横及无限制扩军的不满，利用军备竞赛的"间歇期"协调陆海军统帅部的行动，消除双方的矛盾，维护军部的

---

　　① ［日］秦郁彦：《太平洋国际关系史——日美及日俄危机的系谱：1900—1935》，福村出版社1972年版，第172页。

　　② ［日］井上清：《日本军国主义》第3册，马黎明译，商务印书馆1985年版，第79、88页。

　　③ ［日］井上清：《日本军国主义》第3册，马黎明译，商务印书馆1985年版，第79、88页。

独立。

美国政府迫于国内裁军运动的压力，于 1921 年 7 月 9 日提议在华盛顿召开美英日法意五国裁军会议，主要讨论限制海军军备问题，翌日美国又表示裁军问题同远东太平洋问题密不可分，后者也将列入会议议程。华盛顿会议实际上是由两个平行的会议构成的，即五国裁军会议和讨论远东太平洋问题的九国会议。日本统治者对华盛顿会议的召开有一种矛盾的心理：一方面对华盛顿会议讨论裁军问题抱有浓厚的兴趣，想借此机会结束与美国的海军军备竞赛，为缓解经济危机创造条件；另一方面又对美国持有戒心，担心美国利用华盛顿会议联合其他国家，诉诸国际舆论，抑制日本在东亚特别是在中国的扩张，损害日本的既得权益。所以美国提议召开华盛顿会议的消息曾一度引起日本人的恐慌，"国难来临的危机感在国中蔓延"。7 月 13 日发行的《东京朝日》甚至登出了这样醒目的大标题："远东问题——总清算的日子，大难局下的日本。"①日本驻美大使馆官员称华盛顿会议的召开是"元寇以来的国难"。由此可见，日本对提议召开华盛顿会议十分敏感，把此次会议看作是美英联手将日本置于国际法庭进行审判，剥夺日本从第一次世界大战以来在远东太平洋地区特别是满蒙地区获得的殖民权益的"阴谋"。但是日本外务省却认为华盛顿会议的召开提供了改善日美关系的机会。欧美局局长松平恒雄在备忘录中写道，预防日美战争是当务之急。②日美围绕移民、雅普岛以及中国和西伯利亚问题产生了激烈纷争，每一个问题都能成为开战的理由。日美国力相差悬殊，日本没有能力与美国开战，因此"应该捕捉此次会议的良机，排除日美战争的忧虑"，使日本摆脱国际孤立状态。通过巴黎和会，日本外务省吸取了三个教训，即变被动外交为主动外交、避免在国际会议上讨论日中间的相关问题或"既成事实"以及拆散中美联

① ［美］入江昭、［日］有贺贞编：《两次大战之间的日本外交》，东京大学出版会 1984 年版，第 23 页。
② ［美］入江昭、［日］有贺贞编：《两次大战之间的日本外交》，东京大学出版会 1984 年版，第 24 页。

合外交战线。在巴黎和会上，日本除涉及自身利益外，对许多重大国际问题不发表意见，无动于衷，被讥讽为"沉默的伙伴"。驻美大使币原喜重郎指出，日本不仅要为自己辩护和持维持现状的立场，而且要为远东太平洋地区的稳定贡献自己的力量。在巴黎和会上，"英美两国牵制帝国的对华活动"，日本的对华政策和西伯利亚政策受到了"列强的掣肘"和非难。为避免类似事情的再次发生，日本向美国国务卿休斯（Charles Evans Hughes）建议，将有关日中两国间的问题和既成事实从会议议题中排除出去。在巴黎和会上，美国国务卿兰辛和驻华公使芮恩施与中国代表合作，掀起了反日宣传，使日本在国际舞台上"狼狈不堪"。为了拆散所谓的中美"共谋"，日本外交人员在华盛顿大肆活动，散布谣言，声称中国驻美公使施肇基与兰辛有多年的私交，自巴黎和会以来保持着"特殊的联系"，促使休斯注意。① 币原喜重郎向休斯表示，华盛顿会议成功与否，关键在于休斯的态度。"据说，中国某当政者凭借与美国有权势的政治家的特殊关系，而不愿与日本妥协。我确信您绝对会做出公平无私的判断。万一有中国代表依赖美国政府，博得同情而获得问题的有利解决之事的话，为了日华两国，为了华盛顿会议的顺利进行，我不得不担心会发生非常不幸的事态。我期望您的不是对日本的立场表示同情的支持，而是对日华两国采取不偏不党的态度。"②

7月11日，外相内田康哉在会见美国临时代办时指出："关于裁军会议，作为个人意见，我想日本政府会欣然答应参加的。"③1921年7月13日日本在答复美国提议召开华盛顿会议的回文中表示，日本将很高兴地参加限制军备会议，但是闭口不谈远东、太平洋问题，"已示不愿列强

① ［美］入江昭、［日］有贺贞编：《两次大战之间的日本外交》，东京大学出版会1984年版，第24—26页。

② ［日］币原喜重郎：《外交五十年》，读卖新闻社1951年版，第91—92页。

③ ［日］鹿岛守之助：《华盛顿会议及移民问题》，鹿岛研究所出版会1971年版，第24—25页。

干预远东之事"。^①7 月 26 日，日本政府虽然表示愿在华盛顿会议上讨论远东太平洋问题，但是要求只限于讨论一般的原则和政策，认为"有关仅涉及特殊的国家间的问题或者可以被看作是既成事实的问题，慎重地回避是上策"。^②"日人对于太平洋会议似怀有两种希望：一、对既往则已成事实各问题，不应在会重提。二、对将来则因地理关系，各国应认日本在华有特殊利益；不成，则认日本在满蒙有发展经济特权；不成，则应声明保证日本生计之安全云云。"^③日本政府迫于国际形势压力，希望改变原有的对华强硬政策，缓和中国民众的仇日心理，另一方面又不愿放弃在中国的既得权益、特别是在"满蒙的权益"。1921 年 5 月 13 日，内阁会议决定，"在满蒙扶植我国势力是我国对满蒙政策的根干"。原敬和内田康哉都明确表示要确保日本在满蒙的既得权益。从日俄战争以后，内田康哉就不断鼓吹"满洲问题的彻底解决"。1919 年夏，内田康哉在外交调查会上再次表示，满洲是不包含在中国本土内的"外藩"，"必须归帝国管理"。^④1921 年 10 月 14 日日本政府在给本国代表的训令中指出，日本参加华盛顿会议的一般方针是："日本努力保持和平政策特别是对美亲善关系，会议的着眼点在于军备限制问题。太平洋及远东问题仅限于就与此问题相关联的将来的一般原则和政策达到列国共同的理解，反对审议决定与日本有重要关系的既成事实以及特定国之间的问题。"^⑤8 月 18 日，外务省、陆军省及海军省举行三省联席会议，决定日本应采取积极的方针促使华盛顿会议成功，"海军基于相对的观点同英美维持适当的比例……以不惜缩小既定计划的态度参加会议"。^⑥

① 《秘笈录存》，中国社会科学出版社 1984 年版，第 338 页。
② 日本国际政治学会：《通向太平洋战争的道路·1·满洲事变前夜》，朝日新闻社 1963 年版，第 22 页。
③ 《秘笈录存》，中国社会科学出版社 1984 年版，第 342 页。
④ [美]入江昭、[日]有贺贞编：《两次大战之间的日本外交》，东京大学出版会 1984 年版，第 38 页。
⑤ 日本国际政治学会：《通向太平洋战争的道路·1·满洲事变前夜》，朝日新闻社 1963 年版，第 23 页。
⑥ [日]外务省编纂：《日本外交文书·华盛顿会议》上卷，外务省 1977 年版，第 222—223 页。

在原敬首相和内田外相不能出席华盛顿会议的情况下，日本政府在代表团人选上有过多种选择。原敬首相倾向于驻美大使币原喜重郎任首席代表，全权负责会议事务。因为币原的外交理念与原敬相似或一致，会议地点又在美国，且币原处理过日美间许多复杂的外交难题，经验丰富，是合适的首席代表。但是此次国际会议的主要议题是海军裁军问题，如果首席代表是非海军人士，是否能够控制代表团内的军部代表是令人怀疑的。内田外相建议由具有较高声望，能够抑制军部强硬派势力的海相加藤友三郎担任首席代表，得到了原敬认可，组成了以加藤友三郎、德川家达（贵族院议长）、币原喜重郎和埴原正直（外务省次官）四个全权代表为首的华盛顿会议代表团。

日本在华盛顿会议上的对策有三个选项：即"理想的和平"、"反抗的孤立"和"大国的协调"。所谓"理想的和平"就是吸取第一次世界大战的教训，限制军备、放弃势力范围、忍辱负重保持国际协调；所谓"反抗的孤立"就是不仅确保在中国的特殊地位，而且不放弃在西伯利亚获得的新的特殊权益，为此受到美、英、中、俄的"排斥"而陷于"孤立无援的窘境"；所谓"大国的协调"就是根据传统外交策略寻求妥协。要达到"理想的和平"或维持"反抗的孤立"都非常困难，只有第三个选择——"大国的协调"，即消除美国的对日"误解"，由外交交易和相互妥协达成日美的谅解。妥协基础就是"相互承认由地理的关系而必然产生的特殊利益"，具体而言，"维持欧洲的和平以英国为主导，确保南北美洲的和平由美国承担，而维持东洋的和平以日本为首，以此支撑整个世界的和平"。这种"大国的协调"的实质是"旧外交"的国际秩序观。[①]

---

① ［美］入江昭、［日］有贺贞编：《两次大战之间的日本外交》，东京大学出版会 1984 年版，第35—36 页。

二、《四国条约》

1921 年 12 月 13 日签署的美英日法四国条约，是华盛顿会议上产生的第一个重要条约。日英同盟的存废未列入华盛顿会议的正式议题，然而却是与会各国关心的一个大问题。

美国坚决反对延续日英同盟。早在一战前，美国就对日英同盟怀有戒心。美国认为，"日本凭借同盟在中国大陆随意行动，违反美国保全中国的基本政策。英国受同盟束缚不能支持美国，结果美国不得不处在单独对抗日英同盟的不利境地"。[①] 1910 年美国政府提议同英国缔结仲裁裁判条约，其目的就在于拉拢英国，削弱日英同盟。英国不愿意卷入日美冲突。1911 年日英两国进行修订日英盟约的谈判。在第 3 次日英盟约中追加了本条约不适用于已签订有一般仲裁裁判条约的国家的规定，使英国免除了在日美发生战争时的参战义务。前外相小村寿太郎把日英同盟看作日本外交的"真髓"。但是在日美关系上，它已失去了"真髓"的实质。首相原敬提出："将来日英同盟不足恃。一旦与美国有事，欧洲毫不足恃；必须采取付出一些代价，使美国对我之感情有所缓和的方针。"[②]

一战以后，日美在远东的矛盾日益尖锐。美国"对同盟的诋毁、嫉视进一步上升"。美国认为以俄德为目标的日英同盟随着德国的崩溃和俄国发生十月革命已经失去了存在的理由。第三次日英盟约于 1921 年 7 月期满。美国国务院在 1920 年春天，开始了反对以现有形式延续日英同盟的运动，以后又表示无论以怎样的形式更新同盟均不赞成。英国当然更重视英美关系的发展，"增进对美友好是英国外交的首要宗旨"。[③]

1920 年 7 月以后，日本政府积极准备与英国谈判修订日英盟约，多次探寻英国的意见。英国对此不置可否，无动于衷。日本驻英大使林

---

① ［日］黑羽茂：《日美抗争史的研究》，南窗社 1974 年版，第 317—318 页。
② ［日］野村乙二郎：《近代日本政治外交史的研究》，刀水书房 1982 年版，第 296—304 页。
③ ［日］鹿岛守之助：《华盛顿会议及移民问题》，鹿岛研究所 1971 年版，第 166 页。

权助对日英关系的现状忧心忡忡，在 1920 年 9 月 29 日、11 月 11 日和
1921 年 1 月 21 日给内田康哉外相的电报中，要求政府改变政策，认为
日本对华政策是延续日英同盟的"一大暗礁"。"当务之急是废止以往的
侵略性的武断外交、同英美协商、遵守门户开放、机会均等主义，谋求
日中亲善。因而，日英同盟能否延续，关键在于我外交政策如何。"坚持
旧外交理念的内田康哉对林权助的意见不以为然，"不能立即赞同这种放
弃帝国已经取得的地位的观点"。外务省亚洲局官员认为，"将来日英同
盟只不过徒有虚名"，不能为了徒有虚名的同盟而放弃日本的实际利益，
"把拥护大陆政策置于同盟更新之上"。①

　　1921 年 5 月英国突然向日本表示，把日英盟约延期 3 个月。这就
暗含着不愿继续日英同盟的意思。1921 年 7 月 4 日，英国建议召开英
美中日四国太平洋会议，讨论日英同盟的存废问题，消除各国对同盟
的"误解"和"忧虑"；同时不反对英国自治领、法国和南美国家参加
会议，以解决远东太平洋地区各种悬而未决的问题。选择美国某个城市
作为会议地点，日期拟定在本年末或明年初。面对英国的提议，日本觉
得非常突然，因为英国事先竟然没有征求日本的意见，引起了日本的极
大不满。如何应对英国的提议，在外务省内部展开了激烈争论。驻英大
使林权助认为日本应积极参加太平洋会议，盖此次会议"有关帝国在太
平洋的地位及帝国的切身利益"。7 月 7 日，欧美局局长松平恒雄根据
林权助的报告起草了《帝国政府关于太平洋会议所采取的方策》的文件，
指出对即将召开的"太平洋会议"，首先要限定会议的目的与参加国的
范围。关于会议的目的，日本以防止日英美三国的战争为当务之急，美
国忧虑日本在远东的侵略政策和日英联合，英国及其自治领则要增进日
英理解与英美协调，因此将会议目的"限定为确立远东太平洋的和平是

---

　　① ［美］入江昭、［日］有贺贞编：《两次大战之间的日本外交》，东京大学出版会 1984 年版，第
32—34 页。

恰当的"。由于此次会议与日本有重大的利益关系，应尽量限定与会国家的数量。"会议的目的是确立远东太平洋的和平，参加国应限于有直接的利害关系者，协定的中心是寻求日英美三国的和平协商。"三国的和平协商分为政治协商和军事协定，前者是三国就远东太平洋问题进行协商，后者是三国讨论限制海军军备。松平恒雄得出结论："把会议参加国限定为当时的实力国家日英美三国是妥当的。"林权助认为，以往日本参加国际会议常居于被动地位，被英美等国视若被告。现在应改变消极态度，利用此次"太平洋会议"，确定改善日本的国际地位的政策：第一，改善日美关系；其次，改变过去对华外交的失误，利用此次机会转换中国民众对帝国的心理状态。为达到此目的应积极参加英国提倡的"太平洋会议"。①

日英在华矛盾的激化和英美的暂时妥协，使日本的外交处境相当孤立。改善日美关系对日本政府来说已是刻不容缓。日本认为改善日美关系好处有三：首先可以借美国的力量打开对华僵局，平息中国人民日益高涨的反日运动。早在一战期间原敬就指出，"将来美国执世界的牛耳"，"日美之间如能维持亲密关系，支那问题自然就解决了"。②其次可以得到美国的资金，从而有利于实施新的大陆政策。再次可以避免出现全球性的反日浪潮。日美两国围绕移民问题一直存在着尖锐的矛盾，美国国内潜伏着强烈的反日情绪。日本统治者特别担心中朝两国人民的反日斗争同美国的排日运动相联结。日本决不会为一个没有特定对象的、"毫不足恃"的日英同盟而置日美关系于不顾。

由此可见，在华盛顿会议召开以前，日英同盟已经名存实亡、徒具虚名了。日本之所以还不愿立即废止日英同盟，主要是日本的外交处境相当孤立，同盟的存在具有防止国际孤立的象征意义。

---

① ［日］外务省百年史编纂委员会：《外务省的百年》上卷，原书房1980年版，第793—794页。

② ［日］野村乙二郎：《近代日本政治外交史的研究》，刀水书房1982年版，第296—304页。

　　美国希望签订一个新的国际条约以取代日英盟约，拆散日本和英国在远东的联合战线。日英面对世界舆论的反对及两国在远东的矛盾，延续日英同盟已极为困难，不得不顺从美国的意愿。可是日英决不会坐视美国独霸远东。当美国凭借强大的实力施行咄咄逼人的战略、危及日英的既得利益时，必然促使日英两国互释前嫌。日本和英国的实力均逊于美国，谁也无力单独与美国抗衡，只有继续保持一定的协作，才能维护和扩大各自的利益。因此，日英美三国间的关系错综复杂。日本统治者很清楚，目前美国在华经济利益有限，中国亦非美国的重要市场和投资场所，日美在近期容易达成妥协；但是，美国把中国视为未来最有潜力的扩张领域，竭力促成中国统一，注重精神文化方面的渗透，着眼于长远利益，并且美国拥有强大的经济、军事力量，将来日美矛盾必然激化。日本不愿意同时与两个海军强国为敌，保持良好的日英关系可以牵制美国。英国认为，由于地理上的关系，日本的军事力量在远东居优势，日英关系的恶化将危及英国亚洲殖民地的安全。日英同盟延续论之所以在英国还有一定的市场，其原因就在于此。"把日本留在同盟内能抑制日本的对华行动，并且为了确保自治领的安全，同盟也是必要的。废弃同盟将伤害日本的感情。也就是说，与其把有可能成为敌人的日本驱逐出去，不如留在自己阵营内。"[1]英国政府决定在 1921 年 6 月召开的帝国会议上讨论英日同盟问题。英国外交部在致帝国各政府首脑的备忘录中指出："帝国在太平洋的暴露位置使它高度要求有一个友好的日本。如果不重订这个同盟，我们就会发现我们自己面对一个多疑的和可能是敌对的日本，这将使我们在中国、印度和远东普遍处于相当困难的地位。由于我们目前的经济需要和日本海军力量的日益增长，我们不可能在远东保持足够的力量，用以支持一种涉及可能对日本实行强制的强硬政策，或甚至不

---

① 日本国际政治学会：《通向太平洋战争的道路·1·满洲事变前夜》，朝日新闻社 1963 年版，第 21 页。

可能维持一支与日本规模相等的舰队。……取代在太平洋保持一支能对付日本舰队的唯一选择，似乎是重订这个联盟，我们在将来能从这个联盟中时时获得像我们过去曾经获得的那种有用的支持。"帝国国防委员会也认为"重订与日本的条约是最理想的目标"。[①]但自治领对外交部的备忘录有意见分歧，特别是加拿大反对延续日英同盟，因为一旦日美开战，加拿大有可能卷入与美国的战争，迫使英国政府不得不搁置该问题。英国历来奉行均衡主义的外交政策，它决不愿意美国独霸远东。为了削弱美国对华盛顿会议的控制，英国提议召开日英美三国预备会议，认为这是保证华盛顿会议成功的"绝对必要的序曲"。英国的提议得到了日本的积极响应，内田外相指示驻英大使同英国政府进行秘密联系。美国非常清楚英国的意图，不同意举行预备会议。美国的态度引起了英国的极大不满，并且把这种不满向日本透露。日英两国政府都认为，在日英同盟终止以后应继续保持一定的合作关系，因为这对双方都有益处。

　　1921 年 11 月 22 日，英国代表贝尔福（Arthur James Balfour）在会见日本代表加藤友三郎和埴原正直时说："由于俄、德的崩溃，促使日英同盟成立的原来的理由目前已消失，但是不能轻易废弃曾为两国带来很大利益、有珍贵历史的日英同盟。并且今天一时消失了的同盟的存在理由，难以保证将来不再发生。我试作一个提案，以日英美三国的协商为着眼点。该提案既采用美国能够接受的形式，又具有这样的意思，即将来一旦需要，日英两国保留恢复日英同盟的自由。"[②]贝尔福明确表示日英同盟的终止不会危及日英关系，将来若有必要可以恢复日英同盟。日本对此很满意。

　　但是，贝尔福提案是一种近似于同盟性质的"政治联合案"，该提案中还具有关于缔结防御性的军事同盟的条款，显然有悖于美国的外交原则。美国国务卿休斯"把英国的提议文书锁进抽屉，不置可否"。此

---

①　徐蓝：《英国与中日战争（1931—1941）》，北京师范学院出版社 1991 年版，第 12 页。

②　[日]外务省编纂：《日本外交文书·华盛顿会议》上卷，外务省 1977 年版，第 547 页。

时，日本代表团接到政府的训令，训令指出：关于日英同盟的问题，也许会在会议中涉及。如果出现这种情况的话，或者对同盟条约加以修正，或者在形式上加以处理，无论哪种做法都可以接受。倘若废止的话，也是可以的。关于此问题，先听取各国的意见，再采取适当的态度。币原喜重郎参照贝尔福案，起草了比较现实的"具有协议条约性质的协约案"。①贝尔福对币原案表示完全同意，"希望把该案作为币原、贝尔福协商之案交给休斯"。②

11月26日，贝尔福向美国代表洛奇（Henry Cabot Lodge）、卢特（Elihu Root）出示了币原案，洛奇、卢特表示极为满意。11月28日休斯也表示基本满意，同意以币原案作为交涉的基础。休斯提出把三国协商扩大为日英美法四国协商，认为"美国国内现在仍存在着强烈的反英及排日思想，不能无视这种事实。仅以日英两国为伙伴缔结协定，必将招致强有力的反对的危险。所以为了缓解危险，法国的加入是上策。然而在另一方面也充分谅解日本的意见，即不愿夹杂过多的国家使协定的效力变得薄弱"③美国之所以把三国协商扩大为四国协商，更为重要的原因在于考虑到日本和英国曾经结为盟友，担心日英再次联合起来对抗美国，美国毕竟在三国协商中只拥有一席，法国的加入可以起到平衡作用，防止日英捣鬼。日本"鉴于法国的国际地位及现存日法协商的关系"，对法国的加入没有异议。从12月6日开始，日英美三国（法国于12月8日参加会议）逐条讨论协约条款。"这样逐条讨论的结果，渐渐形成正式条约的样式。其条文以我（币原喜重郎——引者注）最初起草并经贝尔福加以几处文字上修正的原案为主体，美国国务院附加了协约前言以及关于效力的发生和存在期间的规定。"④12月13日，英美日法正式签署了《四国条约》。

① ［日］宇治田直义：《币原喜重郎》，时事通信社1985年版，第60—62页。
② ［日］币原喜重郎：《外交五十年》，读卖新闻社1951年版，第70—71页。
③ ［日］外务省编纂：《日本外交文书·华盛顿会议》上卷，外务省1977年版，第565页。
④ ［日］宇治田直义：《币原喜重郎》，时事通信社1985年版，第60—62页。

　　四国条约并没有达到彻底消灭日英同盟的目的，该条约本身仍然残存着日英同盟的影子。四国条约签署后的第 5 天，英国大使向日本政府表示，日英同盟"现在发展了，其范围更加广大。英国政府看到两国传统的友好关系的永存，以及在太平洋拥有重大利益的四大国间的亲善关系被增进,感到无比喜悦。"① "英国外交官员强调,同盟条约并未被废除,而只不过被四国条约代替而已。"②

　　通过对日英、日美关系的分析，并且从四国条约产生的具体过程来看，我们很难得出这样的结论，即日英同盟的终止是日本外交的失败。四国条约一方面解除了日本与英国的同盟关系，另一方面又与五国海军协定第 19 条——日英美三国在太平洋水域的特定区域维持防备现状——相结合，"极大地加强了帝国的安全"。③日英同盟的终止缓和了日美间的紧张关系，打开了日本的外交僵局，增强了日本在山东问题谈判中的地位，同时该同盟的终止并未恶化日英关系，相反促进了日英的接近。日英两国高级官员围绕如何发展日英关系在华盛顿会议上进行频繁的接触。12 月 10 日，埴原正直对英国代表兰普森说："即使同盟终止，日本仍渴望两国的历史的友好关系不仅不改变，而且更加发展。"在当天的晚宴上，加藤友三郎向贝尔福表达了同样的意思，"贝尔福非常高兴，再三表示谢意"。④其实日英美三国从《四国条约》中得到了各自所需要的东西。1921 年 12 月 2 日，日本代表团在给内田外相的电文中指出："回过头来考虑本协约的结果，英国根据协约使日英同盟得以变形，密切了同日美的关系，更重要的是排除了日本威胁其殖民地利益的恐惧心理。美国既废弃了日英同盟，又确保了同日本的友好关系。对日本来说，则避免了

①　[日]鹿岛守之助：《华盛顿会议及移民问题》，鹿岛研究所 1971 年版，第 166 页。
②　[苏]维戈兹基等编：《外交史》第 3 卷，三联书店 1979 年版，第 336 页。
③　[日]鹿岛守之助：《日本外交政策的历史的考察》，鹿岛研究所 1959 年版，第 364 页。
④　[日]外务省编纂：《日本外交文书·华盛顿会议》上卷，外务省 1977 年版，第 604 页。

陷于孤立地位，同时扫除了日美间存在着的各种怀疑。"①这一评价是客观和恰当的。

三、《五国海军协定》

《五国海军协定》是世界现代史上主要强国间据以进行过裁军的协议，在现代国际关系史上产生了重要的影响。

1921年11月12日华盛顿会议开幕。大会主席、美国国务卿休斯在首次发言中就抛出了详细的、具体的裁减海军军备的提案。该提案的核心内容是规定英、美、日三国主力舰比例为10：10：6。英国全权代表贝尔福立即表示赞同休斯提案。这样，休斯提案能否成立就完全取决于日本的态度。法国和意大利在海军裁军问题上没有什么发言权，美国之所以邀请法意与会，只是出于尊重它们的大国地位而已。

日美两国的海军力量维持7：10的比例是日本海军政策的基础，也是日本海军当局的传统思想。海军战略理论家、被誉为日本的"马汉"的佐藤铁太郎在其所著的《帝国国防史论》一书中指出："鉴于我国国力，不得不甘心于'进攻不足，防守有余'的兵力。""进攻舰队对邀击舰队（防守舰队——引者注）需要50%以上的兵力优势，而防守舰队对假想敌国的舰队必须确保70%以上的兵力。"②日俄战争期间曾作为东乡平八郎的作战参谋的秋山真之通过分析古往今来的各种海战战例，得出了与佐藤铁太郎相同的结论。基于这种认识，日本在1907年首次制定的《帝国国防方针》中就决定以美国为假想敌国和维持对美七成的海军实力。1918年修订的《帝国国防方针》再次肯定这种战略思想。因而，"七成论"成为日本海军的一般观念，成为整备日本海军兵力的基准。③

---

① [日]外务省编纂：《日本外交文书·华盛顿会议》上卷，外务省1977年版，第570页。
② 日本防卫厅防卫研修所战史室：《海军军战备（1）》，朝云新闻社1969年版，第120页。
③ [日]野村实：《对美英开战和海军的对美七成思想》，载《军事史学》第9卷第3号，1973年9月。

加藤友三郎要求休斯把日美两国主力舰比例从6：10改变为7：10，休斯拒不接受。因为美国海军当局对休斯提案也不满意，认为休斯把日本对美国的主力舰比例定得太高，根据6：10的比例，美国无法在太平洋海域确立绝对优势。为此，休斯受到海军人士的强烈责难。日美两国围绕主力舰比例问题展开了激烈争论，该问题成为达成华盛顿五国海军协定的重大障碍。

以加藤宽治（海军大学校长，加藤友三郎的首席随员）为首的日本代表团中的强硬派强烈反对"6：10"的比例。加藤宽治深受马汉学说的影响，认为海上权的消长决定一个国家的盛衰。他指出，日美两国海军为了争夺太平洋的支配权必然展开一场生死搏斗，由围绕中国的经济战而引发日美两国海军的争霸战。进入20世纪20年代，"美国经济界呈现出从未有过的繁荣……共和党政府为了延续这种繁荣向中国蜂拥而来，寻找其膨胀能量的大排泄口"。为了维护这种国策，美国建设进攻性的海军，煞费苦心地制订舰队进入远东海域的计划，日本的大陆政策受到极大威胁。加藤宽治从日美必战论的前提出发，认为日本必须维持强大的海军军备。他还指出："美国拥有极其丰富和伟大的资源及工业力量，开战以后立即就能根据需要整顿充裕的军备。因为有巨大的潜在战力，美国平时没有必要维持大军备。即使拥有与日本同等或劣等的常备兵力仍能保障安全。与此相反，像日本这种资源和工业力量都居绝对劣势的国家，平时不拥有强大的现有兵力，一旦危急就无依靠。"他警告说，第一次世界大战的最大教训在于寻求早期决战；如果在开战之初不发动积极的攻势，日本将陷于最不利的持久战，即经济消耗战。此外，加藤宽治还根据"国家体面论"，认为日本作为对等的主权国家，本应享有同美国均等的海军军备，甚至10：10的主力舰比例，对美保持七成的海军军备已是最大的让步，反对再作妥协。①

---

①　[日]细谷千博、斋藤真编：《华盛顿体制与日美关系》，东京大学出版会1978年版，第353—361页。

　　尽管同其他海军将领一样，加藤友三郎也深受"七成论"的影响，对休斯提案很不满意，但是，他并未把"七成论"奉若神明，机械地处理问题。"加藤（友三郎）具有超乎眼前的利害得失，从大局出发作出判断的能力。"为了打开会议僵局，加藤友三郎"基于对未来的洞察力，在合理的计算下"，权衡轻重，决定在主力舰比例问题上作出让步，表现出一定的灵活性。加藤友三郎的妥协态度遭到加藤宽治的坚决反对，代表团发生了分裂。在整个会议期间，加藤友三郎和加藤宽治的斗争非常激烈。由于加藤宽治的强硬态度，加藤友三郎一度急火攻心，吐了不少血，面色惨白。币原喜重郎判断加藤友三郎已经患上了癌症，因此才吐血。加藤宽治无视首席代表的权力，自己直接向海军省次官、军令部次长致电，策动海军上层人物向加藤友三郎施加压力，使代表团与东京之间的通讯联系一时出现了"杂音"。他甚至向外国记者表示，如果美英拒不接受日本的要求，日本将退出会议。这种独断专行的越权行为受到加藤友三郎的痛斥。①

　　11月23日，加藤友三郎再次致电政府，希望持妥协立场。11月28日，日本政府致电代表团表示可以考虑接受休斯提案；但是，要求美国答应缩减太平洋区域的防备或者维持防备现状，"以此削弱美国舰队在太平洋的集中活动，与其保持均势。"②

　　12月初，加藤友三郎就维持或限制太平洋区域的防务问题探寻贝尔福、休斯的意见，得到了贝尔福、休斯的积极响应。英美两国愿意在限制防备区域问题上作出妥协，以此为代价，软化日本在主力舰比例问题上的僵硬态度。英美日三国观点逐渐趋于一致。12月15日，三国代表就海军裁军问题达成临时协定。临时协定指出，"采用规定英美日三国海军力量比例为5∶5∶3的美国提案，约定包括香港在内的太平洋方面的要塞及海军根据地维持现状。但是，本限制完全不适用构成日本本土

　　① ［日］细谷千博、斋藤真编：《华盛顿体制与日美关系》，东京大学出版会1978年版，第362页。
　　② ［日］外务省编纂：《日本外交文书·华盛顿会议》上卷，外务省1977年版，第287—288页。

的诸岛、夏威夷群岛、澳大利亚和新西兰，当然也不适用从属于北美合众国及加拿大的诸海岸，各关系国对于这些地带拥有完全的自由"。①至此，主力舰比例问题得到"圆满"解决。

我们从临时协定的条文中可以看出，日本最终还是在主力舰比例问题上向美国作了让步，放弃了传统的比例观。这是对日本海军政策的重大改变，是一种极不寻常的举动。日本政府之所以作出这种让步在于以下几个原因。

第一，改善日美关系，谋求日美协调是日本参加华盛顿会议的重要目的。如前所述，一战以后日本的外交处境相当孤立——日英同盟有名无实，形同虚设；日俄关系紧张（因日本出兵西伯利亚）；中国反日浪潮汹涌澎湃……日本要想摆脱外交孤立，恢复传统的日英关系，必须首先改善日美关系。加藤友三郎表示，会议之际支配其观点是改善日美间的关系，缓和美国的排日倾向，不管对什么问题都根据这种观点而下"最后的决心"。②"与比率问题相比，加藤友三郎更重视的是避免日美关系的恶化和会议的破裂。"③

此外，美国把互不相关的五国裁军会议与讨论远东太平洋问题的九国会议合在一起意味深长。美国想借中国问题压日本在限制海军军备方面作出让步。日本当然愿意进行这种交易。美国大西洋舰队司令琼斯直言不讳地告诉日本海军代表："要使美国在中国问题上屈从日本，迫使日本接受对美6：10的比例是绝对条件。"④美国对限制海军军备问题的重视远远超过了中国问题。日本政府知道，为了提高主力舰对美比例而引起日美关系的恶化，失去美国在中国问题上对日本的支持是极不合算的。事实证明，日本在主力舰比例问题上付出的代价，在远东问题上得到了

①　[日]外务省编纂：《日本外交文书·华盛顿会议》上卷，外务省1977年版，第327—328页。
②　[日]稻叶正夫等编：《通向太平洋战争的道路·别卷》，朝日新闻社1963年版，第3页。
③　日本国际政治学会《通向太平洋战争的道路·1·满洲事变前夜》，朝日新闻社1963年版，第11页。
④　[日]细谷千博、斋藤真编：《华盛顿体制与日美关系》，东京大学出版会1978年版，第362页。

补偿。

第二，休斯提案不仅受到美国广大公众的支持，而且还得到了国际舆论的广泛赞同。在此情况下，日本成为国际舆论瞩目的中心，日本的态度直接关系到五国裁军会议乃至整个华盛顿会议的成败。"假如由于日本的反对使裁军以失败而告终，将会受到全世界的非难成为国际孤儿，所以无论怎样也不得不采取协调的态度。"①

第三，接受休斯提案，尽快同美国就限制海军军备问题达成协议，可以防止日美两国海军力量差距的进一步扩大。日本的经济实力远远不及美国，它承受不住军备竞赛的巨大负荷。1920年日本又爆发了自明治年代以来最严重的经济危机。因此，日本统治者最明智的做法就是暂时稳住美国，用一纸协定束缚美国的手脚，大致维持日美两国现有海军力量的比例，以待时局的变化。

第四，英美两国同意在太平洋水域的特定区域维持防备现状，这是日本的重大胜利。从日俄战争到太平洋战争前，美日两国的基本战略思想就是美国的远距离渡洋作战和日本的近海迎击作战。日本在1907年和1918年所制定的《帝国国防方针》中，决定海军采取"邀击击灭"的战略方针，即在日美开战之初迅速占领美国在西太平洋的海军基地，消灭美国在远东的舰队，确保西太平洋海域的制海权，以此激怒美国海军当局，引诱美国主力舰队进入日本近海海域，然后一举加以歼灭。显然，如果美国大力强化西太平洋岛屿的军事设施，势必严重影响日本实施"邀击击灭"的战略方针。

此外，受日本委任统治的南洋群岛包括大小1400多个岛屿，分布在东西长达2700海里的广阔海域上，防卫南洋群岛对日本海军是一个沉重的负担。美国的关岛犹如一把利剑插入南洋群岛。美国海军当局认为南洋群岛的非军事化是巴黎和会作出的最重要的决定，要求迅速强化关岛

---

① ［美］入江昭、［日］有贺贞编：《两次大战之间的日本外交》，东京大学出版会1984年版，第49页。

的军事设施，以关岛为基地夺取不设防的南洋群岛。因此，无论是出于实施"邀击击灭"的战略方针，还是为了确保南洋群岛的安全，日本都希望限制美国对关岛、菲律宾和阿留申群岛的防务。

1921年12月15日，英美日三国就限制海军军备问题达成了临时协定，并公布了协定内容。然而，时隔不久，英国代表团突然表示不能接受临时协定，迫使起草正式协定条文的工作陷于停顿。英国认为，临时协定所规定的限制防备区域过于广阔，对英国不利；其次，该协定限制了英国在香港的防务，可是邻近香港的日本各岛屿却不在限制区域以内（"构成日本本土的诸岛"这一概念的含义极不明确），因而极不公平，英国远东殖民地受到了潜在威胁。为此，英国代表提出以东经110度至180度，北纬30度至赤道间的区域作为限制区域。英国方案得到了美国的支持。

日本政府致电代表团，要求坚持12月15日的临时协定。日本政府认为，日本已经在主力舰比例问题上作了让步，不能在限制防备区域方面再作妥协，否则将给国民造成限制海军军备条约"毕竟是英美两大国压迫日本的计策的印象"。

日本同英美两国就英国方案进行多次交涉，无法取得一致意见，英国的态度极其强硬，会议再一次陷于僵局。1922年1月18日，东京接到加藤友三郎的急电，敦促政府改变不妥协的态度，否则他只有辞职。高桥是清首相和内田康哉外相深感震动，立即通过井出谦治海军次官向加藤友三郎表示劝慰，希望他"隐忍自重"。1月20日，内田康哉致电代表团，同意把小笠原群岛、奄美大岛列入限制区域，这样就给了加藤友三郎较大的回旋余地。1月22日，加藤友三郎提出了新的限制防备区域的方案。英美两国对日本方案基本满意，会议出现了转机。

休斯综合日本方案和贝尔福的修正意见，于1月23日提出美国方案，该方案规定的限制防备区域为："1.合众国现在占有或将来获得的在太平洋的岛屿属地；但是，（甲）阿拉斯加和包括巴拿马运河在内的邻近合众国海岸的岛屿以及（乙）夏威夷群岛除外。2. 香港以及英国现在占有或将来获得的在东经 110 度以东的太平洋的岛屿属地；但是，（甲）邻近加拿大海岸的岛屿,（乙）澳大利亚联邦及其领地和（丙）新西兰除外。3. 日本在太平洋的下列岛屿属地，即冲绳岛、奄美大岛、小笠原群岛、台湾和澎湖列岛以及日本将来在太平洋获得的一切岛屿属地。"①

加藤友三郎对休斯方案比较满意，认为该方案与日本方案比较接近，基本上采纳了日本的意见。他指出，鉴于千岛群岛的防备自由，休斯若不将巴拿马运河区和阿拉斯加（包括阿留申群岛），尤其是后者置于限制区域以外，美国参议院断难同意。从美国方面来讲，追加这两个地区是绝对必要的。此外，冲绳岛位于奄美大岛的南方，更加邻近菲律宾，美国将冲绳岛置于限制区域内也是理所当然的。②加藤友三郎要求政府接受美国方案。

1 月 28 日，内田康哉致电代表团，同意美国方案；但是要求把美国的阿留申群岛置于限制区域，日本则在维持防务现状的岛屿名单上添上千岛群岛。1 月 30 日，休斯约见加藤友三郎,接受日本的修正意见。至此，日英美三国终于就限制海军军备问题达成了最后妥协。

日本代表在限制防备区域问题上表现出了一种异乎寻常的克制态度，他们再三电告政府妥协忍让，甚至以辞职向政府施加压力。究竟是什么原因促使加藤友三郎等人采取这种态度呢？为什么日本政府继主力舰比例问题之后再一次向英美作出让步呢？

首先，英国方案和以后的美国方案都把菲律宾、关岛和香港列入限制区域，基本上符合日本海军当局的愿望，为日本与英美两国就限制防备区域问题达成新的妥协提供了基础。当时日本海军当局尚无远距离渡洋进攻作战的设想，所以把夏威夷群岛、邻近美国海岸和巴拿马运河区

---

① ［日］外务省编纂：《日本外交文书·华盛顿会议》上卷，外务省 1977 年版，第 450 页。

② ［日］外务省编纂：《日本外交文书·华盛顿会议》上卷，外务省 1977 年版，第 447 页。

各岛及英属南太平洋岛屿（巴布亚及其附近岛屿）置于限制区域外，不会直接影响日本海军实施"邀击击灭"的战略方针。

其次，日本统治者希望在日英同盟废止以后继续保持良好的日英关系，以便牵制美国。日本不愿意同时与两个海军强国为敌。华盛顿会议以后，日本政府仍然非常重视日英关系，甚至企图复活日英同盟。

第三，华盛顿会议自开幕以来，已经持续两个多月了，各国代表均现疲劳之态，国际舆论对会议迟迟不能圆满结束深感不满。日本在主力舰比例问题上与美国相矛盾，又在限制防备区域方面同英国相对立，给各国新闻界造成日本总是与英美格格不入，缺乏协调精神的印象。国际舆论甚至认为加藤友三郎等人在远离日本本土的英属南太平洋岛屿的防备问题上大做文章，似有意给会议设置障碍，怀疑日本参加会议的诚意。日本代表团向政府指出，各国全权代表和新闻界均认为"华府会议的拖延在于我国的缓慢作风，这种声音呈逐渐扩展的趋势"。^①时至 1922 年 1 月中下旬，华盛顿会议的其他议题基本上得到解决，因而限制防备区域问题备受世人瞩目。如果日本在该问题上拒不让步，一意孤行，势必造成难以预料的严重后果。日本统治者对此是非常清楚的。

由于日本的妥协，《五国海军协定》才得以成立。从表面上看，《五国海军协定》似乎对日本不利，因为在某种程度上它毕竟是日本向美国让步的产物，而日本首先废除该协定，又进一步加深了人们的此种印象。其实，美国并没有从《五国海军协定》中捞到多少实惠。美国参议院某些议员严厉批评这次会议为美国海军史上最大的悲剧，认为《五国海军协定》保证了日本在西太平洋海域的海上优势，从而巩固了日本在东亚的优越的政治地位。美国某些将领认为，日本同意把主力舰对美比例从 7 ：10 降低为 6 ：10（降低一成），以此为代价换来了五国海军协定第 19 条（限制防备区域条款），对日本大为有利。结果日本在西太平洋海

---

① ［日］外务省编纂：《日本外交文书·华盛顿会议》上卷，外务省 1977 年版，第 432 页。

域对美国的优势从 6 : 5 上升到 10 : 5，使美国海军的渡洋进攻变得极为困难。[①]如前所述，从日俄战争到太平洋战争前，美日两国的基本战略思想就是美国的远距离渡洋作战和日本的近海迎击作战。远距离渡洋作战的难度显然大大高于近海作战。美国不仅要维持一支占压倒优势的舰队，而且必须克服远距离渡洋作战所面临的一系列问题，如气象、修理、补给等。《五国海军协定》第 19 条实际上使美国舰队在西太平洋海域得不到陆上军事设施的支援，从而极大地增加了对日作战的困难。此外，日本还通过《五国海军协定》限制和束缚了拥有巨大经济潜力及军工生产能力的美国，防止了日美两国海军军备差距的进一步扩大，使日本有可能在废约以后的短时间内消除同美国海军军备的差距。

四、《九国公约》

远东太平洋问题是华盛顿会议讨论的另一个重要议题，而远东太平洋问题的实质是中国问题。美国企图借华盛顿会议在中国确立"门户开放、机会均等"原则，抑制日本的对华扩张。中国代表为了取得美国的支持和在山东问题的谈判中居于有利地位，在 11 月 15 日太平洋与远东问题委员会第一次会议上，提出了包括美国倡导的"门户开放"在内的"十项原则"，主要内容有：各国尊重并遵守中国领土完整和政治与行政之独立；"中国既极赞同所称开放门户主义，即与约各国一律享有工商业机会均等主义，故自愿承认该项主义，并实行于中华民国各地方，无有例外"；对于中国政治上、司法上、行政上的自由行动之各种限制应迅速废除，等等。美国代表卢特认为中国提出的"十项原则"对美国有利，并对"十项原则"加以压缩修改，于 11 月 21 日提出所谓的"四项原则"，其中包

---

① ［日］秦郁彦：《太平洋国际关系史——日美及日俄危机的系谱：1900—1935》，福村出版社 1972 年版，第 220 页。

括：一、尊重中国之主权与独立暨领土与行政之完整；二、给予中国完全无碍之机会，以发展维持一有力巩固之政府，并解除由改革年久之帝制政府后所生之困难；三、尽吾人权力所及，为世界保护各国在中国全境商务实业机会均等之原则；四、不得因中国现在状况，乘机营谋特别权利或优先权利，而减少友邦人民之权利，并不得奖许有害友邦安全之举动。[1] 显然卢特"四项原则"是美国第一次在国际会议上对传统的"门户开放"政策进行的全面解释，并暗含着对日本利用第一次世界大战之机在中国大肆扩展势力范围行动的指责。为了与卢特相呼应，澄清以前关于"门户开放、机会均等"原则的某些含混不清的地方，并进一步引申该原则的外延，1922 年 1 月 17 日，休斯又提出《在华门户开放案》，要求缔约各国（除中国外）协定不得谋求或赞助任何办法，"为自己利益起见，欲在中国任何指定区域内，获取有关于商务或经济发展之一般优越权利"。日本敏锐地感觉到休斯提案与海·约翰（John Hay）照会的不同。币原喜重郎认为《在华门户开放案》扩大了海·约翰照会中关于门户开放原则的范围，损害了其他国家的既得利益，因为海·约翰照会是以承认各国在华势力范围或租借地为前提的，其适用地区也是限定了的；其适用范围也只限于有关商业和出口问题。《在华门户开放案》把海·约翰的原则大大扩大了新的定义，新的定义没有任何溯旧效力。[2] 日本代表在争论中表示出强硬的态度。币原指出，必须尊重根据条约所享有的现存权益。为了避免过于刺激日本，休斯作出了让步，表示对取消现存势力范围可以保留，对今后不准设立势力范围之意则要求各国采纳。经过讨价还价，最终日美两国达成了妥协，1922 年 2 月 6 日与会各国签订了《九国公约》，卢特四原则和休斯提案被写入了《九国公约》第一条、第三条和第四条。美国对《九国公约》的签订感到满意，正如休斯在关于华盛

---

① 程道德等编：《中华民国外交史资料选编(1919—1931)》，北京大学出版社 1985 年版，第 104 页。
② ［日］信夫清三郎：《日本外交史》下册，天津社会科学院日本问题研究所译，商务印书馆 1980 年版，第 477 页。

顿会议的正式报告中所指出的那样，《九国公约》的价值就在于将美国的
"门户开放、机会均等"原则从外交照会转变为国际法，更加具有约束力，
即"把它具体化为一个正式的、由九个在远东有特殊利益的国家所签定
的国际协定"。①日本对接受抽象的外交原则并不反感，因为根据《九国
公约》的条款，日本在华权益没有受到实际损害。《九国公约》仅限于阐
明原理原则，是为了缓和中国的排日感情、消除列强对日疑忌而必需的
一个国际条约，"石井、兰辛协定的废弃也是基于这样的认识——从地理
的接近关系产生的特殊地位是与协定本身无关的事实问题"。②

在华盛顿会议上，中国提出了各种收复主权的要求，为此与日本发
生激烈的冲突。山东问题是巴黎和会留下的一项国际悬案，中国代表希
望在华盛顿会议中解决山东问题，而日本则极力维持在山东的特殊利益。
华盛顿会议前夕，日本在外交上有两个重大举措，第一，加强同美国的
接触，以确保美国在山东问题特别是胶济铁路问题上支持日本。1921 年
9 月末，美国新任驻菲律宾总督沃德（Leonard Wood）和前总督福布斯
（William Cameron Forbes）以总统特使身份出访日本，受到了日本的热情
款待，"预先就华盛顿会议谋求日美的圆满妥协"。"在与田中义一（原陆相）
的长时间的会谈中，沃德将军表示，日本在东洋的地位来自过去的战争
结果，美国将予以尊重。关于山东问题也约定以保持日本'面子'的方
式给予解决。"③第二，逼迫中国与日本直接谈判，以求早日继承德国在
山东的殖民权益。1921 年 9 月 7 日，日本驻华公使小幡酉吉向中国政府
递交《山东善后处置大纲》，大纲共 9 条，其中包括"山东铁路及附属矿
山，作为中日合办之组织"；"关于山东铁路特别巡警队之组织，中日间

①　刘笑盈：《眺望珍珠港——美日从合作走向战争的历史透视》，北京广播学院出版社 2002 年版，第 76 页。
②　日本国际政治学会：《通向太平洋战争的道路·1·满洲事变前夜》，朝日新闻社 1963 年版，第 37 页。
③　[美]入江昭、[日]有贺贞编：《两次大战之间的日本外交》，东京大学出版会 1984 年版，第 45 页。

应另行协定"，"俟接中国政府巡警队组织之通告，日本政府即宣言撤兵，将铁道警备之任移交巡警队后，即行撤退。"10 月 5 日，中国政府在复文中指出，"合办山东铁路（即胶济路线）一层，为全国人民所反对，因各国铁路当有统一制度，合办即破坏铁路之统一，侵害国家之主权，且中国鉴于合办铁路之先例，流弊滋多，无法纠正，对于合办原则上不能承认。全路及管理权，应完全归诸中国"。10 月 19 日，小幡再次照会中国政府，声称"原来该铁道在德国时代，纯系德国单独经营，日本牺牲几多生命与巨额之财力，始由德国获得，则公平之基础，莫过于中、日合办也"。11 月 3 日，中国政府在复文中继续驳斥日本的观点："胶济铁路建筑在中国领土之内，本系公司承办性质，并有中国之资本，既非德国之公产，亦非完全德商之私产，虽暂由德人办理，中国早拟乘机收回，且护路警察权完全属诸中国。日本占据该路，毫无军事上之必要"，"且该路沿线除租借地一段外，绝无德国军队驻屯，日本占路时并未受何抵抗，不能谓因该路而致有牺牲生命钱财之事也"。中国主张"将该路资产折半均分，至日本取得之一半，仍由中国分年赎回"，此种办法"已极公平"。山东境内日军，应尽快撤退，"所有铁路警备事宜，自有中国警察负其责任"。[1]

中国政府的一贯立场是绝不与日本直接谈判山东问题，认为该问题不仅与中国有关，也关系到远东与太平洋的整个形势。中国要求将山东问题列入华盛顿会议议程，日本的立场恰好相反。"为了迁就日本的意愿，山东问题的会谈是在会议之外进行的。"[2]

1921 年 12 月 1 日，中日两国代表开始谈判山东问题，英美派观察员列席会议。日本代表首先提出由日本接替德国在铁路贷款协定中的地位，与中国合办胶济铁路。中国代表表示反对，"因为铁路已经修好，已

① 《秘笈录存》，中国社会科学出版社 1984 年版，第 345—385 页。

② 《顾维钧回忆录》第一分册，中国社会科学院近代史研究所译，中华书局 1983 年版，第 224 页。

在运营了，铁路贷款协定已不再需要"，提出偿还贷款，赎路自办（铁路贷款为 2500 万元）。"日代表迭次坚持合办，几至决裂。"不久，日本退而求其次，提出中国应向日本贷款赎路，中国代表对此进行反驳："没有贷款的需要，中国准备偿还贷款，任何国家坚持让别国接受不需要的贷款都是不合情理的。"[①]但是，当时北洋政府陷于财政危机，无力备款赎路。12 月 30 日外交部致电代表团，"现款赎路，恐难实行"。[②]中国代表团不得不表示原则上接受贷款规定，但要求尽可能缩短贷款期限。日本提议贷款期限为 20 年，中国提议为 3 年，经过反复磋商，最后定为 15 年。

在交涉贷款问题的同时，中日双方又围绕胶济铁路的 3 个关键性职务，即总工程师、总会计师及车务长的分配问题进行谈判。中国代表认为，由于胶济铁路即将为中国政府所经营，胶州也将交给中国，那么连接胶州与济南的铁路理应由中国人经营管理。如果日本要保障其在铁路贷款上的财政利益，中国愿将总工程师一职让与日本。日本不同意，提出"派日人为胶济总工程师、车务长、会计长"。车务长一职是中日双方争论的中心。因为车务长掌握铁路日常运行、货运管理，对贸易有很大影响。中国政府在致代表团的电文中指出，"车务较会计尤重，倘争持至不得已时，可仅允用日人充副会计长，再不得已，可仅允日人充副车务长。若仅允日人充胶济段养路工程师，关系尤轻"。"无论用日人任何职务，均须加以下之限制：（甲）须由我自由聘用；（乙）须受津浦车务长或会计长或总工程师节制指挥；（丙）其职权限于胶济段；（丁）聘用期间，以款项清偿时为限等语。"[③]日本要求由日本人担任车务长，中国人任副职。中国针锋相对，提出由中国人任车务长，日本人任副职。双方各执己见，相持不下。美国国务卿休斯和英国代表贝尔福在会见中

① 《顾维钧回忆录》第一分册，中国社会科学院近代史研究所译，中华书局 1983 年版，第 228 页。
② 《秘笈录存》，中国社会科学出版社 1984 年版，第 481 页。
③ 《秘笈录存》，中国社会科学出版社 1984 年版，第 481 页。

国代表时提议，日本人任车务长及总会计师，"均受中国总办之管辖"。对这种有欠公正的方案，中国表示不能接受，"为表示格外让步起见，我方愿允在华方正长之下用日人充副车务长、副会计长"。休斯、贝尔福希望，给日人副车务长、副会计长"以同等之权"。中国代表表示，"准备承认此种提议，并转达政府"。[①]但是日本的态度极其强硬，拒不接受此方案。

以后，日本代表提出最后妥协案：日本人任车务长，中日各派一人任总会计师，权限相等。日本声称此案"即为日本最后之让步"。此时，英美两国向中国施加压力，要求中国接受该方案。休斯指出，"此项办法并非完善或公平之解决，但须考虑不解决之利害"。"倘此问题不解决，则日本仍留据山东，其结果非常可危"。贝尔福亦"请中国人权其轻重，采纳是项提议"。休斯和贝尔福还表示"此项提议乃最后之提议"，"大会行将闭幕，不能再有谈判及迟回余地"。"中国允即照办，不允即罢论"。[②] 由此可见，英美两国在山东问题的谈判中偏袒日本。日本代表币原喜重郎曾这样追述山东问题的谈判情景："在这以前中国方面为了使英美观察员保持善意而努力！然而观察员一点也不偏袒中国。相反，在第二十四次会议上，英国的朱尔典打断中国全权代表顾维钧的陈述，说自己以前居住在中国，顾维钧所言与事实不符。在下一次会议上，美国观察员马慕瑞也发了言……听了马慕瑞的发言，我想起了休斯最初所说的对于中日纷争采取公平不偏态度的事情，立刻觉得其言不假。这样一来，似乎中国也意识到不能利用英美了。会议的空气逐渐缓和，最后几次会议进行得非常迅速，至此中日山东交涉解决了。"[③]美国国务院远东司官员对休斯在山东问题上明显偏袒日本提出批评。曾在威尔逊总统任内担任过民主党全国事务委员会公共事务主任的科克伦（William J. H.

① 《秘笈录存》，中国社会科学出版社 1984 年版，第 494—495 页。
② 《秘笈录存》，中国社会科学出版社 1984 年版，第 496 页。
③ ［日］宇治田直义：《币原喜重郎》，时事新闻社 1985 年版，第 72—73 页。

Cochran）指出："共和党有义务帮助中国。因为哈丁总统的当选，主要就是靠山东问题。其他问题都是无足轻重的。""在总统竞选中，共和党得票最多的便是山东问题。哈丁常常在竞选演说中提及'劫走山东'这个字眼。"①其他共和党政客也都不断提到山东问题和日本侵占中国，用以诋毁《凡尔赛和约》和国际联盟。面对舆论和同僚的批评，休斯辩解说："我们当然不会考虑为了把日本从山东驱逐出去而与日本进行战争。"②1922 年 1 月 26 日，中国外交部致电中国代表团，同意接受英美劝告。2月 4 日，中日双方正式签署《解决山东悬案条约》。条约规定，"日本应将青岛济南铁路及其支线并一切附属产业，包括码头、货栈及他项同等产业等项，移交中国"，中国须向日本偿还该路实价（5340 万金马克），以国库券支付，以铁路财产及收入作抵押，偿还期限 15 年；支付 5 年后，中国可部分或全部付清债款，不过须 6 个月前通知；在国库券还清以前，由日本人担任车务长，中日双方各派一人任总会计师，权限相等，"此项职员统归中国局长指挥、管辖、监督，有相当理由时得以撤换"；胶济铁路支线，即济顺、高徐二线让与国际财团。③12 月 5 日，中日两国签署《山东悬案铁路细目协定》。条约规定，日本将胶济铁路于 1923 年 1 月 1日正午移交给中国，一个月内交接完毕；中国向日本偿付日金 4000 万元，以胶济铁路国库券支付，年息六厘，每半年支付一次。④1923 年 3 月 2 日，中国与日本又签署《胶济铁路交收之协定》。至此，延续多年的胶济铁路问题及整个山东问题遂告解决。

在华盛顿会议上中国还在"二十一条"问题、提高关税率问题以及

---

① ［美］鲍威尔：《我在中国二十五年——〈密勒氏评论报〉主编鲍威尔回忆录》，邢建榕等译，上海书店出版社 2010 年版，第 63—64 页。

② ［美］入江昭、［日］有贺贞编：《两次大战之间的日本外交》，东京大学出版会 1984 年版，第 52 页。

③ 程道德等编：《中华民国外交史资料选编（1919—1931）》，北京大学出版社 1985 年版，第110—111 页。

④ 王芸生编著：《六十年来中国与日本》第八卷，三联书店 1982 年版，第 358—359 页。

撤邮撤电问题上与日本发生激烈争论。早在 1921 年 11 月 15 日，中国代表在太平洋与远东问题委员会第一次会议上所提出的"十项原则"中就包含了取消"二十一条"的要求，1921 年 12 月 14 日再次提出了废除"二十一条"的要求，日本以"二十一条"是中日两国间的问题为由拒绝在会上讨论。由于美国与日本有密约在先，也没有支持中国的要求，只是希望中日在会外解决。直到 1922 年 2 月 2 日，即华盛顿会议闭幕前 4 天，太平洋与远东问题委员会才开始讨论"二十一条"问题。迫于形势，日本作出了一定让步，宣布放弃在满蒙筑路、借款以及关于在南满聘用政治、财政、警察方面的顾问、教官的优先权，放弃"二十一条"中的第五号。美国对日本的让步表示满意，卢特声称"二十一条"问题"不会再提出来而成为喧嚣一时的问题了"。中国仍坚持完全废除"二十一条"的原则立场。2 月 4 日，休斯将中国代表的声明在太平洋与远东问题委员会会议上宣读，并重申了美国在布莱恩照会中的"不承认主义"。最后以三国声明载入大会记录的方式结束了对"二十一条"问题的讨论。

恢复关税自主及提高关税率是中国提出的又一项重要内容。美英等国对提高中国关税率表示支持。因为提高关税率可以抑制日本在中国的经济扩张，缩小日本产品在中国市场的占有份额，为美英等国产品进入中国腾出空间，并可以增强北京政府的经济实力，维持中国的稳定与统一。日本则坚决反对提高关税率，因为日本对华输出大大超过美国，提高关税率对日本而言是灾难性的。最后会议决定：1. 中国关税率维持在 5%，另增加 2.5% 的附加税，个别奢侈品的附加税可以增加到 5%；2. 设立临时会议，筹备裁厘，厘金裁撤后，进口税增加到 12.5%。

对中国提出的撤废外国在华邮电问题，美国表示坚决支持。当时日本在华邮局有 124 个，美国只有 1 个，同时日本还有无线电台 55 处。这些日本邮电的存在严重威胁了美国的商业利益。正如卢特所指出的："如果一个美国商人被迫用日本的邮局，那么他的邮件将有利于日本商业而受到窜改，这不是不可能的。"①由于日本在华邮局和电台数量众多，极大地便利了日本的通讯联络，所以对撤废邮电问题极力拖延、阻挠，最后会议通过的撤废邮电案中规定：原则上承认设立邮局、电台应由中国政府批准，除在租借地或根据条约设立的邮电机构外，"在中国有邮局之四国，允许撤销，其期限不得过 1923 年 1 月 1 日"。外国政府在中国所办电台，"未经中国允许者，由交部偿价接办；其在租借地南满铁路一带，暨上海法租界内之电台，视为应讨论之事件，将来讨论结果，须与门户开放机会均等主义相同"。②

五、华盛顿会议的影响

日本很清楚美国要通过华盛顿会议迫使日本在远东问题上作出一定的让步，这是日本所不情愿的。由于日本特有的外交体制，外交问题并不是由政治家决定的，军部对外交政策有很大影响。参加华盛顿会议的日本代表团中的陆军人士就主张在中国问题、西伯利亚撤军问题以及日本的特殊地位问题上持决不退让的强硬立场。关于华盛顿会议的外交战术，日本准备了三个对策，第一个对策是将"既成事实"以及"限于日中两国间的问题"排除于会议议题之外，但遭到美国国务卿休斯的反对而失败；第二个对策是与美国进行预备交涉，限定议题的范围，也因遭到休斯的否决而受挫；第三个对策就是主动出击，抛出作为"逆袭案"的"太平洋的门户开放"主张，即门户开放主义不仅是限于中国和西伯利亚的政策，而且适用于整个太平洋区域，首先是美国大陆的开放、澳洲的开放、印度、印度支那、荷属印度的开放，具体包括经济的、通商的开放——完全废除太平洋区域的经济壁垒（如差别的、特惠的关税），

①　刘笑盈：《眺望珍珠港——美日从合作走向战争的历史透视》，北京广播学院出版社 2002 年版，第 81 页。
②　王芸生编著：《六十年来中国与日本》第八卷，三联书店 1982 年版，第 50—51 页。

确保平等的通商、资源的公平利用；其次是"移民问题"——要求美国、加拿大、澳大利亚的移民自由与废除人种差别待遇。[①]1921 年 9 月号的《外交时报》发表了原敬的《永久和平的先决考察——华盛顿会议之际日本国民世界观的陈述》的文章，指出原有大国英美占有地球上的绝大部分资源，与此相比，日本苦恼于"庞大的人口和资源的匮乏"，改变这种"世界物资的不平衡、不平均"，废除各国间人为的经济、通商障碍和民族的差别待遇是即将召开的华盛顿会议的"急务"。从第三个对策可以看出，日本似乎要在华盛顿会议上与美国全面对抗。但是日本并未在华盛顿会议上实施第三个对策。因为华盛顿会议前日美达成了一定的谅解，美国从威尔逊的理想主义"新外交"后退了，至少在远东太平洋问题上回归了西奥多·罗斯福的传统的现实主义的"旧外交"。[②]休斯的特别顾问、国务院法务官罗宾·克拉克在他长长的引人注目的备忘录中明确阐述了美国在远东、太平洋问题上所采取的基本方针："1. 美国在会议上最关心的是太平洋上的安全保障，其它的远东问题只有次要意义。2. 在远东、太平洋地区的势力均衡——倘若日本一国占有压倒的支配力，将威胁菲律宾等美国领土，务必保持多角的平衡。3. 有必要在远东、太平洋地区维持领土现状。4. 有必要同意特殊关系的原则。——日本主张在中国、特别在满洲享有特殊权益的观点是正当合理的，美国应予承认。"[③]

华盛顿会议的影响是相当深远的，通过削减武器，排除了和平时期经济发展的限制，而且完成此举的方式是国际合作，一种清晰而为各国共享的观念出现了：世界变了，历史已经进入了一个新的时代。[④]因此

① [美]入江昭、[日]有贺贞编：《两次大战之间的日本外交》，东京大学出版会 1984 年版，第39—40 页。
② [美]入江昭、[日]有贺贞编：《两次大战之间的日本外交》，东京大学出版会 1984 年版，第38—44 页。
③ [美]入江昭、[日]有贺贞编：《两次大战之间的日本外交》，东京大学出版会 1984 年版，第45—46 页。
④ [美]孔华润主编：《剑桥美国对外关系史》下，张振江等译，新华出版社 2004 年版，第 72 页。

20世纪20年代是世界近代史上真正进行过裁军的10年,《五国海军协定》是主要强国间据以进行过裁军的协议。

日本也变了,华盛顿会议促进了日本国内裁军运动的高涨。在会议期间召开的第45届议会,成了裁军和批判军部的议会。1922年1月28日,尾崎行雄和岛田三郎在议会提出了《关于海陆军备及特例的质问书》:关于海军,要求把华盛顿会议上决定的主力舰30万吨再裁减一半,并削减辅助舰;关于陆军,主张把现有的21个师团削减一半。尾崎断言:由于陆军所设想的假想敌国——俄国的崩溃,21个师团之多的军队已无必要,并且认为无事可做的大军,对内阻碍教育和产业的发展,对外招致各国的猜疑,反而使国家陷于危殆。尾崎等人以出兵西伯利亚为例,指出"徒耗六亿日元国帑,招致全世界非难。而蒙受侵略主义、两重外交之恶评等,亦皆备置毫无必要之大军之结果"。政友会、国民党和宪政会在本届议会上采取协调行动,将各党提出的裁军议案归纳为统一建议案于3月22日在众议院以压倒多数通过。1922年6月12日加藤友三郎内阁成立后,首先根据华盛顿五国海军协定,断然废弃现存主力舰14艘,停止5艘的建造,对海军省部进行"统、废、合"(统一、废止、合并),官兵退伍约7500人,裁减海军工厂工人14000人。[①]在国内外舆论的压力下,对裁军持消极态度的陆军也被迫裁军。在加藤友三郎内阁时期(1922.6—1923.9),陆军削减了6万多名官兵约合5个师团的兵力。陆军中将宇垣一成在日记中写道:"明治以来一再增建的军备走向缩减,可悲!"1923年9月爆发的关东大地震成为再次推进裁军的动因。1925年陆相宇垣一成裁减了相当于4个师团的兵力。尽管宇垣一成并不愿意裁军,他把裁军与陆军的现代化联系起来,从而达到舍名求实的目的,但毕竟表现出不敢与舆论相抗衡的心态。"华盛顿会议若干年,在不得不裁减海军以

---

① [日]信夫清三郎编:《日本外交史》下册,天津社会科学院日本问题研究所译,商务印书馆1980年版,第480—482、503—504页。

至陆军的国际压力下，和平主义情绪弥漫整个日本，连日本政府和军部中主张对华执行露骨的帝国主义政策的人，一时也销声匿迹了。"20世纪20年代日本通过裁军究竟节减了多少军费，由于统计口径的不同，有不同的数据，但从征兵角度来观察，我们可以对日本的裁军有一个大致的印象。1898年，现役军人征兵人数为53452人，1911年达到104803人，增加了96%；1919年，现役军人征兵人数为120254人，而1929年为104803人，减少了12.85%。[1]议会不仅要求裁军，而且要求改革军制，即废除"军部大臣武官现任制"。与议会的动向相呼应，著名民主主义人士吉野作造等人在议会外也大造舆论。1922年2月13日起，吉野在《东京朝日新闻》发表长文《论所谓帷幄上奏》（分五次连载），提出了全面改革军制的理论。在1923年2月召开的第46届议会上，加藤友三郎首相明确表示支持军部大臣文官制。革新俱乐部乘势提出的废除军部大臣武官专任制议案被一致通过。与此同时，社会上出现了追求个人利益和个人享乐主义的世俗化风景，人们玩股票、吃西餐、穿洋服、建私宅，对扩军备战不感兴趣。1930年4月滨口雄幸首相在财界和舆论的支持下，不顾军部的反对，决定签订伦敦海军裁军条约。出席伦敦海军裁军会议的代表团归国时受到了国民广泛的欢迎，裁军运动发展到顶峰。

华盛顿会议是巴黎和会的继续，解决了巴黎和会没有解决的远东太平洋问题。由《四国条约》、《五国海军协定》和《九国公约》等条约构成的华盛顿体系是凡尔赛体系的补充，确立了一战后远东太平洋地区的新的国际秩序。

华盛顿会议是美日在远东太平洋问题上的一次全面的较量，是新旧外交理念和政策的再一次博弈。从较量的结果来看，美国感觉满意，因为美国所提出的每一个重大目标似乎都达到了，如限制日本的海军军备、废弃日英同盟、抑制日本对华扩张、确立门户开放、机会均等主义原则等。

---

① 殷燕军：《近代日本政治体制》，社会科学文献出版社2006年版，第390页。

但是美国新外交的胜利是表面的，因为美国没有建立一种机制来维护华盛顿会议的成果、确保华盛顿体系的稳定。美国也缺乏抑制日本行动的手段，美国在远东太平洋地区没有驻扎大量军队，军事基地和设施很不完备，使得美国不敢同日本全面决裂。"休斯在给美国代表团的指示中强调：因为我国对于日本怎样侵略中国也决没有同日本开战的意思，所以美国外交的界限是尽量摁住日本的手，完全不给日本找到新侵略行为的借口。"美国采取妥协政策的另一个原因在于这次会议对共和党政权关系重大，它不想过分刺激日本以至造成华盛顿会议的破裂。1921 年 11 月 1 日出版的日本《外交时报》预测说："对绞尽脑汁追求会议形式上成功的美国政府来说，当然不会干那种高压日本使其目的落空的事。"①

　　长期以来，无论是学界还是政界，中国人对华盛顿会议的评价多趋于负面，认为"华盛顿会议给中国造成了一种新局面，就是历来各帝国主义者的互竞侵略，变为协同的侵略"。列强借此次会议使在华特权合法化。近年来学界对华盛顿会议乃至整个北洋政府外交的评价有所改变。②有学者认为美国主导的华盛顿会议从三个方面完成了新的远东国际秩序的构建：其一，各国承诺以国际合作代替国际竞争，在对华重大问题上奉行协商一致的原则；其二，实行门户开放原则的国际化，各国承诺不再谋求新的在华特权和势力范围，使中国获得发展机会和必要的援助；其三，中国承认中外关系的改变通过渐进的方式来完成，并认同美国为中国设计的自由主义发展道路。③更进一步的观点则认为中国对华盛顿会议的主要外交目标基本上都得以达成，《四国条约》取代日英同盟，"固非中国之力，但使日本不能再借'英日同盟'以东亚宪兵自居，形成东

　　①　［美］入江昭、［日］有贺贞编：《两次大战之间的日本外交》，东京大学出版会 1984 年版，第 43、48 页。

　　②　金光耀、王建朗主编：《北洋时期的中国外交》，复旦大学出版社 2006 年版；唐启华：《被"废除不平等条约"遮蔽的北洋修约史（1912—1928）》，社会科学文献出版社 2010 年版。

　　③　王立新：《华盛顿体系与中国国民革命：二十年代中美关系新探》，《历史研究》2001 年第 2 期。

亚门罗主义"。《九国公约》承诺尊重中国主权，不再干涉中国内政，日本对华收敛。"在新的远东国际秩序中，中国处境大为改善。而关税条约及修改条约各决议案，对中国皆属有利，中国外交应属成功。"①会议期间任外交总长的颜惠庆在回忆录中指出，尽管山东问题的谈判结果"尚不能完全实现公众的期望"，但"这是一个未失公允的解决办法，似应为大多数有理智的人群所接受"。②代表团在上总统的呈文中也表示，"十项原则"的提出并列入议程，"示领土主权之有属，破势力范围之成见，杜秘密缔约之危机，因人道厌乱之同情，博世界提携之公论"。其他议案的讨论并决议，"或定期施行，或委员调查，或彼此宣言，或订立条约，或由他国代表撤回，或待至将来续议。历年积案，告一结束"。③

①　唐启华：《北洋外交与"凡尔赛—华盛顿体系"》，载金光耀、王建朗主编：《北洋时期的中国外交》，复旦大学出版社 2006 年版，第 63 页。
②　《颜惠庆自传——一位民国元老的历史记忆》，吴建雍等译，商务印书馆 2003 年版，第 158 页。
③　章伯锋、李宗一主编：《北洋军阀》第 3 卷，武汉出版社 1992 年版，第 664 页。

第四章

日本外交与中国国民革命

中国对华盛顿会议抱有很高期望，因为巴黎和会使中国深感失望，以至于中国代表拒签《凡尔赛和约》，爆发了轰轰烈烈的"五四"运动。中国最关切的是两个问题，即立即解决山东问题和废除不平等条约。"举国上下，忧国忧民者莫不翘首以待，期盼华盛顿会议能解救中国时局，带来和平，使国家能得到发展。"中国政府组织了庞大的代表团，成员达130人，远远超出了巴黎和会代表团的人数。尽管中国在华盛顿会议上取得了一些成绩，但诸如恢复关税自主权、废除领事裁判权以及撤退外国军警等要求未能得到列强的同意，引起了中国各阶层人士的强烈不满。

共产党人对华盛顿会议的抨击最为激进。1922年7月召开的中国共产党第二次全国代表大会发表宣言指出："华盛顿会议给中国造成了一种新局面，就是历来各帝国主义的互竞侵略，变为协同的侵略。这种协同的侵略，将要完全剥夺中国人民的经济独立，使四万万被压迫的中国人都变成新式主人国际托拉斯的奴隶。因此最近的时期，是中国人民的生死关头，是不得不起来奋斗的时期。"[①]华盛顿会议不仅通过了关于中国问题的决议案，还提出了一整套解决中国问题的政策思想，即所谓华盛

---

① 中央档案馆编:《中国共产党第二次至第六次全国代表大会文件汇编》，人民出版社1981年版，第40页。

顿方案。华盛顿方案的实质就是中国通过渐进的方式改变中外关系，认同华盛顿会议为中国设计的自由主义发展道路，在中国具有按照西方的效率标准管理自己的能力之后，列强才能放弃他们的条约权利。中国民族主义者拒绝渐进改革的自由主义道路以及在中国实现稳定和统一之后才能考虑撤废在华特权的原则，要求立即废除不平等条约。①由此中国民族主义势力迅速兴起，废除不平等条约运动就是中国民族主义势力发展的具体表现，实际上中国民族主义的崛起已经成为影响华盛顿体系稳定的一个重要因素。

华盛顿体系的确立使东亚国际关系从无序进入有序状态。该体系的稳定主要取决于三个国家，即中国、日本和美国。第一次世界大战以后，中国出现了持续的民族主义运动，提出了废除不平等条约、收回租界、撤销领事裁判权、恢复关税自主等捍卫国家主权及民族独立的口号。这些斗争目标显然已经超越了华盛顿体系的范围。面对中国声势浩大的民族主义运动，如果列强采取步调一致的行动，逐步满足中国人民的合理要求，可以使中国成为一个合作的伙伴。但是列强将各自的私利置于国际协调之上，无视中国人民民族情绪的强烈反弹，导致中国经常与某些国家的关系紧张，爆发了五卅运动等爱国反帝运动，中国政局出现动荡。苏联对中国民族主义运动的高涨起到了推波助澜的作用。

华盛顿会议以后，日本出现了以"币原外交"为代表的协调外交。从 1924 年 6 月至 1931 年 12 月，中间除田中内阁外，币原喜重郎历任五届内阁的外相，形成了日本外交史上有名的币原外交。币原外交的实质就是在华盛顿体系的框架内谋求与列强的协调，维护日本的"正当权益"。所谓"正当权益"实际上是由一系列不平等条约所规定的损害中国主权的权益。这就使币原外交充满了矛盾，当和平的外交手段不足以维护日本的"国家利益"时，使用武力就成为日本统治集团的另一选择。这就

---

① 王立新:《华盛顿体系与中国国民革命:二十年代中美关系新探》,《历史研究》2001 年第 2 期。

是 1927 年 4 月出现短暂的田中外交的原因。田中义一上台后所显示的强硬外交不仅使币原外交以来中日之间建立的短暂信任趋于瓦解，而且恶化了远东的外交氛围，极大地侵蚀了华盛顿体系。由于日本还没有做好武力侵略中国和废弃华盛顿体系的准备，于是 1929 年 7 月日本统治集团放弃田中外交，币原喜重郎再次任外相，开始了第二次"币原外交"。币原上台后，重拾"协调外交"，力图改善田中外交以来急剧恶化的日中关系和日本在国际上的不良形象，振兴日本对华贸易。但是，国际环境已发生了变化。1929 年 10 月，美国爆发了经济危机并演变成世界性经济危机，经济危机也蔓延到了日本。摆脱经济危机成为日本的首要任务，政府、社会各阶层以及军部势力纷纷提出各种反危机纲领和具体办法，其中反对华盛顿体系、鼓吹自主外交的呼声日益高涨，币原外交的实施基础被严重削弱了。日本军部右翼势力选择满蒙地区作为对外扩张的突破口，发动了"九一八事变"。1933 年 3 月，日本退出国联，华盛顿体系宣告破产。由此东亚进入了没有条约的动乱年代。

由于中国民族主义运动具有削弱英、日在华利益、为美国资本进入中国腾出空间的作用，加上美国有沦为殖民地的经历，所以美国对中国民族主义运动持同情和理解的态度。华盛顿体系是由美国主导建立起来的国际体系，为了维持该体系的稳定，美国愿意同日本达成某种妥协。20 世纪 20 年代，美国与日本在华盛顿体系的框架内保持一定的协调。美国重视的是华盛顿体系的基本原则不被破坏，而日本重视的是在华既得利益不受损害。当日本发动"九一八事变"占领中国东北、直接威胁到美国"门户开放、机会均等"原则时，美日协调宣告结束。

英国对中国民族主义运动非常仇视，担心英国利益被逐出中国，所以主张用强硬手段对付中国民族主义运动，而对日本在满蒙地区的扩张持默认甚至纵容的态度。英国希望日本侵略中国东北会导致日苏关系的恶化，削弱苏联在中国的影响，防止中国出现"赤化"。

华盛顿体系是一个合作的体系，这种合作表现在两个方面：一是华盛顿会议各国在华盛顿体系框架内的合作；二是列强合作共同对付苏俄和中国民族主义的挑战。但是两种合作都没有取得成效。1925年是一战后东亚划时期的转折点。因为华盛顿会议后的两三年间列强未能阻止苏联在中国所煽动的过激民族主义，其结果使协调外交精神逐渐受到了怀疑，"英、美、日开始做出取代华盛顿体制的外交姿态。五卅事件进一步加速了这种趋势。在这之后召开的北京关税会议上，各国转向建立新的协调关系，但是实际上没有成功，由此华盛顿会议后日、英、美协调的基本结构发生了很大的裂痕"。①当然，日本军部右翼势力是华盛顿体系的又一个不安定因素。

一、币原外交的限度：从第二次直奉战争到北京关税会议

华盛顿会议对日本外交的影响是巨大的。在华盛顿会议前，日本大陆政策的实施多半依靠政治、军事的力量，日本外交奉行所谓"自主独立"的路线。甲午战争和日俄战争给日本带来了巨大的回报，列强容忍日本在东亚的扩张。但是第一次世界大战以来，列强加深了对日本的疑虑。华盛顿会议给日本的大陆政策筑起了法律上或道义上的壁垒。以这次会议为界，金融、经济的力量成为日本统治阶级推行大陆政策的主要力量，萌芽于原敬时期的国际协调路线占据了统治地位，继原敬之后的几届内阁都强调日本要实行协调外交。

1924年6月，币原喜重郎就任日本外相，至1931年12月下台，中间除田中内阁外，币原历任五届内阁的外相，时间长达5年零3个月，形成了日本外交史上有名的币原外交。币原外交是协调外交的典型代表。币原外交的理念主要体现在1924年7月1日他在日本第49届议会上发

①　[日]入江昭：《探索远东新秩序》，原书房1968年版，第56页。

表的外交演说。根据这个外交演说，币原外交的理念可以归纳为：国际协调主义、不干涉内政主义、经济主义和合理主义。国际协调主义就是在对华政策上与欧美列强协调，避免出现与欧美列强的对立。不干涉内政主义就是反对公然出兵中国、停止对地方军阀的支持、率先承认中国的关税自主权，并且以同情的态度面对中国的民族主义运动。他在华盛顿会议上强调要重视由中国民族主义激发的革命。经济主义就是不以武力威胁、侵略和扩大国家的权利，而是奉行以扩大外贸、投资等增进经济关系的互惠互利原则。合理主义就是在追求国家利益的外交价值与国际、国内环境之间保持适当的平衡，外交行动诉诸理性，反对采取情绪化、非理性的行动。[①] 显然，币原外交充满了矛盾，一方面以国家利益特别是日本在华"权益"作为外交的最高价值，另一方面强调要采取和平的外交手段维护国家利益，"拥护、增进我国的正当权益"。当日本在华"利益"受到威胁或损害时，并不否认采取强硬的手段，所以当政友会政客在元老西原寺公望面前攻击币原外交软弱时，西园寺不客气地回敬道："你到底对软弱外交了解多少？币原所做的是强硬外交。我看见他一直在推行强硬外交，希望他取得圆满成功。"[②]

币原赞成门户开放、机会均等原则，但是币原把门户开放理解为机会均等主义，因为海·约翰第一次"门户开放照会"是以承认列强在华势力范围和既得利益为前提的，只是表示美国也要分享中国"蛋糕"。海·约翰私下说，美国利用门户开放政策同列强在中国角逐，"我们将使他们浑身冒汗"。[③]日本把机会均等主义写入日英盟约和日法协约中。1902 年 1 月签订的第一次日英盟约中没有门户开放的表述，而是日英两国"保证各国在这些国家的贸易和工业的机会均等"，这是机会均等主义第一次被写入国际条约中。1905 年 8 月签订的第二次日英盟约重申日英两国"确

---

① [日]斋藤镇男：《日本外交政策史论序说——外交教训的历史研究》，新有堂 1981 年版，第43—45 页。

② [日]币原喜重郎：《外交五十年》，读卖新闻社 1951 年版，第 300 页。

③ 杨生茂主编：《美国外交政策史（1775—1989）》，人民出版社 1991 年版，第 223 页。

保中华帝国的独立与完整和各国在中国的贸易和从事工业的机会均等原则"。在《朴次茅斯条约》中，俄国应日本的要求，声明"它们在满洲没有任何损害中国主权或违反机会均等原则的领土利益或优惠或排他性的特许要求"。在1907年6月成立的日法协约中，两国"同意尊重中国的独立和完整，以及所有国家的贸易和臣民或公民（即属民）在该国得到同等待遇的原则"。同年7月达成的日俄协约中，"缔约双方承认中华帝国的独立和领土完整以及各国在该国的贸易和从事工业的机会均等原则"。在1908年11月达成的《高平—卢特协议》中，日美两国"决心通过它们掌握的一切和平手段支持中国的独立和完整，以及各国在该帝国通商和开办工业的机会均等原则"。在1917年7月修订的第三次日英盟约中，双方再次重申："通过确保中华帝国的独立和完整，和各国在中国的贸易和从事工业的机会均等原则维护所有国家在中国的共同利益。"因此对币原而言，所谓门户开放政策主要就是机会均等主义，即赞同海·约翰第一次照会的精神。《九国公约》第一条"尊重中国之主权与独立暨领土与行政之完整"，体现了海·约翰第二次照会的精神；《九国公约》第三条"为适用在中国之门户开放政策或各国商务、实业机会均等之原则更为有效起见"，体现了海·约翰第一次照会的精神。在第一条和第三条间，币原更重视第三条，即为了推进日本在中国的经济利益，有必要实施和维持机会均等原则。至于中国的行政与领土主权的完整则不是币原重点考虑的问题。币原接受作为主义的门户开放政策，但严格限制该政策的解释和适用范围，维护日本在华"实际利益"。①币原要维护的所谓正当权益（实际利益）是由一系列不平等条约所规定的损害中国主权的权益，而废除这些不平等条约是中国国民革命运动的主要目标。因此维护"正当权益"（实际利益）与尊重中国国民革命是不相容的。币原反复强调要"遵守、充实巴黎和平条约、华盛顿会议诸条约、诸决议所明示

---

① ［日］服部龙二：《币原喜重郎与二十世纪的日本——外交与民主主义》，有斐阁2006年版，第52—53页。

及暗示的崇高精神",其实就是要维护根据这些条约日本所享有的在华"权益"。但是中国国民革命运动的兴起对日本在华"权益"产生了极大的冲击,使币原外交的内在矛盾显露出来了。同时1924年4月美国国会通过了含有严重歧视日本人条款的移民法,极大地刺激了日本朝野,舆论开始检讨日本的外交政策,主张回归亚洲,联合中国等亚洲国家抗衡盎格鲁·萨克逊主义。

　　1872年8月11日,币原喜重郎生于大阪的门真村(现门真市),其家族为门真村的豪族。币原家族原定居在京都,后迁移到门真村。币原喜重郎的父亲名叫币原新治郎,任门真村的村长助理,育有二男二女,即长子坦、次子喜重郎和女儿操、节。新治郎非常重视子女的教育,长子坦毕业于东京帝国大学国史系,曾任山梨县普通中学校长、高等师范学校教授、文部省图书局局长等职,战后美军占领期间任枢密顾问官,参与新宪法的讨论。币原坦在东亚史和殖民地教育方面着力甚多,1928年创办了台北帝国大学,著有《日俄间的韩国》(1905年)、《韩国政争志》(1907年)、《间岛国境问题》(1909年)、《殖民地教育》(1912年)、《朝鲜教育论》(1919年)和《远东文化的交流》(1949年)等。币原喜重郎比哥哥小2岁,与坦喜爱汉学不同,他对西方学问更感兴趣,入读大阪中学,大阪中学以英语教育闻名社会,著名外交家松井庆四郎即毕业于该校。从大阪中学(初中)毕业后进入了第三高等中学学习,同学中有以后的首相滨口雄幸。高中毕业后进入东京帝国大学法律系学习。币原喜重郎早就有志于当外交官。1893年,日本确立了外交官录用考试制度。1895年7月,币原喜重郎从东京帝国大学毕业,因患脚气病错过了外交官录用考试,迈着蹒跚的脚步去箱根散心。从箱根回来后,接穗积陈重先生的来信,推荐币原去仙台的高中任教,遭到了币原的谢绝,表示对当教师没有兴趣。以后进入农商务省矿山局工作。1896年9月,参加了第四次外交官录用考试,此次外交官录用考试合格者仅4人,币原是其中之一。战前外交官录用考试制度在选拔优秀外交人员方面发挥了重要作用，著名外交官员，如小池张造（第四次）、本多雄太郎、田中都吉、埴原正直、小幡酉吉（第七次）、松平恒雄、出渊胜次（第十一次）、佐分利贞男、佐藤尚武（第十四次）、广田弘毅、吉田茂（第十五次）、有田八郎（第十八次）和重光葵（第二十次）等都是通过外交官录用考试进入外务省工作的。[1]外交官录用考试合格后的翌月，币原以领事官补的身份赴朝鲜仁川领事馆工作，当时的仁川领事是石井菊次郎，币原深受石井和石井的继任者伊集院彦吉的赏识。1899年5月，币原赴伦敦工作。1900年12月，任驻比利时安特卫普领事。1901年9月，改任驻釜山领事。在釜山领事任内，币原与三菱公司创始人岩崎弥太郎的第四个女儿雅子结婚，与加藤高明成了连襟（岩崎弥太郎的长女春路是加藤高明夫人）。加藤高明先后出任过英国公使、大使，担任了第四次伊藤博文内阁、第一次西园寺公望内阁、第三次桂太郎内阁和第二次大隈重信内阁的外务大臣，在日本政界、外交界建立了广泛的人脉。1904年3月，日俄战争爆发后币原回国任外务省电信课代理课长、课长。1912年5月，任驻美大使馆参事官，1913年改任驻英大使馆参事官。1914年6月，升任驻荷兰公使兼丹麦公使。1915年10月，经外相石井菊次郎的推荐，年仅43岁的币原任外务次官。从1915年10月至1919年11月，是日本外交的多事之秋：第一次世界大战鏖战正酣、因"二十一条"交涉使日中关系跌入低谷、美国对日本破坏"门户开放政策"的批评、巴黎和会的召开等，币原先后辅助了石井菊次郎、寺内正毅、本野一郎、后藤新平、内田康哉五位外相，对日本外交的利弊得失以及如何在维护国家利益与协调国际关系方面把握均衡点有了更深切的体会。币原是典型的工作狂，经常工作到深夜才离开办公室。1919年11月，币原被任命为驻美国大使。驻美大使是外务大臣的热门候选人，意味着升任外相的可能性大大增加

---

① ［日］服部龙二：《币原喜重郎与二十世纪的日本——外交与民主主义》，有斐阁2006年版，第2—5页。

了。当时日本在外仅有 6 个大使馆，即驻英、法、俄、意、美、德大使馆，驻荷兰、比利时和中国等是公使馆。明治时期日本最重视的驻外公使馆为驻英、美公使馆，如驻英公使加藤高明、林董，驻美公使陆奥宗光、小村寿太郎等人后来都成为外相。1906 年 1 月，日本驻美公使馆升格为大使馆，担任驻美大使的青木周藏、内田康哉、石井菊次郎等也成为外相。加藤高明在物色阁僚时，最初的外相人选并不是币原，而是石井菊次郎，由于石井推辞并力荐币原，币原才以 51 岁的年龄首次入阁。因加藤高明任外相时曾向中国提出臭名昭著的"二十一条要求"，导致中日关系恶化，所以加藤高明就任首相后的首次议会演说几乎未触及外交问题，而由币原以"外交政策的连续性"为题阐明新政府的外交政策。加藤高明病逝后，1926 年 1 月 30 日继任的首相若槻礼次郎不太过问外交问题，由币原完全掌控外交事务。①

由于具有长期在英国工作的经历和受夫人的影响，耳濡目染，币原养成了英国贵族式的生活习惯，性格严谨、理性。币原晚年在回忆录中表示，伦敦郊外的公寓生活是他一生中最幸福的生活之一。在币原的外交官生涯中，外务省的美国顾问丹尼森（Henry Willard Denison）对他产生了深远影响。明治政府为了推进国家现代化建设，曾聘请了大量外国专家。从 1868 年至 1889 年，政府机关共聘请了 2000 多名外国专家。1885 年，外务省聘请的外国专家有 5 人，其中就包括丹尼森。丹尼森原是美国驻横滨副总领事，1880 年经美国公使推荐担任了外务省顾问，在外务省工作长达 34 年，对日本外交事业作出了积极贡献。币原进入外务省后就跟随丹尼森学习英文，练习外交文书的起草，咨询法律问题和外交技巧，特别是币原升任电信课长后与丹尼森的接触更加频繁。币原的寓所就在丹尼森的宿舍附近，两人经常在一起聊天。特别让币原受益良

① ［日］服部龙二：《币原喜重郎与二十世纪的日本——外交与民主主义》，有斐阁 2006 年版，第 88—91 页。

多的是外交文书的起草技巧。1903 年 7 月，日俄两国围绕俄国驻军满洲问题产生了尖锐矛盾。外务大臣小村寿太郎要求丹尼森代他起草致驻俄公使的训示电文，提议与俄国进行交涉。丹尼森询问，是否无论如何都要避免战争？小村表示，是否诉诸战争要看交涉的结果，隐含着日本不惜一战的意思。为此，丹尼森起草了一封语气、词语非常柔和的训示电文。日俄交涉电文除了 1 件是小村起草的，其余均由丹尼森起草。日俄交涉破裂、战争爆发之后，日本公布了所有的交涉电文，博得了国际舆论的广泛同情，就连俄国的盟国法国也理解日本的行动，"那是因为被丹尼森的电文所感动"，日本发行的军事公债多半是在巴黎募集的。英国外交部远东局局长曾当面对币原说："给驻俄公使的日俄交涉电文，不知是谁撰写的？日本外务省有很厉害的人。写得相当好。近来进入英国外交部的人，把它作为文章规范来阅读。真是了不起！"丹尼森向币原传授公文、口述记录、觉书的写法，掌握如何通过外交文书最大限度地赢得国际舆论、维护国家利益的技巧。丹尼森对明治时期日本出现的过度西化现象不以为然，建议政府要采取措施加以遏制，保持和发扬日本的传统文明和道德。1887 年，原农商务大臣谷干城从欧美旅行归来后，贬斥西方文明，倡导国粹主义、农本主义，夸耀日本文明的优秀，社会上出现了狂热的民族主义和排外主义。对此，丹尼森认为此风不可长，否则日本的进步革新会陷于停顿状态。1914 年丹尼森去世，葬于日本。币原作为丹尼森的遗嘱执行人，获赠了几千部藏书。遗憾的是，这些贵重图书，大部分毁于关东大地震，小部分毁于太平洋战争，竟无一册留存下来。[1]

　　币原喜重郎在任驻英使馆参事官时经历的一场外交风波，让他印象深刻，充分理解了外交的限度。1910 年墨西哥爆发了资产阶级革命，反对外国资本对墨西哥经济的控制。有一次在民众举行的要求收回英国人

---

① 　[日]币原喜重郎：《外交五十年》，读卖新闻社 1951 年版，第 239—240 页。

油田所有权的示威活动中发生了过激事件，示威者烧了工厂，杀了经理，闹得沸沸扬扬，酿成了严重的外交事件。当币原询问英国外交部远东局局长如何处理该事件时，该局长表示："英国面对被杀的事情也没有办法。为了保护在墨西哥的英国侨民，向墨西哥派遣了军舰。但是却引起了美国的不快。虽说是为了保护侨民，但是向美洲派遣军舰，美国决不会坐视不管。这对美国来说是一种侮辱。美国奉行门罗主义的传统政策。英国的行动与门罗主义相抵触。为此，我们提议让美国来代替英国，保护英国侨民，英国停止向墨西哥派遣军舰。但是美国政府却以没有保护英国人的生命财产的责任加以拒绝了。"英国议会为此举行了听证会。议员询问外务大臣格雷："外务大臣知道在墨西哥发生的杀人以及工厂被烧毁的事情吗？"格雷简单地回答道："我当然知道。"接着又问道："今后您打算采取什么保护手段呢？"格雷回答："不会采取任何手段。"旁听此次会议的驻英使馆一等书记官吉田伊三郎非常吃惊："人被杀了，财产也被烧毁了，然而政府却不采取任何手段，格雷真是太大胆了，绝不会被舆论所接受。"可是翌日当币原翻阅报刊时，发现不仅政府方面的报刊，而且反对派方面的报刊，一致认为格雷的回答是英国唯一可以执行的方针，对格雷的理性主义态度以及对外交行动分寸的拿捏表示赞赏。币原觉得匪夷所思，同一位英国记者讨论此事："昨天关于爱德华·格雷的答辩，各大报刊都持赞成态度。如果是我国，外务大臣这样回答的话，当晚就会被杀了。这是为什么呢？"这位记者反问道："这是理所当然的，难道为了这种事和美国打仗吗？"如果置之不理，那么骚乱也就是一场闹剧，无损英国的威信；相反诉诸战争的话，却使得骚乱者行为具有了合法性，而且有可能卷入与美国的战争，英国必败无疑，极大地损害英国的国威，因此以沉默为好。"按照这样的常识来思考问题，格雷的发言是理所当然的。"币原认为，此事反映了英国民众在外交问题上所具备的常识。"这在日本简直是难以想象的。"英国普通民众具有外交常识，着眼于大局，能够预见到强行采取某种行动所造成的严重后果。"如果考虑到这是英国人的常识，有这样的国民，那么外务大臣不论做什么事都是容易的。如果我做那样的回答，估计早就被杀死两三次了。"为此，币原非常羡慕英国的外交官员。①

第一次世界大战和俄国十月革命的爆发使东亚国际均衡格局遭遇极大冲击。日本乘机与西方列强出兵西伯利亚，压缩俄国的活动空间，攫取原俄国和德国在华权益和势力范围，东亚的权力天平极大地向日本倾斜。为此美国采取了再平衡战略，通过巴黎和会和华盛顿会议，以门户开放、机会均等主义限制日本扩展在华权益，削弱日本势力。英国鉴于英美两国实力消长的情况，终结日英同盟，强化英美关系，支持美国重构东亚格局和建立集体安全保障体制。当币原执掌外务省时，东亚已恢复了势力均衡。此外，东亚出现了有利于币原实施经济外交和不干涉内政主义的外部环境。当时苏联内部正在进行权力转移和体制构建，传统的日本陆军的假想敌国苏联（俄）的威胁暂时消失了；尽管日本在华盛顿会议上接受了6：10的对美主力舰比率，但由于美国承诺维持西太平洋区域的防备现状，日本并没有感受到美国海军力量的现实威胁。②由于东亚均衡格局的形成，使得列强在促成中国统一、培育中国市场方面达成了共识。币原对结束中国政治纷争持积极态度，因为一个统一和快速成长的中国市场不仅有利于美国，也有利于日本。1925年1月20日，币原在议会阐述了他的带有理想主义的外交理念："当今世界上的人一般都排斥偏执狭隘且排他性的利己政策，反对滥用兵力，否认侵略主义，认为在处理各种国际问题有赖有关国家的相互理解和协作的时代即将来临，关于德国赔偿问题的伦敦会议、和平处理国际纷争的国际联盟会议显示了向该时代的迈进。以上趋势的自然结果就是近年来国际会议数量的显著增加。"去年日本参加的各种国际会议有四十多次。"我国不应孤立在

①　[日]币原喜重郎：《外交五十年》，读卖新闻社1951年版，第276—279页。
②　[日]石津朋之：《日美战略思想史——日美关系的新视点》，彩流社2005年版，第27页。

远东的一个角落，紧闭门户，将自己局限在单独生存的狭小范围内。作为国际联盟的主要成员，应该对世界的和平、人类的幸福承担重大的责任。因此，只要与这个大目标有关的问题，即使与我国利害关系不大或仅有间接关系，也应该理所当然地加以讨论。我国肩负如此重大的责任，时至今日已经不是讨论其事是否可行的时候了，而是不可回避的时局要求。我相信，这是推动全世界发展的巨大进步力量使然。"①

20 世纪 20 年代日本外务省主要人事变动一览表②

首相	外相	外务次官	亚洲局长	欧美局长	通商局长	条约局长	情报部长
原敬 高桥是清 加藤友三郎	内田康哉	币原喜重郎 埴原正直 田中都吉	芳泽谦吉 出渊胜次	松平恒雄 广田弘毅	埴原正直 田中都吉 永井松三	松田道一 山川端夫	伊集院彦吉 田中都吉
山本权兵卫	伊集院彦吉	松平恒雄	出渊胜次	广田弘毅	永井松三	山川端夫	松平恒雄
清浦圭吾	松井庆四郎	松平恒雄	出渊胜次	广田弘毅	永井松三	山川端夫	松平恒雄
加藤高明 若槻礼次郎	币原喜重郎	松平恒雄 出渊胜次	出渊胜次 木村锐市	广田弘毅 堀田正昭	佐分利贞男 斋藤良卫	山川端夫 长冈春一 佐分利贞男	松平恒雄 出渊胜次
田中义一	田中义一	出渊胜次 吉田茂	木村锐市 有田八郎	堀田正昭	斋藤良卫 武富敏彦	佐分利贞男 松永直吉	出渊胜次 小村欣一 斋藤博
滨口雄幸 若槻礼次郎	币原喜重郎	吉田茂 永井松三	有田八郎 谷正之	堀田正昭 松岛肇	武富敏彦	松永直吉 松田道一	斋藤博 白鸟敏夫

---

① [日]外务省编纂：《日本外交年表及主要文书（下）》，原书房 1978 年版，《文书》第 72 页。
② [日]服部龙二：《币原喜重郎与二十世纪的日本——外交与民主主义》，有斐阁 2006 年版，第 88 页。

币原执掌的外务省与过去相比有很大不同。首先是人员数量的增加，20 世纪 20 年代通过外交官录用考试合格的人数大幅度增加，如 1920 年和 1921 年的外交官录用考试合格者近 40 人。不仅如此，外务省还积极吸引其他优秀人才充实外交官队伍。当币原任外相时，外务省人员已突破 1100 人，形成了欧美派与亚洲派。

欧美派以币原为核心，包括出渊胜次、佐分利贞男、佐藤尚武、广田弘毅等人，重视与欧美国家的协调与合作；亚洲派又称革新派，产生于巴黎和会后成立的"外务省革新同志会"，在外务省内推进革新运动，在维护日本在华"利益"与国际协调之间，偏向于前者。亚洲派以有田八郎为核心，包括重光葵、谷正之、白鸟敏夫等人。但两派并不是泾渭分明的，如欧美派的广田弘毅比较认同亚洲派的外交理念，亚洲派的白鸟敏夫则与币原保持良好的协作关系，所以在亚洲派内又分为白鸟派和有田派。由于币原没有在华使领馆工作的经历，缺乏对中国问题的直接感受，所以通过与自己具有相同外交理念的部下推进对华政策，如任驻美大使期间，作为使馆参事官的出渊胜次、一等书记官佐分利贞男等人就得到了币原的充分信任，币原放手让他们工作，对他们言听计从。而持不同外交理念的一等书记官广田弘毅、三等书记官石射猪太郎等人则被疏远。[1]20 世纪 20 年代，欧美派是外务省的主流，"九一八事变"后亚洲派成为外务省的主流。其次，鉴于以往强硬外交的负面效应，币原改进外交方式，推行所谓的"正直外交"，即吸取加藤高明与中国交涉"二十一条要求"的教训，改变加藤高明的英国式的帝国主义外交实践，针对一战后欧美力量的消长，重视与美国的协调，如废弃日英同盟、接受门户开放主义、积极参加华盛顿会议和解决山东问题等。第三，为消解舆论和民间对外交的误解，币原有选择地公布一些重要的外交文件，

---

① ［日］服部龙二：《币原喜重郎与二十世纪的日本——外交与民主主义》，有斐阁 2006 年版，第 46、84 页。

增加外交的透明性。1924年4月美国国会通过的含有严重歧视日本人条款的移民法，激起日本人的极大愤慨，日美关系面临崩溃的危险。币原一方面不同意采取过激反应，直到9月中旬才向美国国务卿休斯发出外交抗议；另一方面及时公布日美交涉移民问题的外交文件，有效地化解了外在压力，平息了社会不满情绪。1924年7月，外务省公布了两部重要的外交公文集，即《一九二四年美国移民法制定及与此相关的日美交涉经过》和《一九二四年美国移民法制定及与此相关的日美交涉经过公文书英文附属书》。尽管驻美大使埴原正直担心这些机密外交文书的公布会造成严重后果，但币原仍决定刊行。两部外交公文集共印刷了上千份，分别送达贵族院、众议院、枢密院、内务省、东京各报社、各府县机关、驻外使领馆、银行和各地方报社等，取得较好的效果。8月，币原组织了移民委员会，组成人员包括外务省、大藏省、农商务省和递信省的局长级干部，每周开会，讨论善后措施。在移民美国的渠道被彻底堵塞的情况下，决定鼓励本国公民向巴西等拉美国家和南洋国家迁移。①

　　1924年9月爆发的第二次直奉战争是对币原外交的第一次考验。当时日本国内舆论要求干预直奉战争，援助张作霖，采取强硬手段维护日本在满蒙的"权益"，并对币原施加压力，一些暴徒还直接冲入办公室泄愤。一贯持稳健对华政策的农商大臣高桥是清也对满洲的局势深感忧虑，在1924年10月23日的内阁会议上主张援助张作霖，但币原坚决反对，提出三条理由：第一，政府曾决定对中国的内部纷争持不干涉的方针，并且向中外声明，援助一方是明显的干涉，有违以前的严肃声明，是否坚守国际信义是事关国运消长的重大问题。第二，即使发生吴佩孚乘胜侵入东三省的事情，进军奉天必须跨越南满铁路；根据条约，日本在满铁地带有驻兵权，跨越南满铁路必须以与满铁守备队交战并取胜为先决

---

① ［日］服部龙二：《币原喜重郎与二十世纪的日本——外交与民主主义》，有斐阁2006年版，第97—98页。

条件。然而，直隶军长驱奉天，已经没有与我精锐部队交战的余力。即使吴佩孚统治了满洲，他与张作霖一样，绝对不可能不尊重我们的既得权益。第三，冯玉祥部正在张家口厉兵秣马，冯吴有宿怨，冯决不会对吴称霸东三省袖手旁观。当张吴在山海关之险的生死决战一刹那间，正是冯崛起的好时机。如果发生这样的事，吴佩孚因为后方被截断，不得不引兵后撤。张作霖也将重整旗鼓。在此情况下，我们采取稳如泰山的态度是最好的政策。由于币原坚持己见，内阁在是否援助张作霖的问题上议而不决。加藤首相让内阁会议暂时休会并把币原引入隔壁房间，问是否有妥协的余地。币原表示，将坚持自己的意见，没有妥协的余地。如果首相和全体阁僚都不接受我的主张而援助张作霖的话，为了不至于因我的辞职而动摇内阁基础，我应迅速辞职。改造内阁，实行新外交政策，这是解决问题的上策。我已经意识到了，所以今天把辞职书带来了。加藤高明表示没有要求币原辞职的意思，对不干涉中国内争方针没有异议。由于币原坚持不干涉主义，军部加紧了用金钱策动冯玉祥倒戈的行动，终于促使冯玉祥发动了北京政变。币原立即将这一消息告知加藤首相，加藤决定召开临时内阁会议。当币原报告来自北京公使馆的电报内容时，高桥是清非常兴奋，特意走到币原跟前，两手紧握币原的手，说："好！好！由于你的努力日本得救了。如果按我们主张的那样秘密援助张作霖的话，可不得了啦。我们没有脸见列国了，进退维谷了。这样，日本的权益被保全了，日本的信用得到了维持。如此高兴的事再也没有了。"[1]

1924年国共合作的建立使"二七惨案"后一直处于低潮的中国工人运动开始恢复和发展。1925年中国共产党第四次全国代表大会的召开为国民革命运动的高涨作了思想上和组织上的准备。上海、青岛两地日商纱厂工人的罢工，揭开了五卅运动的序幕。

一战以后，日本在华经营的纺织厂无论在规模上还是在数量上都超

① ［日］币原喜重郎：《外交五十年》，读卖新闻社1951年版，第98—103页。

过其他国家。1925年日本在中国的纱厂有45家，雇佣中国工人8.2万多人。英国在华纺织厂仅为日本的1/3。尽管中国人投资经营的纺织厂有80多家，但规模比较小。由于日本在华纺织企业享有治外法权和低关税率等殖民特权，使中国民族纺织企业难以与日资企业竞争。中国工人在日本开设的纺织企业里遭受残酷的剥削，工作时间长、劳动条件差、工资待遇低，日商纱厂工人反对日本帝国主义的要求特别强烈，所以五卅运动发源于日商纱厂的工人罢工运动。

当工人罢工运动的规模越来越大时，列强判断共产党组织和参与了罢工运动。在五卅惨案前，上海工人运动的矛头始终针对日本帝国主义。日本外务当局要求中国政府采取措施，严厉镇压煽动闹事的过激分子，稳定局势，维护社会治安。另一方面要求日本企业主与工人代表进行谈判，作出一定让步，尽快平息罢工浪潮。但是五卅惨案发生后，中国人民斗争的矛头扩大到英国及其他列强，提出了废除不平等条约、收回租界、撤消领事裁判权、恢复关税自主等捍卫国家主权及民族独立的口号。这些斗争目标显然已经超越了华盛顿体制的范围。面对中国声势浩大的民族主义运动，列强的步调并不协调一致，而是各有打算，充分暴露了华盛顿体系的脆弱。

日本无法承受长期的罢工、罢市和抵制日货运动，希望尽快平息事端，所以日本愿意向中国工人作出一定的让步，并在五卅惨案发生后，巧妙地摆脱困境。1925年7月，日本避开英国，诱使北京政府单独解决上海罢工问题。沙基惨案发生后，日本认为这是把中国人民反帝斗争的锋芒引向英国的又一个好机会，声称这次风潮，"唯英国应负其完全责任"，"日本自始至终，不愿变更其所抱之和平政策"。在这种情况下，8月1日省港罢工工人第七次代表大会决定改变斗争策略，把"反对一切帝国主义"的口号改为集中打击英帝国主义，把全面封锁香港的政策改变为单独对英封锁的政策，并实施"特许证"制度，保护其他国家的合法贸易。这一政策拆散了列强反对中国民族主义运动的联合战线，而且加深了列强之间的矛盾。9月2日日本发表声明："日本对于列国对任何强硬政策决不予以援助。"①美国则希望以中国友人的面目出现，不愿意与英国一起蹚这场"浑水"。当美国驻沪总领事为制造五卅惨案的租界警察辩护，要求派遣军舰来保护美国在华侨民时，美国政府没有接受这一建议。北京政府为了孤立英国而采取与日本接近的策略。6月6日北京政府指派上海总商会会长虞洽卿出面交涉五卅惨案。虞洽卿秉承政府旨意，主张缩小范围，单独对英。日本亦表示愿单独解决顾正红案，声称"日纱厂罢工与英捕惨杀截然两事"。对于日本的外交举动，中共中央在告全国民众书中指出：此次上海五卅惨案起于日本帝国主义向上海以及青岛纱厂工人的进攻，而成于英帝国主义对学生、工人、市民狠毒的残杀，并指出日本正努力企图将此次事变之目标转移于英国。显然五卅运动暴露出帝国主义协调外交和华盛顿体制的脆弱性。如果这种置国际协调体制于不顾的现象继续蔓延下去，将会使华盛顿体制遭到严重的侵蚀。英美日三国希望通过北京关税会议，消除彼此的矛盾，协调对华行动，继续维持华盛顿体制的稳定。

　　1924年11月，段祺瑞就任中华民国临时执政。段祺瑞的再度上台是各派势力妥协的产物，本身并没有多少力量。段祺瑞一方面将总统、总理的职务合而为一，使临时执政兼有二者的权力；另一方面利用五卅运动加强执政府的基础，力促修改条约，成为中国民族运动的领导者，同时削弱激进的民族主义。1925年6月24日，段祺瑞政府向外交使团发出照会，要求修改不平等条约。照会指出：不平等条约的存在"常为人民怨望之原因，甚至发生冲突，以扰及中外和好之友谊。如最近上海之事变，至为不幸"。"对于中国政府，依公平主义，修正条约之提议，予以满足之答复。"②8月18日，中国政府向各国发出召开关税特别会议

①　李新、陈铁键主编：《中国新民主革命通史》第2卷，上海人民出版社2001年版，第262—267页。
②　程道德等编：《中华民国外交史资料选编（1919—1931）》，北京大学出版社1985年版，第230—231页。

的正式请柬。段祺瑞对关税会议特别重视。执政府成立后，中央财政陷
入困境，各省税收尽为地方军阀所截留，分文不交中央，"执政府的日常
开支，如北京的军警费用、政府开支以及教育经费等等，主要只能靠借
内外债"。段祺瑞执政伊始，就决定解决搁置多年的金法郎案。华盛顿会
议规定，在与会各国批准了关于中国关税的条约后3个月，由中国政府
召集各国举行关税特别会议，讨论增加"二·五附加税"。法国以不批准
华盛顿关税条约为要挟，迫使中国政府在金法郎案问题上作出让步。中
国政府慑于国内舆论的压力，一直未敢同意法国的要求，法国政府也就
迟迟不批准华盛顿关税条约，使关税会议无法召开。段祺瑞催促财政总
长李思浩尽快解决金法郎案，以谋求法国批准华盛顿关税条约，归还被
扣留的关余、盐余，从而促成关税特别会议的召开。结果中国在金法郎
案上未能坚持"中国政府的原有立场，放弃了中国的合法权利"，"完全
接受了法国的要求"。[1]段祺瑞通电全国，声称"解决时局之要,旨在财政,
尤在协定关税之得其宜"。"盖吾国今日上下交困，欲图补救，惟冀关税
会议成立，由百分之七·五再进而加至一二·五，不特内外各债得有归结，
抑且财政既活，百废待兴，民国转机，实赖乎此。"金法郎案解决后，华
盛顿关税条约"所定加税免厘之税率，颇信于关税会议中可得切实讨论,
理财政策由此而施"。[2]日英美等国希望中国有一个稳定的中央政府，但
面对法国政府的蛮横态度，却未能采取有效、果断的措施，而是对事态
的发展袖手旁观。尽管段祺瑞政府采取妥协态度，使金法郎案得以解决，
然而付出的代价是巨大的,进一步削弱了段祺瑞政府的执政基础。日、英、
美等国在金法郎案上的表现，显示了其远东外交政策的短视性。

　　美国赞成尽快召开关税会议。国务卿凯洛格（Frank Billings Kellogg）
对中国政府6月24日的照会表示，美国应把握这一时期，如果中国准备

---

[1]　《顾维钧回忆录》第一分册，中华书局1983年版，第322页。
[2]　杜春和等编：《北洋军阀史料选辑（下）》，中国社会科学出版社1981年版，第239、245页。

履行自己的义务，美国将考虑对修改现存条约持同情、友谊的态度，具体来说，就是尽快促成关税会议召开，对中国恢复完全的关税自主权的具体方案进行表决，并为将来废除治外法权作准备，由列国向中国派遣治外法权委员会。[①]凯洛格认为，如果美国以中国友人的姿态出现，美国就不会成为排外运动的对象。因此，凯洛格主张美国应采取稳健的政策。五卅运动爆发后，美国代理驻华公使麦雅一方面倾向于采取一切手段恢复法制和秩序，另一方面主张为了使事态尽快平息下来，尽可能采取妥协的态度。因此麦雅主张尽快召开关税会议，使中国与列强的关系"安定化"。新任驻华公使马慕瑞也持有与麦雅同样的观点，认为华盛顿会议是约束各国行动的"唯一的安全之道"。[②]美国在恢复中国关税自主权问题上表现出了明智的态度。美国国内舆论对中国民族主义运动的高涨也持同情态度，某些国会议员把中国大革命视为类似于美国的独立战争。凯洛格指出："直到几个月前，本政府以及其他列强政府都一直以为，（华盛顿会议）关税条约的条款足以满足中国人在修改关税方面的愿望，但是最近几个月的事件表明，这些条款作为渐进实现关税自主的一个步骤并不能满足中国人的期望，中国人民要求摆脱列强强加给他们的种种强迫性限制以获得自由的愿望并不限于关税问题，而是包括其他很多方面，在这些方面他们同样要求做出彻底的改变。我对中国人民的目标表示同情，并希望我们对我们与中国的条约进行修正，直至其公正可行……在我看来，就关税问题而言，特别会议的行动应超越关税条约所严格限定的范围，讨论整个协定关税问题，甚至包括旨在最终实现关税自主的建议。"[③]

1924—1929 年任英国外相的张伯伦（Arthur Neville Chamberlain，1869—1940）对欧洲事物的关心远过于对远东事务的关心，奉行欧洲中

---

① ［美］入江昭:《探索远东新秩序》，原书房 1968 年版，第 67 页。

② ［美］入江昭:《探索远东新秩序》，原书房 1968 年版，第 67 页。

③ 王立新:《华盛顿体系与中国国民革命：二十年代中美关系新探》，《历史研究》2001 年第 2 期。

心主义的外交政策，他尤其关注洛迦诺会议的成败和洛迦诺条约的实施。仔细阅读 20 世纪 20 年代英国外交部每年所作的备忘录，即"英国政府的外交政策——承担义务及其相对重要事项一览表"，就可以明确了解英国政府的外交政策。1926 年 4 月 10 日，外交部官员在呈递给张伯伦的备忘录中，对英国政府需要承担的外交义务进行了排位，依次为"国际联盟条约、凡尔赛条约、1925 年洛迦诺条约、1921—1922 年华盛顿条约、埃及、苏丹等"。由此可见，围绕日本、中国、华盛顿条约等问题，在英国政府的外交事务排位中是处于欧洲事务之下的。20 世纪 20 年代英国外交部笼罩着欧洲中心主义，主要关心的是欧洲事务。[①]这也就不难理解英国为何在中国问题上接连出错。由于英国对"五卅事件"处理不当，成为中国人民反帝斗争的主要对象，严重影响了英国对华贸易的开展，贸易损失巨大。国王对英国在中国的外交处境深感忧虑。如何改善英中关系，平息中国人民的民族主义情绪，就成为英国政府不得不考虑的一件事情。对北京关税会议，英国持"稳健的立场"。所谓"稳健的立场"，即张伯伦在给出席北京关税会议的英国代表的电文中所说的那样，英国的立场"居于日本政策的利己主义与美国的理想主义的宽大化（牺牲其他国家）之间"。[②]因此，英国政府对中国提出的提高关税税率表示赞成，但对中国提出的恢复关税自主权持保留态度。显然，一旦中国恢复关税主权，英国就会失去对中国海关的把持权，直接影响英国在华"利益"。英国对北京关税会议的成功抱有很大的期望，为此英国加强与美国特别是日本的协调。20 世纪 20 年代英国外交政策有一个重要目标就是遏止苏联共产主义的影响，为此英国在欧洲支持法德和解，将德国拉入国联，并且使德国成为国联行政院常任理事国，防止德苏接近。在远东则拉拢日本，作为将来反苏的强大力量。英国驻日大使曾对英王表明加强与日

① ［日］细谷千博编：《日英关系史》，东京大学出版会 1982 年版，第 51 页。
② ［日］细谷千博、斋藤真编：《华盛顿体制与日美关系》，东京大学出版会 1978 年版，第 72—73 页。

本协作的重要性，指出"假如日本的政策受到合众国的反对，而又感到失去我国的支持，日本当然不敢在中国与苏联人敌对化"。对此，国王表示，"关于东洋，特别是我们对苏联在东洋和西洋进行两面活动的危险性进行正确评价的话，与美国相比，英国更应与日本协作"。①

同英国一样，日本也是想借关税会议进一步改善日中关系，扩大日本产品在中国的销路。自从日本向中国提出"二十一条"以来，日中关系一直处于紧张状态。紧张的日中关系显然影响了日本对华贸易的开展。在1925年初召开的第51届帝国议会上，滨口雄幸藏相指出，受关东大地震的影响，1924年日本对外输出18亿零700余万日元，输入24亿5300余万日元，外贸赤字高达6亿4600余万日元，输入额和外贸赤字都是日本外贸史上的最高记录；如果加上朝鲜、台湾等殖民地贸易，外贸赤字达到了7亿2500余万日元。这样第一次世界大战以来，日本的外贸赤字累计达到了27亿8300万日元。因此日本必须抑制输入、扩大出口。日本输出的大宗产品是对美国的丝织品和对中国的棉织品，确保美国和中国市场对加藤高明内阁来说，是一个重要课题。②北京关税会议的召开使日本陷入了左右为难的境地：如果反对中国要求恢复关税自主的要求，并且在各国普遍同意提高中国关税税率的情况下，日本独持异议，必将在国际上陷入孤立；如果同意提高关税税率，则给1922年战后经济危机和震灾恐慌以来苦于全面入超的日本经济带来严重影响。为了解决这个矛盾，主管关税问题的外务省通商局长佐分利贞男向外相币原喜重郎建议：原则上同意中国恢复关税自主权的要求，但是在恢复关税自主权前设一个过渡阶段，在此过渡阶段内要求中国采用日本主张的"等级税率"。佐分利贞男的建议得到了币原喜重郎的完全同意，被任命为日本出席关税会议的全权代表的随员兼事务总长。关税会议前，外务省首脑制定了

---

① ［日］细谷千博、斋藤真编：《华盛顿体制与日美关系》，东京大学出版会1978年版，第74页。

② ［日］臼井胜美：《日本与中国——大正时代》，原书房1972年版，第235页。

以下与会原则："列强在华盛顿会议上曾经反对日本之等级税率提案，此次会议恐难指望列强赞同。此案不能通过，而一律征以百分之十二点五的高税率，则日本对华贸易将遭受重大打击。必须千方百计考虑实现等级税率之方案。为此，应由日本采取大大方方的措施，率先提议承认中国关税自主权，然后对中国国民所向往的撤销不平等条约抢先迈出一大步。采取这一措施，中国将对日本的好意有所反应，或将采用等级税率作为国定税率的原则；在某种情况下，为保全同日本的特殊贸易关系，或将出现缔结两国间关税互惠协定的可能性。"[①]为了贯彻日本的上述原则，佐分利贞男在会前赴北京与中国全权代表之一、司法总长黄郛接触。黄郛曾留学日本，精通日语。佐分利贞男向黄郛表示，"日本原则上承认中国的关税自主权的要求，但前提是接受等级税率或制订日华特惠关税协定"。黄郛表示现在提出缔结日华特惠关税协定，恐怕会遭到中国国民的猜疑和反对，引起纠纷。我们充分了解日本的意向，一定努力实现日本的意向。黄郛强调，在此之际，关于特惠关税协定等我们之间仅限于绅士协定，今后请相信我们的诚意。[②]日本对北京关税会议的政策是，承认中国的关税自主权，以此为代价，中国施行有利于日本的"等级税率"。

由此可见，英、美、日等国对关税会议抱有不同的目的，英、美希望通过关税会议，能够协调列强的对华关系，在华盛顿体制的框架内解决中国问题，进一步巩固中国中央政府的地位，促使中国政局趋于稳定；而日本则希望通过关税会议，改善日中关系，确保并进一步扩大日本产品在中国市场的占有份额。这样，与英美不同，日本并不关心关税会议的成败，日本在关税会议上的表现也具有某种作秀的成分。1925年11月3日，加藤高明首相在会见英国大使时，明确表示"缺乏会议成果对

---

① ［日］信夫清三郎编：《日本外交史》下册，天津社会科学院日本问题研究所译，商务印书馆1980年版，第511—512页。

② ［日］上村伸一：《中国民族主义与日华关系的展开》，鹿岛研究所出版会1971年版，第127页。

日本是有利的，因为中国恢复关税自主权只会给日本带来损失"。①

1925年10月26日，关税特别会议在北京居仁堂开幕。段祺瑞致欢迎词，强调中国关税自主，不仅有利于中国经济，也有利于世界经济："查我国现行约定税则，不合经济原理，致所受影响，不可胜计。若国定税率实施以后，纵税率变更，外商之负担似略加重，而我国民久困之经济，得以借此复苏，购买之能力，得以借此增进，萌芽之实业，得以借此发展。我国本为世界一大好市场，一旦经济苏复，富力增进，实业发展，不独我国家之幸，即我各友邦同蒙之利益，宁属浅鲜。"②中国代表王正廷宣读关税自主提案，办法为：

一、各国向中国政府正式声明尊重关税自主，并承认解除现行条约中关于关税之一切束缚；

二、中国政府允将裁废厘金与国定关税定率条例同时实行，至迟不过1929年1月1日；

三、在未实行国定关税定率条例以前，中国海关税则照现行之值百抽五外，普通品加征值百抽五之临时附加税，甲种奢侈品（即烟酒）加征值百抽三十之临时附加税，乙种奢侈品加征值百抽二十之临时附加税；

四、前项临时附加税，应自条约签字之日起，三个月后即行开始征收；

五、关于前四项问题，应于条约签字之日起立即发生效力。③

为了支持政府收回关税自主的提案，北京及其他地方举行了声势浩大的游行示威，中国民众的民族主义情绪达到一个新的高潮，对与会列强造成了很大的压力。鉴于五卅运动的经验教训，英、日、美等国不敢轻易对中国政府的提案持否定态度，以免惹火烧身。日本全权代表日置益当天发表声明，明确表示同意中国收回关税自主权。日本的这一举动

① ［日］服部龙二：《币原喜重郎与二十世纪的日本——外交与民主主义》，有斐阁2006年版，第105页。
② 章伯锋、李宗一主编：《北洋军阀》第5卷，武汉出版社1990年版，第84页。
③ 程道德等编：《中华民国外交史资料选编（1919—1931）》，北京大学出版社1985年版，第250页。

获得了中国民众的好感，为改善"二十一条"交涉以来一直处于恶化状态的中日关系创造了一个良好的氛围。外务省通商局事务官堀内干城（日本代表，也是事实上的日本代表团中的中心人物）在其所著的《中国的暴风雨》中指出：日本在会议开始就对中国国民多年的夙愿即废除有关税权的不平等条约加以承认，使日本的侵略政策、高压政策来了180度的转换，获得了全中国国民特别是青年人的非常好感。因此在所有问题上，日本代表团领导着关税会议。英国全权代表如有涉及与会各国的重要问题而有必要与中国方面接触时，由于日本最为中国方面信赖，所以直率地表示委托日本进行这种接触。结果，不仅在各种场合体验到了北京市民对日本代表团显示的100%的好意，而且出现了上海等各大城市的反日现象渐渐消失，亲日空气抬头的极为愉快的状况。①英、美等国对日本在不同其协商的情况下，独自表态同意中国收回关税自主权、以此赚取中国人民好感的机会主义做法极为恼火。华盛顿体制是一个国际协调体制，美国之所以不愿意率先对中国的民族主义运动表示积极的态度，就是希望各国采取协调一致的行动，反对单边主义计划或行动，不论是柯立芝（Calvin Coolidge）总统，还是凯洛格国务卿，都希望列强在对华问题上保持"和谐"。"当时日本方面的态度因过于积极而得到中国方面的好评，引起英美方面的相当不满，日本超越列国啦，或币原外交破坏对华协调啦等非难之声上升，由此刺激了日本的对华强硬派，在日本内部出现了攻击币原外交的声音。"②11月19日，大会通过了恢复中国关税自主权的决议案。此前的11月5日，币原喜重郎在会见英国驻日大使时表示，尽管给予中国关税自主权是列强的重大让步，"但是目前中国一般青年要求恢复关税自主权的呼声高涨。如果此次会议在恢复关税自主权

<hr/>

　　① ［日］上村伸一：《中国民族主义与日华关系的展开》，鹿岛研究所出版会1971年版，第131—133页。

　　② ［日］上村伸一：《中国民族主义与日华关系的展开》，鹿岛研究所出版会1971年版，第131—133页。

方面无任何突破，将遭到中国国内舆论的反抗，必然导致段政府的崩溃"。
"果真如此，执政府垮台之后，中国势必陷入无政府状态。中国陷入无政府状态，不仅使中国，也使其他各国，蒙受其害。所以目前中国政局的安定，超越于其他任何问题。我个人认为，给予关税自主权的利害得失，当然不能不考虑，但对此次关税会议要抱着超越于利害问题之上、从安定中国政局大局的角度（Stability of China）来考虑采取什么态度。"①其实会议失败的原因恰恰是日本人自己没有从大局考虑，固守一己之私利。日本为取得中国的"好感"而同意恢复关税自主权所表现出来的真正意图是，"要把华盛顿关税条约所规定的附加税限制在百分之二点五的范围内，作为1929年1月以前的暂定措施，这是上策；此策不成，则以百分之十二点五为最高限度，制定等级税率，这是中策"。对于附加税的用途，日本提出除用以代替过去来自厘金收入的基金、政府行政费外，还可以充作"清理现存各种无抵押、无偿还把握的债务"，换句话说，就是要收回以西原借款为主的不可靠的借款的本金。②

当与会各国接受中国的关税自主提案，同意中国从1929年1月起实行国定税率后，关税会议的焦点就集中在1929年以前的暂定措施上。日本顽固地坚持华盛顿关税条约的规定，即把附加税限制在百分之二点五的范围内。11月16日，日本代表芳泽谦吉在关税会议第二委员会会议上表示，"若立即施行高于二·五之附加税，必致扰乱中国与各国之贸易关系，而影响日本之工商业为尤甚"。③日本的提案与中国的要求相差甚远，中国根本无法接受。11月23日，中国代表在关税会议税率小委员会会议上提出附加税率具体方案，即普通品值百抽五，每年收入约3000万元；甲种奢侈品值百抽三十，每年收入约3200万元；乙种奢侈品值百

① ［日］外务省编纂：《日本外交年表及主要文书（下）》，原书房1978年版，《文书》第82页。
② ［日］信夫清三郎编：《日本外交史》下册，天津社会科学院日本问题研究所译，商务印书馆1980年版，第512页。
③ 章伯锋、李宗一主编：《北洋军阀》第5卷，武汉出版社1990年版，第92页。

抽四十，每年收入 5000 万元。英、日代表坚持普通品值百抽二·五。奢侈品税率则受到各国的反对。为此中国同与会各国进行广泛的交涉和协商，最后除日本外，各国同意使附加税收入增加到 9000 万元。日本显得十分孤立。段祺瑞的亲信徐树铮在日本会晤外务大臣币原喜重郎，"说明中国时局，乞求对段祺瑞予以特别之援助"。币原表示当"不吝尽力援助"。为了摆脱在关税会议上的孤立立场，日本政府决定作出让步，即"以中国所要求的增加税收 9000 万元为前提，把附加税按类定为七级税率，最低百分之二点五，最高百分之二十五，并使之承认日本输出品中百分五十以上列为最低税率"。1926 年 2 月 13 日，佐分利贞男带回日本政府对于关税会议的方案，其具体内容为：

1. 承认加增普通货物税二分五厘，奢侈品五分之附加税；2. 货物分为七种，由最低七分五厘以至最高三成（三十分）之差等税率，按各种货物分别课税；3. 日本运华之重要商品棉纱、棉布（未加工品）、砂糖等类，无论如何必主张归七分五厘课税品之类；4. 但加工制造之棉布，可酌增若干；5. 承认差等税率之时，日本即撤回延期支付案；6. 关税增加后，中国关税额年约增收七千万元，以四千万元整理不确实之内外债（大约先作为付利息之用），二千万元或二千五百万元作撤废厘金之抵偿金，五百万元作中央政费，等等。①

该方案充分表明，"日本的态度是表面上装好意，骨子里则不外是帝国主义外交，是以冷酷而坚定地追求自身利益的彻头彻尾的资产阶级算盘为根据的"。由于日本的顽固坚持，其提出的七级等级税率和把大部分日本货物列为最低级的方案基本上获得了与会各国的同意。日本得以在附加税所增加的收入中只负担 19%，其对华总输出约 60% 被列入最低级，即附加税为 2.5%。②

---

① 王芸生编著：《六十年来中国与日本》第八卷，三联书店 1982 年版，第 110 页。

② ［日］信夫清三郎编：《日本外交史》下册，天津社会科学院日本问题研究所译，商务印书馆 1980 年版，第 513 页。

正当关税会议进展到紧要关头时，中国政局却发生了急剧变化，导致段祺瑞政府垮台。5月初各国代表纷纷离京回国，7月底"耗费百余万元之特别关税会议乃暂告终结矣"。

如何评价北京关税会议？北京关税会议对远东国际关系产生了什么影响？

尽管北京关税会议表面上失败了，但取得的成果是不容否认的。首先会议承认了中国的关税自主权，这是中国外交的重大胜利。出席关税会议的中国代表颜惠庆指出："在这次关税会议上，中国实现了收回关税自主权的最低愿望，虽然新约付诸实施的日期未定，但已赢得列强首肯，实际上等于成功。中国关税主权，蒙受外国财政与经济上霸占盘剥屈辱，历经一个世纪之后，至少从这时开始挣脱了关税枷锁。""列强在会议上表示承认中国的关税自主权，同意废除以往不平等条约中种种涉及关税的限制。此外，中国海关自主的新税率自1929年1月1日起生效。中方亦承诺在同日废止厘金的征收。这一决议既极其重要又意义深远，为中国日后自行管理关税事项提供了法律基础，即使关税会议中途而辍，未获全功，亦是如此。"[1] 1926年5月11日，中国出席关税会议代表通电全国，报告关税会议经过及中国的收获，电文指出："惟自主一层，既经定案，税权不受条约束缚，将来善为张弛，国民经济自有发展之希望，关税收入，亦宽留增加之余地。"

其次，作为一个弱势政府，执政府本想借关税会议的召开达到增收附加税之目的。这个目的只能说是部分达到了。在过渡期间，中国附加税的收入将增至9000万元。但是"将来实收之数能否足额，未敢预定。就此数分配裁厘、抵补偿还债务，每年至少约各需三四千万元。所余建设费及政费实属无几，但不得不拮据支持，以待自主届期，另行支配"。[2] 也就是说，在过渡期间中国附加税能否增收至9000万元，仍是一个未

---

①　《颜惠庆自传——一位民国元老的历史记忆》，吴建雍等译，商务印书馆2003年版，第197页。

②　章伯锋、李宗一主编：《北洋军阀》第5卷，武汉出版社1990年版，第96页。

知数，即便能够达到预定的增收数额，但用于裁厘抵补、偿还债务外，已经所剩无余了，对于现阶段的中国经济建设带来的益处极为有限。

第三，北京关税会议是列强在华盛顿会议后至"九一八事变"前就中国问题召开的非常重要的一次国际会议，实际上也是列强在华盛顿体制的框架内协调行动、共同维护中国稳定的最后机会。但是列强没有抓住这次机会。《九国公约》在华盛顿体制中居于核心地位，仔细阅读《九国公约》的条文，不难发现其暗含着两条基本原则：一是任何一国不得奉行排他性、独占性的对华政策；二是任何一国未经与其他缔约国协商，不得单独采取对华行动。①但是日本率先破坏国际协调原则。一方面日本不与英美协商，独自宣布同意恢复中国关税自主权，另一方面以"冷酷而坚定"的态度把"等级税率"方案强行"塞给"中国和华盛顿会议其他缔约国。在1927年1月的中日修订商约会议上，日本以订立互惠税率协定作为恢复中国关税自主权的条件，并要求在新的商约草案中列入最惠国待遇的条款。北京关税会议之后，英国也开始采取单独的对华行动。1926年12月18日，英国向华盛顿会议各与会国送交了一份长长的备忘录，声称"近日中国之时局，乃与各国缔结华会条约之时入其目者，适不相侔"。对中国民族运动应"体贴及谅解"，建议由《九国公约》缔约国联合宣布，愿意修改条约问题及其他悬而未决的问题，"俟华人自己立有政府时，即行与之交涉"。英国在备忘录中认为，各国应"竭尽所能迎合中国国人合乎大理之想望，并废弃中国经济政治非有外人监督不能发达之意"。②该备忘录的发表，意味着英国将奉行新的对华政策。由于这一文件发表于圣诞前夕，因此被称为圣诞文件。显然英国想通过实施对华怀柔政策，重新夺回对华主导权。"与各国协调相比，同中国建立两国

① 刘笑盈：《眺望珍珠港——美日从合作走向战争的历史透视》，北京广播学院出版社2002年版，第122页。
② 程道德等编：《中华民国外交史资料选编（1919—1931）》，北京大学出版社1985年版，第363—369页。

间的协约关系更为有利，这样揭开了东亚国际关系的又一章。"列强本来
企图通过北京关税会议消除彼此的矛盾，化解侵蚀华盛顿体制的消极因
素，继续维持华盛顿体制或更新这一体制，在中国建立一个稳固的中央
政府，使中国国内政局趋于好转。然而，"与事实相反，带来了华盛顿体
制的最终崩溃，列国间的协调消失了，各国共同创建外交上的框架的行
动归于完全的失败"。[1]这在一定程度上标志着华盛顿体制的崩溃。

二、币原外交与北伐战争

1926 年 7 月，国民革命军开始了北伐战争。国民革命军出师两湖，
直捣江西，打击的目标为直系的吴佩孚及孙传芳。吴、孙两人所控制的
地区系英国的势力范围，他们曾受到英国的大力支持。北伐初期，国民
党把反帝斗争的锋芒直指英国。《北伐宣言》指出："帝国主义复煽动军阀，
益肆凶焰。迄于今日，不特本党召集国民会议以谋和平统一之主张未能
实现，而且卖国军阀吴佩孚得英帝国主义者之助，死灰复燃，竟欲效袁
贼世凯之故智，大举外债，用以摧残国民独立自由之运动。""中国人民
一切困苦之总原因，在帝国主义者之侵略及其工具卖国军阀之暴虐。"[2]
日本政府对北伐军所采取的旨在打倒吴佩孚与孙传芳的军事行动持默认
态度。外相币原喜重郎在议会演说中指出："中国宜由何人掌握政权以及
实施何种国内政策为健全妥当，当然应由中国国民自己决定。"日本政府"尊
重保全中国之主权及领土，对于中国之内争，严守绝对不干涉主义"。[3]日
本对华政策在一定程度上得到了美国的支持，因为英国在华利益受损符
合美国的愿望。1926 年末英国驻华公使向日、美两国提议，"为了维护

---

① ［美］入江昭：《探索远东新秩序》，原书房 1968 年版，第 73、118 页。
② 程道德等编：《中华民国外交史资料选编（1919—1931）》，北京大学出版社 1985 年版，第
350 页。
③ ［日］外务省编纂：《日本外交年表及主要文书》下，原书房 1978 年版，《文书》第 89—91 页。

我们的条约上的权利和既得利益而结成统一战线",没有得到响应。英国还探寻恢复日英同盟的可能性,认为恢复日英同盟是英国"在远东的最佳对策"。①

北伐战争开始后,中国政局急剧动荡,未来的中国将为何种党派势力所统治,一时难以判定。日本政府决定采取以静观变的方针。1927年1月,汉口、九江爆发了收回英租界的斗争。某些日本政界人士担心这一事件会引起连锁反应,极力敦促政府采取实际行动,然而日本政府持慎重态度。"若槻内阁决定,如果出现中国群众冲入日本租界的情形,就把日本侨民撤离到长江江面的船舶上去。万一事态继续恶化,就采取关闭日本领事馆,撤退领事、警察及海军陆战队的方针。"②

英国担心汉浔租界的丧失会瓦解其在远东的殖民利益,叫嚷"汉口事件是严重的",准备出兵上海(英国约70%的企业投资在上海),并且请求日、美两国采取同样的行动。在上海的英国外交人士还拟订了一份秘密计划,即英国派兵进攻长江流域,在上海和汉口之间,沿长江大约600英里的距离中,建立南北两岸各宽50英里的"保护区"。"外国军队只要显示武力,中国就会吓得半死,最终屈服。"③美国驻华公使马莫瑞致电国务院,声称为了保护美国人,有必要防卫共同租界。为此应该"积极而果断地同其他国家协调","保卫外国人在华权益的最后城堡"。④国务卿凯洛格对马莫瑞的"共同防备论"不以为然,提出了禁止北伐军和孙传芳部在上海租界附近交战的所谓中立化方案。1月27日,凯洛格发表声明:"美国政府期待中国人民及其领袖们承认美国侨民的生命财产在这不应由他们负责的冲突期间有被保护的权利。""本政府愿意以最宽大

① [日]细谷千博、斋藤真编:《华盛顿体制与日美关系》,东京大学出版会1978年版,第104页。
② [美]入江昭:《探索远东新秩序》,原书房1968年版,第118页。
③ [美]鲍威尔:《我在中国二十五年——〈密勒氏评论报〉主编鲍威尔回忆录》,邢建榕等译,上海书店出版社2010年版,第130页。
④ [美]入江昭:《探索远东新秩序》,原书房1968年版,第73、105页。

精神同中国办交涉。本政府在中国没有租界，并且绝不曾对中国表现任何帝国主义态度。"①

日本军部希望政府积极响应英国关于共同防卫上海租界的提议，陆相宇垣一成对外相币原施加了很大压力，但是币原明确表示，同英国的协作仅限于交换军事情报。1月20日，英国驻日大使蒂雷（Sir John Tilley）会见币原，要求日本派出一个旅团参加"上海防卫军"。币原指出，现在各国在上海的兵力足以维持租界的治安，国民政府不敢与列强为敌而强行攻占租界。币原劝告蒂雷，英国出兵上海有可能引起中英战争。②翌日正式拒绝了英国的提议。显然，日本政府认为响应英国关于共同出兵上海的提议，势必激起中国人民新的反日浪潮，从而影响日本在华"利益"。日本赞成美国提出的"上海中立化"方案。英国在没有得到日、美支持的情况下，决定单独出兵上海。正如日本政府所预料的那样，英国增兵来华引起了中国人民的极大愤怒，使事态更加恶化。国民政府对此提出强烈抗议，并中止同英国就汉浔租界问题进行的谈判。2月2日，币原再次会见蒂雷，指出：作为个人意见，为了防止事态继续恶化，希望英国派遣军不在上海登陆而去香港待命。③在中国人民的强大压力以及日、美两国的劝阻下，英国不得不改变政策，来华英军大部分去了香港。

1927年3月，驻守南京的直鲁联军被北伐军击败，溃兵、坏人相勾结，乘机杀人越货，南京城内发生严重骚乱，并殃及教堂和外国人办的学校、医院及英、美等国的领事馆，数名外侨在骚乱中丧生。英美军舰借口领事馆遭到破坏及外国侨民遭到伤害，公然向南京城内开炮轰击，制造了震惊中外的"南京惨案"。如何解决这一事件，英、美、日等国展开了频繁的外交活动。英国的态度最强硬，迅速调派大批英军来华，4月17日，驻沪英军人数高达15000人。英国要求向国民政府发出条件苛刻并限期

---

① 程道德等编：《中华民国外交史资料选编(1919—1931)》，北京大学出版社1985年版，第377页。

② ［日］臼井胜美：《围绕中国的近代日本外交》，筑摩书房1983年版，第85页。

③ ［日］臼井胜美：《围绕中国的近代日本外交》，筑摩书房1983年版，第86页。

答复的最后通牒，如果列强的要求没有得到满足，将不惜诉诸武力。美国对英国的武力制裁建议持保留态度。在 3 月 29 日举行的记者招待会上，美国总统柯立芝把"南京事件"归咎于"暴徒"，而不是"任何有组织的政府"。"白宫发言人今天在此间说，总统相信中国局势将逐步好转。另据可靠人士称，美国无意参加任何为惩罚南京事件的犯罪人员而组织的联合行动。虽然上海的形势亟须各方合作，美国政府认为增兵中国也无必要。现在在中国和正在开往的部队，已经足够需要。国务院一再强调说，在中国的任何美军部队，仅担负防卫性的任务，而绝不是干涉中国内政。"①
3 月 31 日，国务卿凯洛格在致美国驻上海总领事高斯的电文中指出：

　　我们部队的任务，只是保护侨民的生命财产不受侵犯，而不是一支远征军。实际上，他们只是尽其所能保护我们侨民的一支警察部队，不允许与任何人开战。在中国，并没有发生袭击我们侨民的有组织的军事行动，虽然免不了有散兵游勇的骚扰。我们可以断定，这些人的行动，决非是听从了任何企图组织政府的人指挥，完全是一帮歹徒而已。由于随时会发生诸如此类的事情，才使我们考虑增兵，但是他们在中国的使命并没有改变。我们的部队当然由美国军官指挥，据我所知，迄今为止也从不打算搞"统一指挥"。②

　　4 月 2 日国务卿凯洛格致电美使马慕瑞，表示"本政府不愿让照会载有任何含有规定时限的最后通牒性质的内容"，"美国政府对应采用什么制裁的问题持保留意见"。4 月 5 日凯洛格再次致电马慕瑞，美国对向中国提出任何最后通牒一事的立场是："国务院根本不同意（英国的）声明……也就是国民政府拒不满足英国提出的要求，其他国家原则上同意进行制裁。"在此以前，凯洛格已经明确表示："美国政府根本没有进行

　　①　[美] 鲍威尔：《我在中国二十五年——〈密勒氏评论报〉主编鲍威尔回忆录》，邢建榕等译，上海书店出版社 2010 年版，第 131、144 页。
　　②　[美] 鲍威尔：《我在中国二十五年——〈密勒氏评论报〉主编鲍威尔回忆录》，邢建榕等译，上海书店出版社 2010 年版，第 144 页。

制裁的义务。"①4月7日，凯洛格通知英国大使："美国政府原则上无法接受实行制裁，并对此表示遗憾。"凯洛格解释了美国之所以在中国走一条不偏不倚的中间道路，是因为"外国人可以侵占中国领土或在贸易中使用武力强占势力范围的时代已经过去……（对南京事件进行）制裁既无实效，又很危险"。②

日本国内主张用武力干涉中国革命的舆论甚嚣尘上，攻击政府"一味袖手旁观，因循敷衍"。在议会中，许多议员认为英国的提议是千载难逢的好时机，放弃这个机会不出兵的原因就在于外务大臣的优柔寡断，忽视对在华日本侨民利益的保护，集中攻击币原。③但是，币原仍坚持不干涉的方针。币原认为，由于中国大陆的广阔，制裁论是脱离实际的。4月初，币原召见英国和美国大使，指出：

对于那个最后通牒，蒋介石会怎么做？想必只有接受和拒绝两个方法吧。如果他接受最后通牒作出承诺，一定会被中国民众攻击为胆小鬼、作出了屈辱的让步。从蒋介石的立场来看，目前国内尚未安定，若受到年轻人的攻击，蒋介石政权有可能崩溃。一旦蒋介石政权崩溃，其结果就是国内再次陷入混乱。发生这样的事，对于你们而言不是大事，因为侨民数量不多，容易逃出避难。但是，日本有十几万侨民，完全、尽快地转移到安全地方是不可能的。即便马上出兵，也需要一定的时间。在此期间恐怕会有许多人遭受掠夺和侵害。与此相反，如果蒋介石断然拒绝列国的最后通牒，怎么办呢？你们要共同出兵，用炮火惩罚他吗？对此必须认真加以考虑。

任何国家与人一样，心脏只有一个。然而，中国却有无数个心脏。

① [美]伯纳德·科尔：《炮舰与海军陆战队：美国海军在中国（1925—1928）》，高志凯译，重庆出版社1986年版，第111—117页。

② [美]伯纳德·科尔：《炮舰与海军陆战队：美国海军在中国（1925—1928）》，高志凯译，重庆出版社1986年版，第118页。

③ [日]币原喜重郎：《外交五十年》，读卖新闻社1951年版，第108页。

只有一个心脏的话，受到了重击，全国将陷于麻痹状态。如日本的东京、英国的伦敦、美国的纽约，一旦受到外国炮击毁灭，全国立即发生麻痹状态。交易中断，银行等许多设施关门，受到致命打击。但是，中国有无数个心脏，一个停止跳动了，别处的心脏还在跳动。永远不会停止。把所有的心脏都击碎是办不到的。因此，根据冒险政策，对华采取武力征服的手段能否达到目的，很难预料。

币原明确表示，对于在华有重大利益关系的日本来说，如此冒险的事情，我们不想加入，并决定不参加最后通牒。①

从以上论述我们不难看出，北伐战争期间日本奉行"不干涉中国内政"的方针，其所作所为表面上比较克制。日本之所以不像以往那样对中国内政横加干涉，动辄使用武力，主要有以下两方面的原因：

其一，北伐军首先把吴佩孚、孙传芳作为讨伐对象，而吴、孙两人所盘踞的地区系英国的势力范围。"由于日本的利益主要在北方，因此它在制订和（显示）新的战略方面，时间比较宽裕。"

其次，出兵西伯利亚的失败给日本统治者的教训。1918 年 8 月，日本出兵西伯利亚，公然干涉俄国革命，引起日俄关系的极度紧张和美国的不满。"日本出兵 6 年有半，耗资 7 亿日元，牺牲几千人，所得者何？外招各国猜疑和俄国人之怨恨，内遭国民抱怨，如是而已。"②出兵西伯利亚的失败，使日本政府对武力外交政策的有效性持怀疑态度。币原告诉蒂雷："对于中国的军事干涉事实上是不可能的。日本因出兵西伯利亚而苦恼于（当地）游击队的猖獗，必须认识到如果出兵中国，中国会进行更大规模和深入的抵抗。"③币原还不无感慨地说，日、英两国的情况不同，对华贸易额占日本外贸总额中的很大一部分，日本长期为中国"抵

① ［日］币原喜重郎：《外交五十年》，读卖新闻社 1951 年版，第 131—133 页。
② ［日］信夫清三郎编：《日本外交史》下册，天津社会科学院日本问题研究所译，商务印书馆 1980 年版，第 488 页。
③ ［日］臼井胜美：《围绕中国的近代日本外交》，筑摩书房 1983 年版，第 89 页。

制日货"所苦。因此，从政治大局考虑，日本不能忍受处于中国人长期怨恨的地位。

日本在政治上，可以容忍北伐军进入英国的势力范围，但是在经济政策上，却丝毫不放弃已到手的"利益"。

1926年10月，《中日通商航海条约》第3次期满，北京政府要求根据相互平等的原则修订该约。该约第26款规定，日后如有一国再欲重修，由换约之日起，以10年为限，期满后须于6个月之内知照，酌量更改。由于中国民族主义的持续高涨，南北政府都采取了比较强硬的政策。10月26日，北京政府外交部知会日本公使，要求根本修改全约，不以商务条款为限，速开谈判。驻华公使芳泽谦吉表示"同情中国人民的正当要求"，同时他又指出中国的要求太广泛，"未见可以想象或承认"，至于中国照会中所说的"'六个月内新约不成，中国保留对于该约之态度'之声明"与"互相让步互相信赖之精神不符"，日本不能接受。[1]

1927年1月21日，中日修订商约会议正式召开，日本外务省在关于修订中日商约问题的备忘录中指出，目前只作"暂行的适当的调整"。币原要求以订立互惠税率协定作为恢复中国关税自主权的条件，认为把关税自主权问题同互惠税率问题相割裂对日本不利。不仅如此，日本还蛮横地要求在新的商约草案中列入最惠国待遇的条款，声称这是保证日本推进对华贸易所必不可少的。日本早在1925年10月的北京关税会议上就表示同意恢复中国的关税自主权，所以中国反对把关税自主权问题与缔结互惠税率协定联系在一起。中日双方在修改商约问题上意见分歧很大，会议进展缓慢。3月18日，北京政府代表顾维钧表示"可酌量予以互惠税率及附加条件之最惠国待遇"。这一让步举动显然是为了打开会议的僵局。3月31日，顾维钧又向日本提出"最惠国待遇之范围"。但是，日本的立场丝毫没有松动，仍不接受中国的建议。鉴于北京政府的统治

① 王芸生编著：《六十年来中国与日本》第八卷，三联书店1982年版，第118页。

岌岌可危,芳泽谦吉于 1927 年 12 月 1 日,致电田中首相,"统观中国现状,尽管政权南北对立,但在废弃现行条约、缔结完全平等新约方面却意见一致。日本无论如何难以同意缔结完全平等之条约,且因南北均无践约能力,即便与其中一方缔约也将毫无意义。北京政府势力只限于东三省及以外的两三省份,而南方政府屡次宣言北京政府所订条约无效。故即使同北京政府缔约,也难望在中国全国实施"。但是,"由日方主动露出使改约谈判失败之态度甚为不利,即使没有缔约可能,但对外尤其对中国须显出缔约之诚意"。[①]日本明知旧约难以维持,缔结新约是大势所趋,仍顽固坚持一己之私利,虚与委蛇,延宕拖沓,导致中国舆论的强烈不满。结果北京政府与日本关于修订商约问题的谈判没有取得成功。

北伐前后,国民党人开展"革命外交"的新外交运动,就是想以革命的方法与手段解决中外之间不平等的外交关系,快刀斩乱麻,废除不平等条约。"换言之,就是要在不完全顾及过去的条约、协定、惯例与既成事实的前提下,在必要时运用大胆而强烈的手段,在革命精神与群众运动的强烈支持下,在威迫性或半威迫性的情况下,以达成中国外交谈判的目的——逐项整体地或部分地废除不平等条约中的不平等的各项目,以改变外人在华优越地位的状态。"曾任广州和武汉国民政府外交部长的陈友仁指出:"革命的外交,应取断然的革命手段,坚持到底,宁为玉碎。"[②]1927 年 1 月 22 日,陈友仁就收回汉口英租界代表武汉国民政府发表对外宣言:"今日民族主义之中国已臻强盛之域,且自知饶有能力以经济上之手段,实行其意志于中国境内,而与任何列强相抵抗。故目前待决之问题,非各国声言,'为适应中国合理之欲望计'所欲赋与中国之事物,乃为民族主义之中国欲不背公道及正义,行将界与英国及其他列

① 唐启华:《被"废除不平等条约"遮蔽的北洋修约史(1912—1928)》,社会科学文献出版社 2010 年版,第 448 页。

② 李恩涵:《北伐前后的"革命外交"(1925—1931)》,台湾"中央研究院"近代史研究所专刊(69),1993 年,第 6—7 页。

强者。""综观历史，凡以政治上之束缚加诸他民族者，必不能垂诸永久。
列强在华之侵略政策，其将近末日也，复何疑哉！"[1]如果说陈友仁奉行
的是"激进型革命外交"，那么担任南京国民政府首任外交部长的伍朝枢
和第三任外交部长的王正廷则奉行"温和型革命外交"，主张"铁拳之外，
罩上一层橡皮"，采取一种不让的、但有弹性的外交方式，与列强分别进
行谈判撤废不平等条约，而逐一订立平等的、互惠的新约。[2]由此可见，
随着中国民族主义的持续高涨，中国的外交理念和方式发生了很大变化，
过去保守的、因循姑息的外交理念和方式被摒弃了，各党派都不敢、也
不能质疑"革命外交"的正当性，当政者通过实施"革命外交"获取和
强调执政的合法性。日本对中国外交理念和方式的变化反应迟钝。

北京关税会议承认中国的关税自主权并同意中国从 1929 年 1 月 1 日
起实行国定税率。但是在 1929 年以前的过渡时期中国征收附加税的问题
上，日本抛出了一个中国根本无法接受的关于暂定措施的提案。北伐战
争开始后，国民政府不顾华盛顿关税条约的有关规定，在自己控制的区
域内征收附加税。与此同时，北京政府也采取了同样的行动。对于中国
强行征收附加税，英、美等国均持默许态度，唯独日本极力反对。1926
年 11 月 11 日，日本驻英大使松井庆四郎在伦敦提醒英国政府注意：假
若承认中国征收附加税，那是违反华盛顿条约、破坏关税会议的行为。
12 月 18 日，英国政府在对华"新政策"的备忘录中声明："今特提议，
各国应立予中国以华会所定之附加税，而不附以何等之条件。"美国也不
甘落后，12 月初，马慕瑞建议国务院授权他敦促英、日等国无条件同意
中国征收附加税。

尽管英、美等国在附加税问题上已经表现出了明智的态度，日本仍

---

① 程道德等编：《中华民国外交史资料选编（1919—1931）》，北京大学出版社 1985 年版，第
371 页。

② 李恩涵：《北伐前后的"革命外交"（1925—1931）》，台湾"中央"研究院近代史研究所专刊
（69），1993 年，第 11 页。

然一意孤行。1927 年 1 月 21 日，在北京驻华公使团会议上，芳泽谦吉表示坚决反对中国征收附加税。2 月 2 日，北京公使团就附加税及其他问题举行会议，"日使反对附加税最烈"。2 月 11 日，天津海关宣布自即日起征收附加税，"欧美商人均完纳，日商不缴。日领事冈本提出抗议，谓在关税会议未解决及中日商约未修定前，绝对不纳附加税"。①

1928 年 7 月 7 日，《南京国民政府关于重订条约的宣言》颁布，接着又在当月颁布《南京国民政府关于与各国旧约已废新约未订前所适用的临时办法七条》。《南京国民政府关于重订条约的宣言》指出："对于一切不平等条约，特作下列之宣言：（一）中华民国与各国间条约之已届满期者，当然废除，另订新约。（二）其尚未满期者，国民政府应即以相当之手续解除而重订之。（三）其旧约业已期满，而新约尚未订定者，应由国民政府另订适当临时办法，处理一切。"②南京国民政府秉持上述理念继续与日本改订新约。1928 年 7 月 19 日,国民政府向日本公使发出照会：

国民政府为适合现代情势，增进国际友谊及幸福起见，对于一切不平等条约之废除及双方平等互尊主权新约之重订，力求贯彻。业已本年七月七日郑重宣言，并于七月十二日照会贵公使，转达贵国政府在案。查光绪二十二年中日订立之通商行船条约并附属文件，及同年九月十三日所订附属前约之公立文凭，与光绪二十九年订立之通商行船续约，业于民国十五年十月第三次满期。当经照会贵国政府，提议根本改订。原以上述条约及其一切附属文件章程，施行以来，历时已久，于中日两国现存之政治商务关系，多不适宜，在六个月修约期间内，新约不能完成，当应宣示旧约失效。惟以中日邦交关系密切，为巩固亲密邦交起见，曾迭经展限磋商，迄未就绪。本月二十日又届展限期满，国民政府自应本七月七日宣言之主张，根据平等相互之原则，商定新约。在新约尚未订

---

① 《中华民国史资料丛刊大事记》第 13 辑，中华书局 1984 年版，第 27 页。
② 程道德等编：《中华民国外交史资料选编（1919—1931）》，北京大学出版社 1985 年版，第 456 页。

定以前，当按照本国政府所颁布中华民国与各外国旧约已废新约未成前之临时办法，宣布实行，以维持中日两国之政治、商务关系。相应抄录临时办法七条，照会贵公使查照，将上述本国政府意旨，转达贵国政府查照，即时特派全权代表，于最短期内，以平等及相互尊重主权之精神，缔结新约。[①]

南京国民政府的照会包含了以下意思：第一，中日关系是非常重要的双边关系；第二，旧的通商航海条约，"施行以来，历时已久，于中日两国现存之政治商务关系，多不适宜"，应该按照平等及相互尊重主权的精神，尽快订立新约；第三，中国政府为维持中日邦交，不愿出于激烈手段，"在六个月修约期间内，新约不能完成"，即宣示旧约失效；第四，如日本继续拖延、缺乏诚意，中国"当按照本国政府所颁布中华民国与各外国旧约已废新约未成前之临时办法，宣布实行"。在此前后其他列强先后表示同意与国民政府谈判修约，以回应国民政府的"革命外交"。美国于7月10日照会南京国民政府，愿与中国订立关税新约。8月、9月，比利时驻华代办和葡萄牙公使先后与国民政府进行修约谈判。面对远东国际形势的变化和中国"革命外交"的压力，日本外交面临新的抉择。1928年6月21日，芳泽谦吉致电田中首相：

近来日中谈判几陷于停顿，原因之一因中国方面不适当地提出了过高的要求，但也不能忽视日方采取消极方针之原因，即自己不提出对策，仅一味批评对方之方案。但因日本目前之谈判对象已从因循姑息的北京政府变为标榜废除不平等条约的南京政府，试图实现多年来之夙愿：改订不平等条约。在列强相继加入修约协商之际，日本如前之消极态度将难以维持，重新确立根本方针之时机已经来临，应积极制定能引导中方之适当对策，同时于必要时与英、美等国交换意见，尽可能使该诸国之方针不与日本极端地背道而驰。[②]

---

① 程道德等编：《中华民国外交史资料选编（1919—1931）》，北京大学出版社1985年版，第462页。
② 唐启华：《被"废除不平等条约"遮蔽的北洋修约史（1912—1928）》，社会科学文献出版社2010年版，第452页。

　　但田中义一对芳泽谦吉的意见不以为然，7月11日训令日本驻南京总领事冈本一策向国民政府施压，声称"如中方做出废除中日条约之暴举，则日方绝不能容忍"。7月19日下午，当国民政府向驻南京总领事冈本一策递交给日本公使的照会与《临时办法》时，冈本以田中曾训令"不得转交含有废除现行条约内容之公文"为由，一度拒绝接受中国照会。日本政府对国民政府7月19日照会，反应激烈。7月20日，日本内阁召开紧急会议，田中强硬表示：日本应坚持条约有效论，断然拒绝中国政府之废约要求，如中国不作反省，日本唯有按既定方针迈进。阁议决定：对中方蔑视国际信义的不慎和不法暴举一概置之不理，并注意监视国民政府之行动，若其以已无条约为由做出不慎行为时，日本将断然抗议，并按条约规定采取合法措施。[①]7月31日，日本政府强硬照复国民政府，声称原约第26条并无废弃或失效之规定：

　　因之两国间如无特别之合意或协定，则此项条约，不仅不能废弃或失效，且上述约文明载有在六个月以内，改正商议，未完了时，条约及税则再有延长十个年间之效力等语。是条约及税则再有延长十个年间之效力，并无置疑之余地。此为帝国政府夙所怀抱之见解。

　　再如此次国民政府照会中，于订立新约期间欲律以国民政府一方所颁布之临时办法，是直强使现行有效之条约失其效力。此则不仅违反条约正文，为清理解释上或国际惯行上所不应有之事，且为蔑视国际信义之暴举，帝国政府万难容认。

　　其间不幸条约未见改订者，主要由于中国国内政情之不安定，不得不特为指明。

　　若国民政府仍坚持其现行条约失效之主张，则帝国政府不仅不能接

---

　　①　唐启华：《被"废除不平等条约"遮蔽的北洋修约史（1912—1928）》，社会科学文献出版社2010年版，第453—455页。

纳条约改订之商议，而于国民政府一方强行其临时办法时，帝国政府为拥护条约上之权益，将有不得已出于认为适当之处置。①

日本的蛮横态度引起了中国舆论的强烈不满，也在国际上招致孤立。7月25日，中美两国代表在北平签署了《整理中美两国关税关系之条约》，废除了中美间的片面协定关税制度，承认中国关税自主权。这是列强中第一个应中国修约要求与之订立的国别条约。该条约受到了舆论的高度评价："此约为近年来中外间所订第一平等条约，亦即中国修约运动之最初成功，其于中国修约运动全般形势，有深远之良好影响，自不待言；而其为中国关税自主运动划一新纪元，促其最终之实现，则尤毫无疑义。"②

中美新约产生了连锁反应，列强相继与中国谈判修约，修约外交呈现新的局面。对比列强所奉行的灵活、富有弹性的外交策略，日本显得非常被动和孤立。芳泽谦吉向田中建议：中日继续争论条约效力问题，只会进一步伤害相互感情，而且英、美各国多在废约问题上对南京宽容，日本孤立。现在中、日在几乎所有问题上都有冲突，给国民党左派及共产党挑拨对日敌意之机会，让南京倒向英、美或苏联。中、日在条约效力问题上很难妥协，应避开法理上的争议，集中于展开缔结新约的实际谈判。③日本舆论对田中内阁僵硬的、不思变通的对华外交进行抨击，认为中日交涉停顿而激成对日风潮，"徒便利美国之外交政策，此诚吾人不忍坐视者也"。"不认识前年满期之通商条约改订问题之重要性"，反而出兵山东，"遂将国交基础之条约问题，未一染指，徒使他国着其先鞭，陷日本于不得不仿效先例之穷地"。因此，"现在速为收拾济南事件，入于条约改订之交涉，实为现政府所负之一大任务，及匡正其过去错误唯一

---

① 程道德等编：《中华民国外交史资料选编（1919—1931）》，北京大学出版社1985年版，第463—464页。

② 李育民：《中国废约史》，中华书局2005年版，第656—657页。

③ 唐启华：《被"废除不平等条约"遮蔽的北洋修约史（1912—1928）》，社会科学文献出版社2010年版，第458页。

之途"。[①]

　　1929 年 7 月田中义一由于在对华外交上遭遇重大挫折被迫下台，民政党总裁滨口雄幸上台组阁，币原喜重郎再次任外相，日本政府改变了高压、强硬政策，在中日修约谈判中的态度有所软化。而 20 世纪 20 年代末南京国民政府实施"革命外交"的手段也渐趋于稳健和温和，避免引起大规模的中外冲突，为国家重建争取一个有利的外部环境。1928 年 2 月黄郛就任国民政府外交部长，他在与美国公使马慕瑞的谈话中表示，国民政府当不对不平等条约作激烈性的废除，而希望作渐进性的改革。关税自主与关税税率的制定是一个国家最重要的主权之一，关系到本国工商业的发展和国库收入。南京政府建立后，百废待兴，亟须增加国库收入，所以把恢复关税自主和提高税率作为重要的外交任务。黄郛在与马慕瑞的谈话中要求美国答允在中国关税自主的过程中，率先采取领导性的友好行动，以为各国的表率。马慕瑞立即予以响应，表示愿在中国统一政府建立后，即与中国谈判关税自主问题。[②]1928 年 7 月 24 日，美国国务卿凯洛格向国民政府外交部发出照会，声称："美国政府及人民对于中国人民，凡能促进统一和平，及进步之一切举动，莫不表示欢慰。""余虽深知中国人民之前途，艰难甚巨。但余不得不确信中国经频年内争之祸后，一统一的新中国正在发现之中，美国人民当然俱抱此希望。""预备以驻华公使为代表，与国民政府依法委派之代表，对于中美间条约关于关税之规定，即时商议，以期缔成新约。"[③]美国根本不理会日本要求其暂缓与中国修约的要求。7 月 25 日，中美两国代表签署了《整理中美两国关税关系之条约》，美国在列强中率先承认了中国关税自主权。7 月 28 日，外交部长王正廷在致美国公使的照会中表示："贵国政府对于国

----

① 李育民：《中国废约史》，中华书局 2005 年版，第 656—657 页。

② 李恩涵：《北伐前后的"革命外交"（1925—1931）》，台湾"中央"研究院近代史研究所专刊（69），1993 年，第 118—119 页。

③ 程道德等编：《中华民国外交史资料选编（1919—1931）》，北京大学出版社 1985 年版，第 475 页。

民政府所定之修约政策，首先以最诚恳之意，予以美善之答复。"中美新约的产生增强了国民政府内部王正廷等亲西方派的影响力，使得中日关系的改善更趋艰难。芳泽谦吉批评美国的对华政策，认为美国单独与中国签署关税条约，等于破坏了华盛顿关税条约，日本得到了将来也可以不遵守华盛顿会议诸条约的先例。[①] 1928 年 12 月 20 日，《中英关税条约》签署。该条约在范围、内容、形式上比只作原则性规范的《整理中美两国关税关系之条约》更具体，意味着以"革命外交"为旗帜的中国改订新约运动，已从全面废除不平等条约，完全转入以部分修约及财政需求为中心的轨道。[②]中美、中英关税条约的签订对于与中国有密切贸易关系的日本来说无疑是一个重大冲击，如果日本在修约谈判中继续延宕拖沓，必将进一步引发中国的反日浪潮。

1928 年 10 月 19 日，停顿已久的中日交涉由王正廷、宋子文与日本驻上海总领事矢田继续谈判，双方就条约、汉案、宁案、济案等问题进行商议。由于日本对华政策强硬，与南京国民政府的"革命外交"针锋相对，谈判或陷于僵局或中断。中国国内舆论对代表团施加了很大压力。谈判期间，南京、济南、天津、广州等地接连爆发了大规模反日示威游行。币原喜重郎再次就任外相后，为了打开对华僵局，任命亲信佐分利贞男为驻华公使，负责修约谈判。但佐分利的工作进行过半，就离奇地死亡。由于中国以小幡酉吉曾参与筹划了"二十一条"为理由，拒绝接受其为新任驻华公使，中日关系再趋恶化。1930 年 1 月，币原喜重郎起用驻上海总领事重光葵为代理公使，继续推进修约谈判。1930 年 5 月 6 日，王正廷与重光葵签署了《中日关税协定》。日本承认中国关税自主权，相互约定给予最惠国待遇，双方对某些货物实行互惠税率，中国承认废止厘金及地方附加税，加速清理债务等。该协定是双方妥协、让步的产物。

---

① ［美］入江昭：《探索远东新秩序》，原书房 1968 年版，第 223 页。

② 唐启华：《被"废除不平等条约"遮蔽的北洋修约史（1912—1928）》，社会科学文献出版社 2010 年版，第 460—461 页。

北伐战争开始后，日本政府通过驻华外交官员以及其他途径密切注视中国政局的动向。"虽然币原外相不认为革命军会取得对北方军阀的彻底胜利，但是他预测不管胜败如何，由国民政府所代表的政治思想将扩展到全中国并得到支持"，"革命军的胜利将为中国的未来带来和平及为民众所接受。根据这一判断，币原欢迎革命军进入长江流域"。[①]当北伐军打垮吴佩孚、孙传芳主力，革命力量迅速从广东发展到长江流域的时候，日本统治者加强了与蒋介石的接触，企图把蒋介石培植为日本在华利益的代表；另一方面鼓励、纵容蒋介石反共，扑灭中国大革命，在中国建立一个符合其殖民利益的右翼政府。

随着国民革命军向北推进，华北政局出现动荡并有可能波及东北，需要重新审视和定义日本对华外交目标。对华外交面临四个最重要的课题：满洲问题、南北政府的强硬外交、北伐和国民党内部的派系斗争。[②] 1927 年 1 月 18 日，币原外相在第 52 届帝国议会上阐述了日本的对华外交方针。币原认为，目前东亚国际关系最重要的问题是中国的时局，中国形成了南北对立的形势。日本殷切地希望中国迅速恢复和平秩序。"此希望的实现唯有等待中国国民自身的主动努力，别无他法，若以外部压力强制其国内和平，有害无益。""中国宜由何人掌握政权以及实施何种国内政策为健全妥当，当然是由中国国民自己决定的问题。""因此，我认为有必要禁止一切助长中国内乱的武器及借款供给。""任何外国出于自身目的拟订出来的政治或社会组织计划并强加于中国的做法，则永远不可能成功。"[③]币原上述言论暗含着指责苏联对中国国民革命运动的支持以及向中国输出革命，也暗含着希望列强不要干预中国内部的政治纷争。币原最后表示，概括而言，日本的对华方针是："第一，尊重保全中国之主权及领土，对于中国之内争，严守绝对不干涉主义；第二，期待

---

① ［日］臼井胜美：《围绕中国的近代日本外交》，筑摩书房 1983 年版，第 82 页。

② ［美］入江昭：《探索远东新秩序》，原书房 1968 年版，第 110 页。

③ ［日］外务省编纂：《日本外交年表及主要文书（下）》，原书房 1978 年版，《文书》第 88—89 页。

两国间共存共荣的关系并增进经济上的提携；第三，对于合理的中国国民的希望，给予同情和好意的态度，并协助促其实现；第四，对于中国的现状，尽可能持忍耐和宽大的态度，同时对于我正当而重要的权利与利益，以合理的手段，努力加以维护。"[①]

北伐战争以来，日本政府考虑的一个重要问题是如何阻挡国民革命军统一华北，并防止国民革命扩展到东北地区，为此采取了一些极为隐蔽、强硬的预防性措施。

首先，日本政府把东北地区同所谓"中国本土"相区别，要求张作霖停止针对冯玉祥国民军的军事行动，置身于中国政治斗争的旋涡之外，维持东北地区的治安，防止革命波及本地区。1926年夏天以来，日本军部和外务省围绕满洲问题展开了多次讨论。8月初，参谋本部第二部部长松井石根在其起草的备忘录中指出：第一，日本单独地或者与列国一起，劝告中国各军恢复和平的政局。第二，对张作霖提出非正式警告，要求他终止攻击国民军的计划，并且谋求同国民军内稳健分子的妥协。若此，日本将对吉林、会宁线及其他东北地区铁路的敷设给予财政上的援助。第三，日本与英美等国提携，谋求以"张吴（佩孚）联盟"为基础的强有力政府的出现，为重开关税会议提供道德上的支持。第四，向库伦派遣"日中联合视察员"，阻止苏联对国民军的援助。从松井石根备忘录中可以看出，对共产主义的担心和对满洲安定的关心，是日本军部思想的根基。试图捍卫日本在满洲的"权益"，不让东三省卷入中国本土的纷争，考虑以满洲的和平和安定来防备苏联。8月末，日本陆军省致电奉军日本顾问团，命令竭尽全力推动张作霖与国民军的妥协，维持东三省的安定。"外务省也持有同样的方针。""这样，日本确立了满洲有别于中国本土的特殊政策，并且认为拥有相应的当然的权利。这种想法不论是军部，还是非现役军人都是

① ［日］外务省编纂：《日本外交年表及主要文书（下）》，原书房1978年版，《文书》第91页。

一致的。"①

其次，日本政府利用张作霖迫切需要日本提供援助的机会，拟向张作霖提出"改革"满洲政治机构与经济机构的要求，诸如公布东三省宪法，军政与民政相分立，采用系统的预算制度，为整理奉票而建立中央银行，在铁道沿线设置日本商港，等等。②这些要求显然是为了进一步扩大日本在满洲的权益，并达到把满洲从中国分离出去的目的。"币原同意日本在满洲和蒙古拥有'有形无形的'特殊权利及利益，主张保护这些权益与不干涉中国内政是'两个完全不同的问题'。"③

第二次直奉战争以来，张作霖与日本统治者的关系日趋紧张。随着奉系势力的不断膨胀，张作霖不愿意完全受日本的摆布，对日本提出的一些殖民要求往往采取拖延甚至拒绝的态度。日本外务省亚洲局局长木村锐市曾经起草了一份有关中国时局的考察报告。报告指出："至于华北、尤其是满蒙问题，因为（与日本）有密切接壤的利害关系和涉及东亚的安宁，从帝国独自的立场来看，必须讲求确保政局安定的对策。""总是以张作霖为唯一（支持）的目标，是极为短见的，而且是颇不策略的。""在这次中国大变革时期，我国朝野特别要考虑的重要问题，按照卑职的意见，及早把张（作霖）一身的沉浮和帝国维护在满蒙的特殊地位问题，加以截然区别考虑，并付诸实行的时机已经到来。"④

1927年1月26日、27日蒋介石在庐山会见他的老师、日本海相财部彪的使者小室敬二郎，就满洲问题以及其他重要问题发表谈话。蒋介石说："根据我们的主义，满洲当然要收回。但是，满洲问题对日本来说，在政治上、经济上关系重大，日本人在日俄战争中流了血而有感情上的问题，我也谅解……我将把满洲问题作为必须特别考虑的问题。""关于

---

① [美]入江昭：《探索远东新秩序》，原书房1968年版，第113页。
② [美]入江昭：《探索远东新秩序》，原书房1968年版，第113—114页。
③ [日]细谷千博、斋藤真编：《华盛顿体制与日美关系》，东京大学出版会1978年版，第103页。
④ [日]外务省编纂：《日本外交年表及主要文书》下册，原书房1978年版，第98页。

上海租界，不进行武力收回；占领杭州、南京等地以后将提出收回（租界）的合理提议。"蒋介石还透露了疏远苏联的想法。[①]1927年1月末，蒋介石又在庐山会见日本驻九江领事江户千太郎。江户把会谈内容电告币原，蒋介石非但不打算废弃不平等条约，而且尽可能予以尊重，外国投资和企业将会受到保护等。[②]币原外相立即把蒋介石的庐山谈话内容告知英国大使，认为蒋介石是口头上的过激派，行动上的稳健派。蒋介石对日态度明朗化以后，日本政府加强了与他的联系。驻华日军也逐渐背离"中立"立场开始同国民党右派接触，以增进彼此的了解。1926年12月至翌年3月，蒋介石曾亲自接见的日本要人有：佐分利贞男、小室敬二郎、铃木贞一（陆相宇垣一成的代表）、山本条太郎和松冈洋右（政友会的代表）等。1927年1月蒋介石指派吴铁城秘密赴日，"交涉中日间政治问题"。2月，戴季陶又作为蒋介石的使者出访日本，声称此行"乃以国民党同志资格求日本朝野谅解本党真意"。戴季陶会晤日本外务省次官出渊胜次、亚洲局局长木村锐市等人，"戴称中国革命决不采过激手段，俄人援助只为精神的，说国民党赤化者全属误解，并力说中日必须提携，望日本朝野谅解与援助。"[③]日本政府对中国的政治嗅觉比英美等国敏锐得多。1926年11月，币原外相指示正在北京参加关税会议的外务省条约局局长佐分利贞男到中国南方活动。佐分利在会晤了陈友仁、蒋介石等人以后致电币原：国民党的实际意图并不像公开宣言所声称的那样，两者有很大的差别；关于条约问题，中国方面比完全废除现存条约，更主张以"合理的方法"改订条约。即便对佐分利提出的以互惠协定关税作为恢复关税自主权的交换条件，陈友仁也表示赞同。关于满洲问题，陈友仁表示，"充分考虑日本的立场"。在上海的日本企业界人士也感觉到国民革命阵营正在发生分化。1926年12月，他们致电外务省、陆军省和海军省，认为当务之

---

① ［日］臼井胜美：《围绕中国的近代日本外交》，筑摩书房1983年版，第86—87页。

② ［美］入江昭：《探索远东新秩序》，原书房1968年版，第120页。

③ 《中华民国史资料丛刊大事记》第13辑，中华书局1984年版，第26、37—38页。

急是谋求江浙地区的和平并进而用国民党右派取代左派，希望政府采取
"适当的方法"。①

南京事件发生后，蒋介石立即派使者去日本领事馆向代理领事藤村
表示，南京事件由他负责处理，希望日本居间调停。蒋介石到上海以后，
币原命令矢田七太郎，要抢先与蒋建立联系。3 月 30 日，日驻沪总领事
矢田拜会蒋介石，要求蒋"对维持上海治安必须予以特别深切的考虑"。
蒋介石当即回答："充分谅察尊意，定当严加取缔。"4 月 1 日矢田又向
蒋介石的亲信黄郛传达外相币原的训令内容。币原认为：目前上海和其
他地方共产党分子阴谋使蒋氏垮台，"国民（革命）军、蒋介石及其一派
的命运已到重要关头"。对蒋介石来说，"当前是赢得内外信赖在平定时
局上取得成功，还是为内部阴谋所挟制而丧失时机？决定命运的关键在
于蒋介石本人的决心"。黄郛明确表示蒋介石已经把"火速解决南京事件"
和"解除上海工人武装"两件事列为"需要断然采取行动的紧急任务"，
希望列强"用行动给以支持"。第二天，黄郛再次会见矢田，透露蒋介石
现在对"整顿国民政府内部已下定决心"，正召集军事将领进行仔细讨
论。② 4 月 2 日，蒋介石在与汪精卫、白崇禧、吴稚晖等人举行的秘密会
议上提议，赶走国民政府顾问鲍罗廷，分共（即反共）。会议决定暂停各
地共产党员的一切活动，对在内阴谋捣乱者予以制裁。由此可见，日本
的鼓励加速了蒋介石的反共步伐。

与此同时，日本政府不断向英美两国透露蒋介石的反共决心和计划，
劝说英美改变对蒋介石的高压政策。英美两国对于蒋介石政治态度的转
变缺乏足够的认识。美国驻华公使马慕瑞认为蒋介石是一个"在俄国控
制之下的极为不可靠的"领导人。4 月上旬，马慕瑞致电国务院，声称"国
民党势力在向中国南部扩展的同时，正以燎原之势蔓延到北方，毫无疑问

---

① [美] 入江昭：《探索远东新秩序》，原书房 1968 年版，第 120—121 页。
② 沈予：《日本大陆政策史（1868—1945）》，社会科学文献出版社 2005 年版，第 299—301 页。

这个运动的主导者是俄国人"。"因而，各国唯一可信赖的只有北方政府。如果国民党拒不接受外国关于南京事件的要求，我们就必须和北方政权联合起来。"①马慕瑞还提醒政府，不要"招怨于张作霖，他是反对中国无政府状态硕果仅存的堡垒"。凯洛格也表示"蒋介石是否真能控制国民党军和满足我们的要求，尚成问题"。英国也在相当长的时间内把蒋介石作为中国革命的领袖。

南京骚乱发生时，下关停泊着三艘外国军舰，即日美英各一艘，仅美英军舰向南京城内开炮轰击，日舰却未发一炮。为此，币原受到了右翼势力的攻击，社会上谣传着币原外相发出训令，禁止日舰开炮的虚假消息。其实，禁止日舰开炮的是南京城内的日本侨民。侨民鉴于日本出兵西伯利亚，在西伯利亚的日本人受到俄国军队报复性虐杀的历史，担心一旦日舰开炮，南京的日本侨民也会受到中国军队的报复，所以侨民代表向舰长哭诉道："希望您无论如何也要忍耐，不要开炮。"舰长答应了侨民代表的请求。但士兵们和右翼势力却以为是外务省，特别是币原下令禁止日舰开炮的，对币原群起攻击，但币原不为所动。他一方面会见英、美大使，劝说不要动用武力，表示日本政府不会因南京事件而改变对华政策，南京事件是由激进派挑起的，目的是促使蒋介石垮台，"对华采取武力征服的手段能否达到目的，很难预料"；另一方面加强与蒋介石沟通，"通过他人向蒋介石发出忠告：这不是作为外务大臣，而是以个人名义发出的忠告，请考虑尽快与各国商谈，果断地进行赔偿、道歉，消除纷争的根源。②

日本的说服工作使英美改变了对蒋介石的态度。4月5日，英国驻美大使霍华德（Sir Esme Howard）致函凯洛格，表示"完全欣赏日本政府看法的说服力"，目前对蒋介石"过分羞辱"，与"列强的利益是背道而驰的"。③日英美三国暂时取得了一致并协调对华行动，决定不向蒋介石发出具有

<hr>

① ［美］入江昭：《探索远东新秩序》，原书房1968年版，第138页。
② ［日］币原喜重郎：《外交五十年》，读卖新闻社1951年版，第129—134页。
③ 沈予：《日本大陆政策史（1868—1945）》，社会科学文献出版社2005年版，第303—304页。

最后通牒性质的照会和放弃武力制裁政策。

1927 年 8 月，蒋介石因国民党内派系斗争加剧，宣布下野，9 月东渡日本，11 月 5 日下午 1 时半携张群在田中义一私宅会见了日本首相田中，田中义一披露了支持蒋介石的原因：

列强中，在贵国最有利害关系的是日本，日本对于贵国的内乱可以一概不予干涉，但对共产党在贵国的跋扈，断难袖手旁观。此即意味着，反对共产主义的您能够巩固南方，对日本来说，乃是最大的期望。为此，在国际关系允许或在不牺牲日本利权等条件下，将对您的事业，不惜给予充分的援助。

共产主义在日本蔓延，其原因就在于中国共产党的壮大。日本方面之所以常常叫喊反对贵国赤化，不外是为了自卫。我们对蒋君表示同情，也是为此。如果您是共产党的同情者，我们就不会信赖您。

蒋介石表示：

本人也认为如果日本在中国的利益安全了，中国的国强民富也能得到保证，毕竟两国的利害是一致的。为此，必须早日完成革命，稳定时局。从这一意义考虑，中国军队的革命行动是以中国及列强的利益为目的的，早日完成革命是我和同志们的理想。

日本有必要帮助我们早日完成革命，消除国民的误解。果真如此的话，满蒙问题就容易解决了，排日也销声匿迹了。如果日本声称顾虑与列强的关系，不能给予中国任何援助，这是抹煞中日特殊关系的言论，不足取。现在与中国打交道的列强为数众多，但确有紧密利害关系的仅仅是日俄两国。俄国因此而对中国有所干预，日本有何理由不进行干预和援助呢？自己身为革命党，却说出如此言论，将被视为卖国奴，遭致国人怨恨，因为阁下是自己信赖的前辈，所以才向阁下披肝沥胆。①

从田中、蒋介石会谈记录可以看出，双方在两个问题上达成了共识：

---

① ［日］外务省编纂：《日本外交年表及主要文书（下）》，原书房 1978 年版，《文书》第 102—106 页。

一是日本以蒋介石反共为条件支持其统一中国；二是中国承认日本在满洲有特殊地位并尊重其既得利益。

三、田中外交与东方会议

1927 年 4 月，日本爆发金融危机，这场危机导致民政党的若槻内阁倒台，4 月 20 日政友会总裁田中义一上台组阁，并亲自兼任首相，以所谓的田中外交取代币原外交。币原奉行的是协调外交，即在维护日本在华"权益"与保持同西方列强的协调关系之间维持着一种平衡，外交上采取低姿态。但是在日本国内对币原外交的批评从来没有停止过，军部、政友会、枢密院、右翼团体等压力集团攻击币原外交是"软弱外交"，陆相宇垣一成在 4 月 7 日向若槻首相建议，为了防止中国共产化、保持日本的地位，"与其消极雌伏，莫若积极雄飞"。在 4 月 17 日的枢密院会议上，伊东已代治猛烈抨击币原外交软弱与失败，导致若槻内阁当天宣布辞职。[①]

田中上台后，改变了币原外交的低姿态，更注重采取武力威慑政策，其突出表现就是为了阻止北伐军北上，一年内三次出兵山东，并制造了震惊中外的"济南惨案"。1864 年 7 月，田中义一出生于长州藩的下级武士家庭，原姓松山，先后进入陆军士官学校和陆军大学接受军事教育，在历次对外战争和军队建设中展露军事和政治才干，受到长州藩阀首领山县有朋和桂太郎的赏识。田中认为中国的分裂是不可避免的，而中国的统一是不可能的，"他只是想操纵中国的政治"，"他怕日本藩阀失了政权，怕日本的神权失了信仰，怕日本的帝国失了生命，怕中国的革命运动阻碍日本传统政策的推行，同时又怕中国的革命影响及于日本的民众……"[②]田中义一以中国的分裂为前提，以主要保护在华侨民和维持在

① ［日］斋藤镇男：《日本外交政策史论序说——外交教训的历史研究》，新有堂 1981 年版，第 51 页。
② 戴季陶：《日本论》，九州出版社 2005 年版，第 112 页。

华"权益"为外交目的，有限度地采用军事力量。由于田中不相信中国
会实现统一，所以轻视币原外交的不干涉内政主义，不惜利用军事力量
压制中国日益高涨的民族主义。①日本出兵山东不仅遭到了中国人民的强
烈抗议，而且也引起了国内舆论和西方列强的不满，美国对日军占领济
南提出抗议，英法也表示反对。为了显示对南京政府的支持，1928年3
月，美国率先与南京政府谈判解决"南京事件"，美、德、意、荷、英、
法等国先后承认中国关税自主权。与西方列强的怀柔政策相比，田中的
强硬外交显得非常被动和愚蠢，它不仅使币原外交以来中日之间建立的
短暂信任趋于瓦解，而且恶化了远东的外交氛围，极大地侵蚀了华盛顿
体系。

北伐军进入北京后，南京政府于1927年7月19日宣布废除《中日
通商航海条约》。南京政府的这一举动令田中内阁很难处置，既无法采取
武力威胁政策，导致日本在远东的进一步孤立，又无法忍受中国单方面
的废约行动。田中声称："国民政府如竟伤害日本条约权利，日本不得
已，将采行各种需要方法，以应付此局。"驻华公使芳泽谦吉也表示："据
现行通商条约第二十六条之规定，若于一定期间，不能改订商议完毕时，
则该条约自动的更有十年间效力之继续存在。"日本政府特别指责南京
政府在照会中不用"改订"而用"废弃"为非常暴举。南京国民政府外
交部长王正廷拒绝再与日本驻华公使芳泽谦吉辩论撤废旧约问题，坚持
谈判新约。除非田中内阁无视列强的干预、彻底践踏华盛顿会议诸条
约，否则只有吞下强硬外交所造成的苦果。实际上田中外交的最大后
果就是日本有被从中国市场上全面排挤出去的危险。在这种情况下，田
中内阁在对华政策上不得不有所收敛，宣布从山东撤军并接受中国修约
的既成事实。有感于田中外交的愚钝，币原在贵族院会议上就出兵山
东问题，公开质疑田中一直倡导的所谓积极外交和强硬政策："外交

---

① ［日］斋藤镇男：《日本外交政策史论序说——外交教训的历史研究》，新有堂1981年版，第
47页。

有无强硬外交与软弱外交的区别？如果有的话，在哪里？如果说外交有积极与消极之分，那是什么？请举例说明。田中内阁出兵山东是积极政策，还是消极政策？把出兵看作是积极政策，可是，其结果却什么也没有得到，完全以失败而告终。这究竟是积极政策，还是消极政策呢？"田中无言以对，非常狼狈。会后对币原表示："你问的那种事，我很为难啊。"①

为了制定"对华政策的根本方针"，田中内阁于 1927 年 6 月 27 日至 7 月 7 日在东京召开东方会议。

东方会议共召开过两次。第一次是在 1921 年 5 月，即原敬内阁时期召开的。参加人员包括原敬首相等全体内阁大臣、朝鲜总督、朝鲜军司令官、关东厅长官、关东军司令官、驻华公使、驻奉天总领事等，会议议题是就中国、朝鲜和西伯利亚等有关对外关系的重大问题广泛交换意见，决定当时在政治上急需解决的西伯利亚撤兵和山东撤兵问题的善后措施。而田中内阁召开的第二次东方会议，是专门研究讨论有关对华政策，特别是满蒙政策，会议还兼及一般对华政策、对南方革命军政策、对北方政权政策等。两次东方会议的目的迥然不同。第一次东方会议是日本政府为制定关于满洲、朝鲜、西伯利亚、山东以及中国诸多悬案的方针政策而召开的预备会议，即决定一般国策的会议。第二次东方会议是日本政府向驻外使节宣示政府方针并就其贯彻执行的方法加以说明和指示的会议。会议原定在 6 月 16 日召开，但由于中国政局的急剧变化，"使驻华各重要官员一时归国述职诸多不便"，稍加延期，不久又出现田中首相身体不适的情况，直到 6 月 27 日会议才得以召开。参加东方会议的有 22 人，其中外务省本部 5 人，驻外公使馆、领事馆 4 人，殖民地方面 3 人，陆海军各 3 人，大藏省 1 人，临时委员 2 人，由外务大臣田中义一任委

① [日]币原喜重郎：《外交五十年》，读卖新闻社 1951 年版，第 125 页。

员长，外务省亚洲局局长木村锐市任干事长。会议分为正式会议和特别委员会会议。会议严格保密，经委员长同意，国务大臣及其他人士才能旁听会议。6月29日，驻上海矢田七太郎作了关于南方、特别是以南京政府为中心之政治情形报告与意见，驻汉口总领事高尾亨作了关于南方特别是以武汉政府为中心之政治情形报告与意见，驻奉天总领事吉田茂作了关于北方特别是满蒙之政治情形报告与意见，松井石根作了从军事上所见到之中国南北情势报告与意见。6月30日，关东军司令官武藤信义作了从军事上所见到满洲之情势报告与意见，海军省军务局长左近司政三作了海军警备上之报告与意见，关东厅长官儿玉秀雄作了关于从行政观点所作之满洲情势报告与意见，驻华公使芳泽谦吉作了关于中国一般之政治情形报告与意见。与会人员围绕上述报告进行讨论和交换意见。特别委员会会议着重讨论和研究两个问题：一是满蒙悬案的解决问题；二是长江方面日侨之救济问题以及对华经济发展方案。[1]第三次会议以"满蒙问题"为中心议题，芳泽谦吉持稳健意见，而武藤信义持强硬论。这出政治剧的主要演员是外务省政务次官森恪，会议实际上是要彻底清除"币原外交"在外务省的影响，采取所谓的积极对华方针。森恪与参谋本部、关东军的少壮军官有非常密切的关系。田中义一在东方会议上所作的《对华政策纲领》的主要内容是以会议召开前三周，即6月6日由关东军参谋长斋藤恒向陆军次官提出的《关于对满蒙政策的意见》文件为蓝本的。关东军参谋河本大作随关东军司令官武藤信义参加东方会议，唆使武藤持武力强压论。森恪本人在会议前赴汉口与好友、参谋本部作战课的铃木贞一少佐晤谈，铃木贞一主张把满蒙从中国本土分离出来，并扶植亲日政治势力，得到了森恪的赞同。铃木通过少壮军官的秘密组织与石原莞二、河本大作等人保持频繁的接触。[2]

---

① 章伯锋、李宗一主编：《北洋军阀》第 5 卷，武汉出版社 1990 年版，第 517—520、531—533 页。

② ［日］卫藤沈吉：《卫藤沈吉著作集第三卷——二十世纪日中关系史》，东方书店 2004 年版，第 95—97 页。

　　在 7 月 7 日会议闭幕时，田中作了《对华政策纲领》的训示。纲领由简明的前言和 8 条原则性意见组成，其中第一条至第五条是对中国本土的对策，第六条至第八条是对满蒙的政策。森恪对 8 条原则性意见作了逐条解释。纲领前言表示，日本对中国本土和满蒙应分别采取不同的政策。纲领第六条的内容是："满蒙特别是东三省地方，在国防及国民的生存上有重大的利害关系，我国不得不加以特殊考虑。在该地区维护和平、发展经济，成为内外人士安居之地方面，我国作为接壤的邻邦不能不感觉有特殊的责任和义务。"第八条的内容是："万一动乱波及满蒙，治安混乱，致使我国在该地区的特殊地位和权益遭受侵害之虞时，不问其来自何方，均加以防护。且为把该地区保护为内外人士安居、发展之地，须有不失时机地采取适当措施的思想准备。"森恪在解释这一条时说，"何方"是指南京政府、北方的苏联和中国以外的一切外国以及东三省内部，"不问其何等理由，断然采取措施"。[①]

　　卫藤沈吉认为，《对华政策纲领》与以往日本政府的对华外交方针相比，有两点明显的不同，一是因共产党等"不逞分子"的猖獗导致在中国的"权利"、"利益"受到侵害时，"将根据需要断然采取自卫措施"，具体而言，就是以出兵保卫政策代替侨民撤离政策，于是"自卫"一词就常常成为把出兵和战斗行为正当化的事情。二是明确主张日本的特殊地位和"权益"及于满蒙全境。松冈洋右在"九一八事变"中表示，田中内阁的最大功绩就在于把以往限于满铁及满铁附属地的日本特殊地位和特殊"权益"扩大到满蒙全境。[②]为此田中内阁极力阻挠南京政府统一中国的行动，把东三省置于日本控制之下。《对华政策纲领》第七条指出："对于尊重我国在满蒙之特殊地位、并认真地致力于该地区政局稳定的东

---

　　① [日]外务省编纂：《日本外交年表及主要文书（下）》，原书房 1978 年版，《文书》第 101—102 页；俞辛焞：《近代日本研究论集》，天津人民出版社 2000 年版，第 69—72 页。

　　② [日]卫藤沈吉：《卫藤沈吉著作集第三卷——二十世纪日中关系史》，东方书店 2004 年版，第 95—96 页。

三省实力派，帝国政府应予以适当的支持。"但是，这一表述并不意味着支持
张作霖。森恪在解释这一条时说，这"既不意味着支持张作霖，又不意味着排
斥张作霖，我们以独自的立场来行动"。田中义一向蒋介石表示："日本对于张
作霖的态度问题。人们总是说日本援助张作霖，这完全与事实不符。日本绝
对没有支援过张作霖，不要说援助物质，就是替他说话等也未有过。日本的愿
望，仅在于满洲的治安得以维持，也就安心了。"① 由此可见，日本政府对张作
霖并不满意。因为张作霖对日本攫取"满蒙新五路"等侵略计划采取敷衍的态
度，迟迟不肯明确表态。奉系入主北京后，张作霖频繁向西方示好，甚至被一
些年轻日本军人视为英美的傀儡。"尤其对付日人，内外并进，刚柔互用，关
东军无所施其技。少壮派恨之入骨，非去之不可，遂以非常手段，致丧其命。"②
在南方政府任命留学日本的黄郛出掌外交时，张作霖却在 1928 年 2 月任命了
顾维钧的朋友、留学牛津的罗文干为外交部长，"南北双方的两项任命不仅透
露了奉系与日本日益加剧的冲突，同时也凸现了南北双方外交取向的歧异：南
方试图走东京路线而北方打算走华盛顿路线。"③ 此外，张作霖不甘心失败，对
日本要求他退回关外的建议非常恼火，多次大发雷霆。田中内阁担心一旦张作
霖在失败的情况下退回东北，会引起北伐军为了追击张作霖部而进入东北，造
成南京政府对东北地区的实际控制，威胁日本在东北的"权益"。1928 年 5 月
16 日，田中内阁举行阁议，决定在 18 日向张作霖和蒋介石两政府发出"重要
觉书"，声称："战乱进展至京津地方，其祸乱及于满洲之时，帝国政府为维持
满洲治安起见，或将不得不采取适当而有效的措施。"④ 所谓"适当而有效的措
施"的实际含义，即：1. 如果奉军在北京附近开始战斗以前撤退到东北，日军
将容许其这样做；2. 如果两军在京津地区交战而奉军兵败逃往关外，或者南军
进攻向满洲退却的奉军时，日本将解除奉军和南军的武装。换言之，就是要求
奉军有序撤回东北并绝不允许南军插足东北。⑤ 显然，《五一八觉书》是对

① [日]外务省编纂：《日本外交年表及主要文书（下）》，原书房 1978 年版，《文书》第 104 页。
② 曹汝霖：《曹汝霖一生之回忆》，中国大百科全书出版社 2009 年版，第 287 页。
③ 罗志田：《乱世潜流——民族主义与民国政治》，上海古籍出版社 2001 年版，第 343 页。
④ [日]外务省编纂：《日本外交年表及主要文书（下）》，原书房 1978 年版，《文书》第 116 页。
⑤ 章伯锋、李宗一主编：《北洋军阀》第 5 卷，武汉出版社 1990 年版，第 517—520、762—763 页。

中国内政的粗暴干涉，也是对华盛顿体系的严重挑战，引起了美英的强烈批评。5月18日，美国国务卿凯洛格指示驻华公使马慕瑞：美国不介入日本政府按照《五一八觉书》采取的行动。19日凯洛格在华盛顿记者会上宣称：日本发出《五一八觉书》，事先没有同美国磋商，美国认为"满洲是中国领土的一部分"。同时，他向记者散发了《九国公约》的副本。同一天，《纽约时报》以大字标题报道："东京照会实质上是日本欲在满洲建立保护领地的一项宣言。"田中得知美国的反应之后，深感不安。22日，他训令驻美大使松平恒雄向美国政府解释：日本对华政策没有任何变化，日本没有把满洲作为日本保护地之意，日本仍坚持保全中国领土与行政之完整以及"满蒙"门户开放、机会均等的政策。随后，美国政府照会东京，要求在日本政府采取实际行动之前，预先告知美国。与此同时，英国也作出了反应。20日，英国驻日大使和驻华公使分别告诉外务省和日本驻华公使：英国政府希望日本采取任何对华行动之前，要得到英国的谅解。欧美各国的报刊对日本武力威胁中国的举动接连发出抨击。[1]日本的行动逸出了华盛顿体系的轨道，违背了列强间达成的在华协调行动的原则，使美、英等不得不对日本加以约束。1929年1月30日，日本驻南京总领事照会国民政府，同意日侨可暂照中国的新税则纳税。

　　田中在美英压力下被迫后退的行动引起了关东军的不满。关东军首脑拟订了暗杀张作霖，制造东北局势混乱，然后以维持治安的名义，乘机占领东三省的计划。1928年6月4日，发生了关东军谋杀张作霖的"皇姑屯事件"。但是，张作霖被炸身亡并没有引起东北局势的混乱，在东北军将领的支持下，张学良顺利接班并采取非常手段除掉亲日派杨宇霆，息兵罢战，于1928年12月29日毅然通电宣布东三省"易帜"，归顺国民政府，完成国家统一。皇姑屯事件与东北易帜使田中内阁处境艰难，其实施的对华强硬外交和"满蒙分离"政策失败了。1929年7月2日，田中内阁垮台。民政党总裁滨口雄幸上台组阁，币原喜重郎再次任外相，开始了第二次"币原外交"。

---

　　① 沈予：《日本大陆政策史（1868—1945）》，社会科学文献出版社2005年版，第332—335页。

四、伦敦裁军会议：协调外交的绝唱

英、美、日、法、意五国在华盛顿会议上就主力舰比例问题达成了协议，但在辅助舰比例问题上却意见不一，未能达成妥协，因而华盛顿会议后各大国在辅助舰方面展开了激烈竞争。在世界经济不景气的情况下，海军军备竞争既给各国财政造成了重大压力，也恶化了国际氛围，引发了各大国间的不信任。1930 年 1 月 21 日，英、美、日、法、意五国在伦敦举行海军裁军会议，讨论裁减辅助战舰问题。滨口雄幸内阁执政以后面临三大任务，即裁减军备、解除黄金出口禁令和财政紧缩，而裁减军备是实施财政紧缩政策的前提。当时日本右翼势力抬头，对裁减军备持反对意见。担当此次会议首席代表是吃力不讨好的事情，政界和军界人士互相推诿。内阁最后决定由币原喜重郎恳请前首相若槻礼次郎出任首席代表。但若槻礼次郎也心存疑虑，不愿接受。币原劝说若槻："您本军人出身，对海军事务了如指掌，尽管此行困难重重，但这是和我国财政有关系的重大问题，希望您为国分忧。"[1] 经不住币原的再三恳请，若槻终于应承下来了。日本派出了若槻礼次郎、海军大臣财部彪和驻英大使松平恒雄等人为全权代表出席伦敦裁军会议。海军提出了裁军的三大原则：1. 日本对美辅助舰比率为 70%；2. 确保大型巡洋舰对美 70% 的比率；3. 维持现有潜水艇 78000 吨的规模。根据海军人士的测算，三大原则体现了日本对美海军战略"防守有余、进攻不足"的底线。美国拒绝接受三大原则，会议陷入僵局。3 月 13 日，美国提出了最后妥协案，其内容是：日本对美的总比率为 69.75%；大型巡洋舰为 60.22%（由于美国推迟 3 艘新造舰只的开工，在召开下次会议的 1935 年底以前，日本对美比率保持了 70% 以上）；潜水艇规模各国相等，均为 52700 吨。[2] 日本代表经磋商

---

① ［日］币原喜重郎：《外交五十年》，读卖新闻社 1951 年版，第 129—134 页。
② ［日］外务省百年史编纂委员会：《外务省的百年》上卷，原书房 1980 年版，第 925 页；［日］信夫清三郎编：《日本外交史》下册，天津社会科学院日本问题研究所译，商务印书馆 1980 年版，第 542 页。

后，于 3 月 14 日致电币原外相，认为指望美国再作让步是困难的，日本要避免承担会议决裂的责任。在财部彪海相出国期间兼理海相事务的滨口首相要求海军内部统一思想。围绕是否接受美国妥协案，海军省与军令部产生了分歧。以海军军令部长加藤宽治、次长末次信正为首的舰队派，要求坚守三大原则，拒绝让步。他们的主张得到了伏见宫亲王和海军元帅东乡平八郎的支持。末次信正表示，承认美国妥协案是对美国的单方面让步，是美国企图把日本海军实力束缚在对美六成的阴谋。以海军省次官山梨胜之进为首的条约派则从政治和财政状况的角度出发，认为应该接受美国妥协案。滨口首相具有同条约派相同的理念，认为一旦谈判破裂，则将重新掀起造舰竞赛，增加财政负担，压迫政府的财政紧缩政策。元老西园寺公望、军事参议官冈田启介、朝鲜总督斋藤实、侍从长铃木贯太郎也主张达成妥协比确保七成更有必要。西园寺指出："索性日本先提出六成也可以，以使列国承认，日本为了促进国际和平，在诚心诚意地努力引导这次会议达成协定。就是说，在日本的主导下促使这次会议取得成功，可以使将来日本的国际地位愈益提高。"[1] 由于冈田启介等人斡旋，在 3 月 26 日的最高干部会议上，统一了海军的意见。4 月 1 日，内阁会议决定接受美国妥协案，经上奏批准后，立即通知了日本代表团。但是，4 月 2 日，加藤宽治上奏天皇，表示反对美国提案，认为该提案将给日本海军作战带来重大缺陷。4 月 22 日，日本代表团正式在伦敦海军条约上签字。"这样，协调外交的舞台便从伦敦转移到国内，批准条约这一关就成了考验政党政治力量的试金石。"反对派认为，政府不顾军令部的反对而决定签署伦敦裁军条约，侵犯了统帅权，因而违宪。滨口首相、币原外相在议会中辩称："在宪法上，统帅大权不包括编制大权。编制大权完全属于政府的辅弼权限，因此签署的伦敦裁军条约并不侵犯统帅权。"东京帝国大学教授美浓部达吉指出，"军队数量的确定是国务上

---

① ［日］升味准之辅：《日本政治史》第三册，郭洪茂译，商务印书馆 1997 年版，第 609 页。

的大权，属于内阁的辅弼责任"，坚定地站在滨口内阁一边。[①]许多宪法学者亦持相同的观点，媒体也予以积极支持。当日本代表团从伦敦返回国内时，受到了国民的热烈欢迎。但是，反对派并不甘心失败。军令部参谋刘英治少佐为抗议伦敦海军条约而自杀。6月20日，加藤宽治直接向天皇提出了辞呈。右翼成立了各种反对伦敦海军条约的团体，"以决议、国民大会、讲演会、个别说服、散发文件等各种方法，展开了要求废除条约的运动"。日本议会对条约没有批准权，条约的批准权掌握在天皇手中。但枢密院官制规定，天皇在批准之前须向枢密院咨询。当天皇咨询书递交枢密院时，枢密院内暗潮汹涌。条约精查委员会中充斥着反对条约派。滨口雄幸、财部彪和币原喜重郎商议后一致认为，对反对论者无法通过妥协和缓和的态度解决问题。如果枢密院中的那些人提出无理要求，应该据理力争并加以驳斥，不惧产生正面冲突。"因此，当枢密院精查委员会讽刺、挖苦地提出各种质问时，应直言不讳加以回敬。通过这样的方式，枢密院方面由此在相当程度上感受到政府强烈的决心，态度会突然软化下来。枢密院中热衷于干预政局或者进行倒阁运动的只是一小部分人，并非全部。"[②]当内阁收到让已辞去军令部长一职的加藤宽治出席枢密院会议、阐述他的主张的意见书时，政府毫不犹豫地予以驳回。实际上，滨口内阁摆出了"破釜沉舟"的架势。枢密院面对滨口内阁的强硬态度被迫后退。政府依靠元老、财界、在议会中占绝对多数的执政党、新闻界，特别是希望维持国际和平的一般国民舆论，排除反对派的顽强阻挠，强行批准了条约。10月27日，在伦敦举行了交换批准书的仪式。当天，美国总统胡佛（Herbert Clark Hoover）、英国首相麦克唐纳（James Ramsay MacDonald）、日本首相滨口雄幸同时发表广播讲话。滨口在讲话中指出，"该条约给人类的文明开辟了一个新纪元，并祝福时代的发展已

① ［日］外务省百年史编纂委员会：《外务省的百年》上卷，原书房1980年版，第926页。
② ［日］币原喜重郎：《外交五十年》，读卖新闻社1951年版，第146—147页。

从列强对立的'冒险时代'到达了一个国际协调和国际和平的'稳定时代'"。①但是，让滨口雄幸意想不到的是，伦敦海军条约的成立仅仅是协调外交的夕阳余晖，全球经济危机的爆发与加深，已使国际协调外交的基础发生了崩塌。11月14日,滨口雄幸在东京车站遭到右翼分子的刺杀，身负重伤，翌年8月26日去世。滨口雄幸的去世对日本未来是一个不祥的征兆，不到一个月就爆发了"九一八"事变。

---

① ［日］信夫清三郎编：《日本外交史》下册，天津社会科学院日本问题研究所译，商务印书馆1980年版，第546页。

第五章

"九一八"事变与日本外交

　　币原上台后，重拾"协调外交"，力图改善田中外交以来急剧恶化的日中关系和日本在国际上的不良形象，振兴日本对华贸易。1930年5月6日，中日在关税问题上达成协议，排除了中国恢复关税自主权的最后一个障碍，结束了鸦片战争以来片面协定关税的时代。但是，国际环境已发生了变化。1929年10月，美国爆发了经济危机并演变成世界性经济危机。1930年3月，经济危机蔓延到了日本。摆脱经济危机成为日本的首要任务，政府、社会各阶层以及军部势力纷纷提出各种反危机纲领和具体办法，其中反对华盛顿体系、鼓吹自主外交的呼声日益高涨，币原外交的实施基础被严重削弱了。日本军部右翼势力选择满蒙地区作为对外扩张的突破口，因为列强承认日本在满蒙地区有"特殊权益"，在该地区采取军事行动对列强的刺激较小，同样受列强的干预也较小。如果日本军部在满蒙的军事行动获得成功，实际上就是埋葬了协调外交，撕毁了《九国公约》，为日本在东亚采取更大的军事行动创造必要的外部条件。

一、"九一八"事变与远东国际关系

　　"九一八事变"与甲午战争、日俄战争不同，它是以特异形态爆发的战争，是关东军采用阴谋手段发动的，既没有经过内阁会议、军部首脑会议研究讨论，也没有经过御前会议的最后裁决。所以事变爆发后，日本统治者内部曾有过扩大事态与不扩大事态两种意见，对事变的发展趋势及导致的后果，日本统治者还难以把握。在9月19日的内阁会议上，决定了"要努力不使事态进一步扩大"的方针，陆军大臣电告驻朝鲜的日军停止增援中国东北。元老西园寺公望在9月20日转告昭和天皇的心腹内府秘书长木户幸一："当陆军大臣或参谋总长就未经天皇批准而动用军队一事上奏时,陛下决不可宽恕他们。"[①]9月24日,日本政府发表了《关于满洲事变的声明》，声称日本政府持尽力于防止事态扩大之方针，日军大都返回原驻地,"帝国政府在满洲没有任何的领土欲望"。[②]日本决策层采取这种较为稳妥的方针，显然是吸取了田中外交的教训。

事变发生前的9月11日，天皇召见陆相南次郎，面饬注意整顿关东军的军纪。次日，元老西园寺公望严厉提醒南次郎："虽说是满蒙之地，但仍是中国的领土，事关外交，应由外务大臣处理，军队抢先说三道四，这成何体统。阁下不论从辅弼的责任上还是作为军队首长，都应持充分慎重的态度管束之。"外相币原喜重郎接到关东军即将动武的报告后，迅即在9月15日告诫南次郎："如此作为，是要彻底推翻以国际协调为基础的若槻内阁的外交政策，对此，断不能默视。"[③]事变发生后的第二天，币原喜重郎在内阁会议上出示了驻奉天总领事林久治郎的密电，断定"九一八事变"是关东军的阴谋。陆相南次郎"听了外相宣读的上述电文"，"感到情绪有些沮丧，他鉴于会场上所出现的气氛，没有勇气提议必须由驻朝鲜军增援的问题"。于是，同意"政府的不扩大方针"，这样被禁止扩大战线和"从朝鲜派出援军为不必要的"关东军立即面临着困难。[④]

---

① [日]升味准之辅:《日本政治史》第三册，郭洪茂译，商务印书馆1997年版，第705页。

② [日]外务省编纂:《日本外交年表及主要文书（下）》，原书房1978年版，《文书》第182页。

③ 熊沛彪:《近现代日本霸权战略》，社会科学文献出版社2005年版，第35页。

④ 井上寿一:《日本外交史讲义》，岩波书店2003年版，第73页;[日]关宽治、岛田俊彦:《满洲事变》，上海译文出版社1983年版，第242页。

占领满蒙是日本决策者的夙愿。早在幕末时期，日本著名思想家佐藤信渊就提出："皇国开辟他邦必先吞并支那"，征服"支那"应先攻略满洲。"满洲之地与我之山阴及北陆、奥羽、松前等隔海相对者凡八百余里"，"顺风举帆，一日夜即可达彼之南岸"。如得满洲，则"支那"全国之衰败必当从此始，"则朝鲜、支那次第可图也"。1855 年，维新运动先驱吉田松阴提出海外扩张补偿论："在贸易上失之于欧美者，应由朝鲜、满洲之土地以为偿。"①明治政府成立后，外务省官员佐田白茅认为："台湾、满清、朝鲜，皆皇国之屏藩也。"为了夺取朝鲜半岛和满洲，1904—1905 年日本发动了对俄战争。在日俄战争中，日本动员了百万军队，伤亡和因病退役者达 40% 以上，人力、财力、物力损失巨大。"因日俄战争'付出了 10 万人的英灵和 20 亿国币'的代价而得到的满洲，对一般国民而言是'圣地'"，因此"'不能失去满洲'成为国民的口号"，在日本人中兴起了一种"满洲圣地传说"。一旦有可能失去在满洲的权益时，日本人"或者有对外危机感，或者把进出满洲作为正当化的手段加以使用"。②日俄战争以后，日本开始了所谓"满洲经营"，如设立"关东总督府"管辖旅顺、大连租借地，成立"满铁"等。尽管日本在满洲苦苦经营，但把满洲与中国相脱离的所谓"满蒙分离"政策始终未能成功。

当世界性经济危机蔓延至日本时，关东军把侵占满洲作为转移国民视线、改造国家的手段，实行所谓"先外后内"的大陆先行战略。"九一八事变"的始作俑者石原莞二指出："解决满蒙问题是日本生存的唯一道路，为了消除国内的不稳定，需要依靠对外扩张。"1931 年春，以石原莞二、板垣征四郎、花谷正等人为代表的关东军中下级军官已经暗地里准备好了夺占满洲的计划。花谷正在战后回忆道："计划制订得十分周密，充分吸取了炸死张作霖事件的教训。现在想来，当时时机还不成熟。只是杀

---

① 沈予：《日本大陆政策史（1868—1945）》，社会科学文献出版社 2005 年版，第 35—36 页。

② 池井优：《日本外交史概说（增补版）》，庆应通信社 1982 年版，第 96 页。

死了张作霖一个人，没有采取任何后续行动。既与中央没有任何联系，也没有与近邻朝鲜军队进行任何磋商。国民对满洲没有太多的关心，所有的步调都不一致。而且，时而利用（大陆）浪人，时而利用中国人的流浪汉，结果暴露了陆军的阴谋。今后绝不能再犯同样的错误。事件发生后应该以迅雷不及掩耳之势出动军队一夜之间占领奉天，在各国还没有进行干预之前迅速占领预定区域。当时，必须考虑来自政府以及当地外交官的干扰，但是如果迁延时日将导致一事无成。因此，有时候需要即便在事实上无视中央的命令也要果断地采取行动。"①

"九一八事变"爆发后，张学良和南京国民政府采取了"军事上不抵抗、外交上不屈服"的对日方针，希望西方列强干预中日冲突，通过国联（League of Nations）与日本周旋，以和平外交手段使东北局势恢复到"九一八事变"前的状态。"九一八事变"是以特殊形式爆发的战争，因为它不是日本统治者协调一致、通过周密的计划而发动的一场战争，而是由关东军挑起的战争。战争之初，日本关东军、陆军中央和外务省之间便存在着分歧与矛盾，战争的结局如何并不清楚。南京政府对事变初期所存在的日本政府、币原外交和军部的不同政策以及扩大事变与不扩大事变派的对立有相当的了解，既对日本政府和币原外相能否抑制军部感到疑惑，又对其抑制军部、撤退日军寄予希望。所以南京政府首先考虑的不是军事抵抗，认为军事抵抗将刺激军部法西斯势力，而是采取和平外交手段，幻想日本内部的国际协调派能在两派斗争中占据上风。但是，日本统治者内部两派的对立不是根本性的对立。关东军企图借"九一八事变"一举占领中国东北，以扩大日本的殖民"权益"。日本外务省虽然反对一举占领中国东北，但是也想借事变初期的军事胜利为背景，解决自"二十一要求"以来的各种"满蒙悬案"，以扩大日本的"权益"。因

① ［日］堀幸雄：《战前日本国家主义运动史》，郭达云译，社会科学文献出版社2010年版，第140—141页。

此随着事态的发展，日本外务省和军部在政策上相互调整、逐渐合拍，最终趋于一致。①国际社会和南京国民政府对日本发动"九一八事变"的真实目的所作出的判断远远落后于形势的发展。

由于中日双方在东北地区没有发生激烈的军事对抗，双方的斗争场所转移到了国联。对中国而言，既然军事上无法与日本抗衡，只有借助外交达到自己的目标。1931年9月19日，国联举行行政院例会，"九一八事变"自然受到了国联的极大关注。南京国民政府对国联寄予很大的希望，而实际上国联对中国的帮助是非常有限的。9月21日，中国常驻国联代表施肇基致函国联秘书长，提请立即召集行政院会议，讨论"九一八事变"。9月22日，中国代表在行政院会议上报告了事态的发展，要求国联采取必要的措施，"英代表提议即刻恢复原状，并将此次会议录送美国"。国联行政院"从速请求中、日两国政府停止一切行动"，"商同中日代表觅得适当办法，俾两国将各本国军队速予撤退，同时不妨碍各本国人民之治安，及其所有财产之保护"。②

在国联中居于主导地位的英、法等国，深感难以处理"九一八事变"。英国在中国东北没有实际利益，而且它历来认为东北是日本的势力范围："日本视满洲对它的重要性就像英国看待爱尔兰或埃及一样。""日本在满洲的特殊地位使她构成了当地权力角逐的一分子，因此，她的行为不同于一国的军队侵入另一国边界的通常侵略案例，毋宁说类似于过去20年在中国猖獗的内战，而这不幸超出了国联的权力范围。"③有一位英国驻华公使曾将东三省比作一只梨，"长在伸出墙外的梨树枝上，他说，那么，邻居摘下这只梨来品尝，完全是意料之中的事"。④由于英国

① 俞辛焞：《近代日本研究论集》，天津人民出版社2000年版，第87—91页。

② 中央档案馆等编：《日本帝国主义侵华档案资料选编 九一八事变》，中华书局1988年版，第422页。

③ 王立诚、吴金彪：《一二八事变与英国对中日冲突的立场转变》，《安徽史学》2003年第6期。

④ 《颜惠庆自传——一位民国元老的历史记忆》，吴建雍等译，商务印书馆2003年版，第232页。

抱着这样的外交理念看待"九一八事变"，这就使英国采取息事宁人的态度，在承认中国对东三省拥有主权以外，也希望进一步扩大日本在东三省的殖民"权益"或使日本的殖民"权益"明确化，企图通过牺牲中国的利益来满足日本的愿望，安抚日本，使日本不扩大在东北的军事行动，以此来化解危机。英国实际上在中日之间玩弄"平衡术"。9月30日，国联通过的关于"九一八事变"的第一个决议就是英国外交平衡术的具体体现，决议声称："日本政府之宣言谓对于满洲并无领土野心，行政院认为重要。""日代表宣言军队业经开始撤退，日政府在可能范围内，以日本人民生命财产之安全得有切实之保护为比例，仍继续将其从速撤至铁路区域以内，并希望在可能范围内从速完全实行此种意愿。行政院对之业已阅悉。""中国代表之宣言谓该区域以外之日侨其生命财产之安全，在日军继续撤退、中国地方官吏及警察再行恢复，中国政府当负责任。""深信双方政府均极愿避免采取任何之行动，足以扰乱两国间之和平及和好谅解者。并阅悉中、日代表既保证该两国政府将采取一切必要之步骤，以防止因时局愈加严重致扩大事变之范围。"该决议对日本的侵略行动没有任何谴责，只是"请求双方尽力所能，速行恢复两国间通常之关系"。①但是，日本咄咄逼人的军事进攻和毫不妥协的外交姿态使英国的外交平衡术没有达到预期目的。10月8日，日军进攻锦州，局势日益恶化，10月24日，国联在法国总理白里安（Aristide Briand）的主持下，提出了"要求日本政府立即开始并顺序进行将军队撤至铁路区域以内，要在规定之下次开会日期以前完全撤退"的决议草案，该决议草案以十三票赞成，一票反对获得通过。但是日本反对限期撤兵，提出对案，要求"先行成立基本交涉原则，然后撤兵"。中国坚决反对撤兵前开始谈判。日本提案以十三票反对、一票赞成被否决。与此同时日本加紧对锦

---

① 中央档案馆等编：《日本帝国主义侵华档案资料选编 九一八事变》，中华书局1988年版，第422页。

州发动进攻并于 1932 年 1 月 2 日占领锦州。南京政府曾提出中国军队撤出锦州、设立锦州中立区的方案，遭到日本的反对。显然日本是要完全占领中国东北地区。日本的强硬行动使英、法和国联面临窘境，因为在日本侵略行动面前，国联作用有限，其继续存在的价值受到了舆论的质疑。

"九一八事变"发生后，美国一度采取观望的态度，因为美国对日本在东北的军事行动究竟要达到一种什么样的目的并不清楚，而且它也不想卷入中日纷争，担心国联把"满洲弃儿""倒"在美国的怀抱里。但是当美国发现日本要占领整个东北，从而威胁美国的"门户开放、机会均等"原则时，美国的态度开始发生变化，表现出一定的倾向性。当日军占领锦州后，美国国务卿史汀生（Henry Lewis Stimson）紧接着在 1932年 1 月 7 日，向中日两国政府送达照会，"最近锦州方面之军事行动，业将一九三一年九月十八日以前中华民国政府在南满最后存留之行政权威破坏无遗"。声称美国政府"鉴于目前情势，及其自身之权利与义务，认为有对于中日两国政府作下列通知之义务：即美国政府不能承认任何事实上之情势为合法；凡中日两国政府或其代表所订立之任何条约或协定，足以损及美国或其人民在华条约上之权利，或损及中国主权独立或领土及行政之完整，或违反国际上关于中国之政策，即通常所谓门户开放政策者，美国政府均无意承认"。①照会重申了门户开放政策、九国公约和凯洛格公约的有关条款。这个照会就是后来被称为史汀生主义的"不承认照会"。史汀生主义除了道义上的力量以外，对日本的侵略行动没有约束力。史汀生主义规定了美国对中国东北局势变化的基本态度。当天，美国政府把这个照会分送给了《九国公约》签约国的所有驻美使领馆。美国的这一举动显然是要告诉其他国家，日本在中国东北的军事行动违反了《九国公约》的原则和精神，危及了华盛顿体系的稳定，希望国际社会响应美国的号召，以"不承认主义"为旗帜，拒绝承认日本在东北

---

① [美]韦罗贝：《中日纠纷与国联》，薛寿衡、邵挺等译，商务印书馆 1937 年版，第 183 页。

所造成的既成事实。但是，史汀生主义并没有产生美国所预期的效果。英国一直认为要将中国东北局势恢复到"九一八事变"前的状态是不可能的，只是希望日本的行动有所克制，不要让国联过分为难和尴尬，以一种各方都能接受的方式结束中日在东北的纷争。所以英国政府拒绝向中日双方发出类似"史汀生照会"那样的照会，声称"日本既已保证愿履行华盛顿九国公约之义务及遵守门户开放政策，兹对于美国政府所宣布之立场，无需有所宣言"。艾登在议会下院答复对"史汀生照会"采取何种立场或政策时，表示："余以为此问题如再发照会，即对中日双方同发，亦未必有何益处。"① 与美国相比，英国有根深蒂固的殖民主义情结，对大革命以来中国民族主义运动的高涨，英国有很深的抵触情绪，英国把"九一八事变"看作是对中国民族主义的打击。

二、不抵抗政策与中国国际地位的严重失坠

美国学者埃弗拉在《战争的原因》一书中用各种事例分析战争的原因，他提出一个重要的观点，即预测战争代价的大小与发生战争的危险性成反比。他指出："政府认为战争的代价越高昂，它们就会越谨慎地避免战争的发生。""低估战争代价总是与作出战争的决策相伴的，而且经常是一个关键的因素。""当征服是容易的时候，战争更有可能发生。""当征服是困难的时候，由于担心成本过高或难以实现，国家的扩张受到遏制。当征服是容易的时候，扩张就显得更加具有吸引力了：它进行尝试的代价更小，而且往往成功。所以，如果防御是强有力的，即使是侵略性国家的攻击也受到遏制，而如果进攻是强有力的，即使是温和的国家也被诱使去发动进攻。""当征服是困难的时候，国家幸运地享有安全的边界，所以它们就不太具有扩张主义的倾向，而更愿意接受现状。""当

---

① [美]韦罗贝：《中日纠纷与国联》，薛寿衡、邵挺等译，商务印书馆1937年版，第183页。

征服是容易的时候，国家采用更加危险的外交策略——特别是既成事实的策略——而这些策略更可能导致战争。"①"九一八事变"及以后中日关系的演变完全印证了埃弗拉的论断。所以"九一八事变"如何发展，取决于中国军队的抵抗程度。如果中国军队坚决抵抗，在一段时间内使东北的局势处于胶着状态，就能为日本政府和陆军中央制止关东军的非理性行动创造条件，同时也为国际社会干预中日冲突提供机会。币原喜重郎曾通过驻华公使重光葵向中国外长顾维钧带来一封信，信中表示：他会尽可能促使问题得到解决。由于必须面临某种压力，他在日本的地位也是困难的；如果他因为那些压力而失败，那么他的内阁就会垮台。他相当担心无论谁继他组阁，都会使事情难办得多。顾维钧"颇为他的真挚所感动"。"我反复考虑这封信，更感到其出言之真挚，因为就我所知，那时日本的形势对币原男爵来说，确实是困难的。沈阳事件是'少壮派军人'的专横跋扈所造成的。他们主张对华强硬的政策，煽动许多群众集会抗议日本外务省的政策。在日本外交政策的处理上，他们的看法当然与币原男爵不一致。"②可是正当币原喜重郎等日本政府内的国际协调主义者"设法尽可能地限制少壮派的放肆态度"时，东北沦陷已经成为既成事实，要恢复到事变前的状态已无可能。起初日本统治者对中国军队的战斗力是有所忌惮的，担心中日会在东北发生激烈的军事对抗。在《关于满洲事变的声明》中，日本政府特别提到了中日军队数量上的差距，"守卫满铁沿线的日本军的兵力总计不过 1 万零 400 人，相反其四周却有 22 万中国军队"，言下之意就是日本军人绝对不敢向东北军寻衅。另外"皇姑屯事件"在政治上所掀起的轩然大波也使日本军部有所顾忌。9 月 19 日上午，日本陆军中央在讨论驻朝鲜军的越境行动时，参谋总长金谷范三认为，"林（铣十郎）军司令官的独断行动是不适当的"。同时

---

① [美] 斯蒂芬·范·埃弗拉：《战争的原因》，何曜译，上海人民出版社 2007 年版，第 30、312—313 页。

② 《顾维钧回忆录》第一分册，中国社会科学院近代史研究所译，中华书局 1983 年版，第 421 页。

向驻朝鲜军司令官林铣十郎拍发电报，关于增援关东军一事，"望暂待奉敕命下达"。命令驻平壤的第三十九步兵旅团："贵旅团之行动亦应暂缓，如有已出发之部队，望即采取措施，不得越境。"林铣十郎在他的《满洲事件日志》中写道："2 时 5 分（9 月 19 日下午），参谋总长发来了令人意外的命令……意思是在派兵的敕令没有下达之前不许增援。在第一次、第二次运输军队已经出发之后停止出兵令人意外。"20 日凌晨，参谋总长再次致电林铣十郎："贵司令官今晨开始之独断行动，就当时形势而言毫无异义。然其后奉天附近之形势稍有缓和，故内阁会议决定，只要情况无特殊变化，则暂不使事态继续扩大，本官亦同意此决定。贵军之出兵关外，尤需等待敕命。"第三十九步兵旅团按原计划应在 20 日到达沈阳，但由于陆军中央的命令，"不得不暂且在新义州待命"，"这样，参谋本部向驻朝鲜军发出的严厉的命令，总算是执行了"。[①]当时在关外的东北军有近 20 万人，关东军仅 1 万余人，数量上占据绝对优势，而且东北军训练有素，拥有飞机、大炮等新式武器，在东北坚守一两个月是没有问题的。但张学良采取了"不抵抗行动"，声称"东北军既无抵抗之力量，亦无开战之理由，已经电沈（阳），严饬其绝对不抵抗，尽任日军所为"。[②]东北军不战而退，几乎使关东军兵不血刃地占领了东北，其军事进展之迅速、战争代价之微不足道，使国际社会瞠目结舌，严重影响了中国的国际形象，导致了非常严重的后果。

1931 年 11 月底，当外交部长顾维钧陪同李顿（Victor Bulwer Lytton）调查团去长春时，关东军司令官本庄繁坚持要求面见顾维钧。本庄繁是在 1931 年 8 月，即"九一八事变"前一个月出任关东军司令官的。"他说他坚持邀我会见交谈，是因为他要告诉我一些心里话。他说整个满洲

---

① ［日］关宽治、岛田俊彦：《满洲事变》，上海译文出版社 1983 年版，第 232—241 页；［日］堀幸雄：《战前日本国家主义运动史》，郭达云译，社会科学文献出版社 2010 年版，第 146 页。

② 彭敦文：《国民政府对日政策及其变化——从九一八事变到七七事变》，社会科学文献出版社 2007 年版，第 17 页。

事件全都出乎人们意料，出乎他和他的日本军方同事的意料。""他说南满铁路总裁内田康哉先生就反对这件事……内田康哉反对占领柳条沟（应为柳条湖——引者注）。他试图用阻碍准备车辆的办法来进行拖延。当来电话要他赶快准备时，他才下令预备火车，命令他们只前进到柳条沟。可是在柳条沟指挥官发现没有一点抵抗。他们预料要遭到中国人某种抵抗，可能会阻止他们前进。但是一点抵抗也没有。他们想，为什么不继续前进呢？他们告诉火车上的人员开往沈阳，甚至违反内田先生的命令。本庄将军说，在沈阳，中国人并没有抵抗。他们去北大营只是为了显示一下武力，本来并不严重，可是却占领了全城，少壮军官就得意洋洋起来。"①事实确实如此。当本庄繁接到"九一八事变"的第一份电报时，对是否出兵增援是犹豫的，他拒绝了参谋石原莞尔中佐"应刻不容缓地立即命令各部队出动，制敌中枢于死命"的建议，命令"仍然按计划集中（即将兵力集中到据点）"。日军进攻北大营时，沈阳城门大开，日军未放一枪就从敞开的城门进入城内。林久治郎多次给关东军高级参谋板垣征四郎打电话，劝他停止战斗。本庄繁到达沈阳以后，仍然没有下定决心采纳石原莞尔把兵力派到南满以外地区的献策。②在研究是否要对吉林省会吉林市发动攻击时，作为一名训练有素的军人，本庄繁担心在缺乏援兵的情况下，再发动进攻，会导致战线过长，兵力不敷使用，万一中国军队反击，关东军将处于南北两线作战的困境，因而提议慎重考虑。但出乎本庄意料的是，吉林省主席熙恰投降，中国军队不战而退，日军在 9 月 21 日清晨出兵吉林市，下午 6 时就占领了该市。其他重要城市如安东、营口、抚顺、辽阳、本溪、四平等均在几天内先后沦陷，从 1931 年 9 月 18 日到 1932 年 2 月 5 日，日军仅用 4 个多月就攻占了中国东北。本来连板垣征四郎都认为"在现今的形势下，不可能实施一举占领（满蒙）

---

① 《顾维钧回忆录》第一分册，中国社会科学院近代史研究所译，中华书局 1983 年版，第 432 页。
② 中国社会科学院中日历史研究中心编：《九一八事变与近代中日关系——九一八事变 70 周年国际学术讨论会论文集》，社会科学文献出版社 2004 年版，第 161—162 页。

的方案",但中国军队放弃抵抗,使不可能的事情变成了可能。

东北快速沦陷的最直接后果就是导致了"一二八事变"的发生。"一二八事变"发生的原因是多方面的,其中之一是关东军在东北的轻易成功引起了日本海军的嫉妒,"海军希望在中国采取一次行动",并相信不会遭遇实质性的抵抗。"在满洲就没有真正的战斗,日本军方首脑对中国的军事实力不屑一顾。"① 但是,日本人在上海遇到了顽强的抵抗,"十九路军已成为一个具有无私的爱国主义和英雄气概的民族象征"。由于在上海的军事进展缓慢且代价巨大,日军不断向上海增兵,增兵达三个师团,并三易主帅,死伤逾万。事实证明,"一二八事变"遏止了日军的嚣张气焰,使日本内部一度高涨的民族主义情绪降温。正如埃弗拉所说的那样:"当征服是困难的时候,由于担心成本过高或难以实现,国家的扩张受到遏制……所以,如果防御是强有力的,即使是侵略性国家的攻击也受到遏制,而如果进攻是强有力的,即使是温和的国家也被诱使去发动进攻。"② 张学良本想以局部的退让、忍耐避免军事冲突,使关东军适可而止,结果反而助长了关东军和日本军部的嚣张气焰,使华北成为其染指的下一个目标,很快进兵滦河和攻占长城各关口。当热河沦陷、张学良引咎辞职时,他曾向陈公博透露:"日本鬼子真可恶。我知道他们一定要抢东北的,得不到东北是不肯住手的,所以在奉天我也不抵抗了,锦州也让出来了。我以为他们总可以心满意足了,不料他们今日又要打入关。"③

"一二八事变"发生后中国军队在上海所进行的坚决抵抗为列强干预中日纷争创造了极为有利的条件。国联新任秘书长爱文诺对中国军队在东北放弃抵抗而仅仅指望国联调停的做法提出严厉的批评,他对中国驻国联代表吴秀峰说:"当一个国家受到外国侵略时,首要的在它自己起来

① [美]柯博文:《走向"最后关头"——中国民族国家构建中的日本因素(1931—1937)》,马俊亚译,社会科学文献出版社 2004 年版,第 36 页。

② [美]斯蒂芬·范·埃弗拉:《战争的原因》,何曜译,上海人民出版社 2007 年版,第 312—313 页。

③ 陈公博:《苦笑录》,东方出版社 2004 年版,第 234 页。

抗战，然后才能有希望得到他国的援助。如果它自己不去抗战，像你们的国家一样，而希望别人替他们火中取栗，这是史无前例的。所以，中国今后必须自己起来抵抗日本的侵略，才是你们的唯一出路。"①南京政府也逐渐意识到了"不抵抗行动"的后果："外启友邦之轻视，内招人民之责备，外交因此愈陷绝境，将何辞以自解？"因此在"一二八事变"中采取了"一面抵抗、一面交涉"的政策。中国军队在上海的抵抗使西方列强深受鼓舞，认为"中国军队在上海做出的坚决而令人出乎意料的抵抗标志了远东一个新时代的开端"。

此外上海事变震惊了西方世界，严重威胁到英美等国的利益。当时正在参加日内瓦国联行政院会议的以外交大臣西蒙爵士（Sir John Simon）为首的英国代表团"被搅得坐立不安，因为英国在远东的利益集中在上海。而英国对于满洲的态度则不同，认为那个地方太遥远了，英国在那里没有重要利益，况且那个地区在长城之外，因此严格地说，不是'中国'"。②2月2日，行政院应英国的请求召开会议，讨论"一二八事变"。英国代表托马斯慷慨激昂地表示：英国政府觉得远东的现状，不能任其继续下去了。上海已成战场，不宣而战正在继续发生。国联对此不能漠不关心。如果任其继续下去，那么非战公约和九国公约难免失去了世界的信赖。③2月16日，由英国外交大臣西蒙提议，国联向日本发出申请书，指出"只有依赖互助及互相尊重，可使各国间获有良好之交谊，依赖军事或经济上之压力者，决不能得有永久性之解决"。申请书提醒日本，"盟约第十条之规定，即国联会员国担任尊重并维持联合会（即国联）各会员国之领土完整及现有之政治独立"，"乃彼等所应享之友谊的权利"。"凡有违反该条而致侵害任何国联会员国之领土完整，及变更其政治独立者，国联会员国，均不应认为有效"。"对于日本与中国之关系"，日本"实负

①《文史资料选辑》第 76 辑，中国文史出版社 1987 年版，第 113 页。
②《颜惠庆自传——一位民国元老的历史记忆》，吴建雍等译，商务印书馆 2003 年版，第 232 页。
③ 李广民：《准战争状态研究》，社会科学文献出版社 2003 年版，第 151 页。

有公平处理及不得任意行动之重责"。尽管国联发出的申请书措辞委婉，但含义非常明确，反映了英国一改过去对中日纷争所采取的含糊不清的态度。美国的态度比英国更强硬和更明确，各种反日组织在美国纷纷成立，舆论界一致抨击日本的侵略行动，甚至还出现了抵制日货运动。为此，史汀生以致美国参议院外交委员会主席博拉公开信的方式发表了一篇长文，重申了华盛顿会议和《九国公约》的原则，指出："九国公约实为对华门户开放主义之法律根据。此项主义，经海约翰氏于一八九九年宣述，乃使当时列强利益范围之争夺，中国将成崩解之局势，得以中止。为求此项政策之成功，海氏曾援用下列两主义：（一）各国对华商业上之机会均等；（二）为得此项机会均等，保持中国领土及行政之完整。""在此后二十年中，门户开放主义，以各国非正式之承诺而存在。"经华盛顿会议，"此项主义归纳于所谓九国公约内。此公约使门户开放主义之原则，得有正确之解释及定义"。《九国公约》"一方面可以贯彻保证各缔约国在华之权利及利益，一方面可以使中国人民依照近代文明之准则，为世界各民族所借以相维者，俾获完全无碍之机会，以发展及巩固其主权与独立"。"后此六年，九国条约之反对强国侵略弱国之根本政策，得于世界全体国家所签字之巴黎公约，即所谓凯诺格白里安公约之中，又得一有力的后援。此两种公约，系两个独立而协调之步骤，其目的在联合世界之良心与舆论，以赞助一种根据公法依序发展之制度。而所谓舍弃武力专以公共和平之手段解决一切纠纷，亦即包括于此。保护中国使免外界侵略，原为此种发展进程中之一紧要部分。九国条约之签字国与加入国，固深觉中国四万万人民之有秩序与和平之发展，为全世界和平幸福之关键。以为无论何种计划为全世界之幸福谋，决不能忽视中国之幸福，中国之维护。"史汀生得出结论："近来在中国发生之事件，尤其自满洲蔓延至上海之战事，不惟不足指明该约有修改之必要，且适足令彼与远东有关系各国，应特别注意忠实遵守该约。"史汀生指出："如果其他各国与本国为同一之决定，取同一之步骤，则即可警告日本，即可使一切凭恃强权违背条约所攫取之权利，不能得合法之承认。征诸往史，且将使中国横被剥夺之权利，终克复归原主。"史汀生全面驳斥了关于修改《九国公约》的谬论或不遵守《九国公约》的理由，《九国公约》"为关系国忠实遵守，则此种情势（"九一八事变"——引者注）决不至发生"。①"不承认主义"显示了美国积极干预远东国际政治的姿态。西方列强利用中国出现的强烈抗日情绪而积极介入中日纷争。1932年1月14日，以李顿为团长的国联调查团成立并于10月2日公布了《李顿报告书》。《李顿报告书》确认了日本侵略中国东北的事实，总体上有利于中国。正如南京政府外交部长罗文干在声明中所说的那样，《李顿报告书》有两点最为突出：一是认为"九一八及九一八以后之一切日本军事行动，均无正当之理由，不能认为系自卫之手段"。一是"所谓'满洲国'者，并非真正自发独立运动的产物"，其存在是"日本军队出现和日本文武官吏各种活动的结果"。②基于以上认识，南京政府决定接受《李顿报告书》。

《李顿报告书》认为："中国方面遵守上峰之训令并无在该时该地攻击日军或危害日人生命财产之计划。对于日军并未奉命或联合攻击，故于日军之突袭及其以后之行动，莫不惊异。""日军在是夜所采之军事行动，不能认为合法之自卫手段。""中国人民认满洲为中国之一完整部分，而使满洲脱离中国之任何阴谋，皆所极端反对。东三省向来为中国之一部，此则中国及列国所公认者。中国政府在此地之法律上威权，亦从未发生疑问。""日本关于满洲之要求，乃干犯中国之主权。"造成满洲国的"独立之主要机具，厥为自治指导部，其总事务所设在沈阳。据本调查团所得之可靠证据，该部为日人组织"。"实际上乃关东军司令部第四课之机关，以扶助独立运动为目的"。"九一八事变"后，日本军事当局的行动，"政治意味，特为浓厚。日方逐步以武力占据东三省，使齐齐哈尔、

① [美]韦罗贝：《中日纠纷与国联》，薛寿衡、邵挺等译，商务印书馆1937年版，第227—第231页。

② 《顾维钧回忆录》第二分册，中国社会科学院近代史研究所译，中华书局1985年版，第62页。

锦州、哈尔滨及最后满洲境内一切重要城市，脱离中国之统治"。独立运动"于一九三一年九月以前，在满洲从无所闻，而今有此运动者，仅由于日本军队之在场，甚为明显也"。日本参谋本部"对于独立运动之组织分子，予以援助及指导。由各方所得一切证据，使调查团确信，助成'满洲国'创立之原动力，虽有若干种，但其中两种，即一为日本军队之在场，一为日本文武官吏之活动，两者联合，发生效力最大。依吾人之判断，若无此两者，新国家不能成立"。①1933 年 2 月 23 日，国联代表大会通过了在《李顿报告书》基础上所起草的《最终报告书》，认为日军在"九一八事变"中的行动并非自卫，"日军是夜在沈阳以及东省他处之军事行动，国联大会不能认为自卫手段，即日本嗣后在此项争议进行中所采取之全部军事行动，亦不能认为自卫手段"。满洲主权属于中国，满洲独立"端赖日军之存在，不能认为自动及真实之独立运动。'满洲国'政府，其主要政治及行政权，均操诸日本官吏及日籍顾问之手中。彼辈所居地位，足使其实在的指挥及支配东省行政。在东省占人口大多数之中国人，大抵均不拥护此种政府，并视为日人之工具"。建议日军撤出南满铁路以外的区域。②《最终报告书》的通过表明中国外交取得了道义上的胜利，也表明日本不仅与中国为敌，而且站在了绝大多数国家的对立面。

但是中国外交上的暂时成功并不能掩饰军事上的溃败所造成的难以挽回的国际影响。中国军事上的不断溃败令人沮丧和不解，极大地影响了外交人员在国联与日本的斗争以及国际社会干预中日冲突的热情。正当国联围绕《李顿报告书》作出《最终报告书》和研究解决中日冲突办法的关键时刻，日本进攻热河，在热河抗战中，中国军队无所作为，闻风溃退，引起了国际舆论愕然。战前张学良还致电中国驻国联代表团，信誓旦旦地表示，将坚守热河，并希望把中国军队的抗战意志向全世界

---

① ［美］韦罗贝：《中日纠纷与国联》，薛寿衡、邵挺等译，商务印书馆 1937 年版，第 342—343、366—370 页。

② ［美］韦罗贝：《中日纠纷与国联》，薛寿衡、邵挺等译，商务印书馆 1937 年版，第 695—696 页。

声明。参加国联会议的中国代表顾维钧、颜惠庆、郭泰祺等人，希望政府采取两项对策，即与日本断绝外交关系和在军事上进行坚决抵抗。他们在电文中指出："友好国家殷切希望我们坚决抗战，以便国联能有充裕的时间来准备下一步行动。他们认为，无论国联将会采取什么行动，都要看中国作出了什么样的抵抗。同时，日本宣传说中国军队全无斗志，他们轻而易举地攻取了热河。""热河至关重要。当我们请求国联援助之时，当国联正在研究确定如何进行下一步行动之时，如果我们不能长期坚守，国土一片接一片地沦于敌手，这样我们就只能更加招致世界的轻视，丧失友好国家的同情。到那时，我们恐怕纵有奋发自强之心，亦将为时已晚。"代表团对政府行为感到不解。"日本侵占我国领土，屠杀我国人民，于兹已一年有余。我们在国外向国联宣布日本犯下的罪行。但在国内，中、日密使却往来频仍，官方屡设酒筵款待日人。所有这些，国外无不引为怪事。日本人在避免战争的借口下正在进犯热河，据他们说，这是为了维护傀儡政权下的和平与秩序。但国联报告已拒绝承认傀儡政权，因此，日本入据热河，无论在道义上或法律上，都没有任何依据。目前在这一案件上，谁是谁非的问题业已彰明昭著。我们向国联的控诉既已获胜，自应立即向全世界宣布与日本断绝外交，以便杜绝国外再说中国自己也不把日本侵略视作战争，从而不能援用盟约第十六条。"①代表团不断向政府呼吁："有可能采取国际行动的先决条件是中国首先进行自助的意志和能力。""在此紧要关头，更为重要的是中国的实际军事行动，外国以及他们在日内瓦的代表正在密切注视着这种形势的发展。"代表团

---

① 《顾维钧回忆录》第二分册，中国社会科学院近代史研究所译，中华书局1985年版，第189—190页。国联盟约第十六条规定：（一）联盟会员国如有不顾本盟约第十二条、第十三条或第十五条所定之规约而从事战争者，则据此事实应即视为对于所有联盟其他会员国有战争行为。其他各会员国担任立即与之断绝各种商业上或财政上之关系，禁止其人民与破坏盟约国人民之各种往来并阻止其他任何一国，不论为联盟会员国或非联盟会员国之人民与该国之人民财政上、商业上或个人之往来。（二）遇此情形，行政院应负向关系各政府建议之责，裨联盟各会员国政府各出陆、海、空之实力组成军队，以维护联盟盟约之实行……

根据政府的指示，在日内瓦一再郑重表示，中国人有持久地、坚决地抵抗日本侵略的准备。实际情况却相反，中国军队不断溃败。国际上"看到中国军队这般软弱无能，与中国代表团在国联大会上辩论时所持的强硬态度适成强烈对比，感到迷惑不解"。为此顾维钧等人于 2 月 28 日致电政府，要求辞职："前年三省之陷，不战而走，世界为之骇异。此次热河之役，日人宣传，谓我军并无抵抗诚意。松冈在国联且谓我军勇于内战，无意对外。连日热河要地，纷纷失守。各国论者，以我军凭崇山峻岭之险，有主客攻守之异。而战线屡缩，失地频闻。友我者对于我国是否真心抵抗，群来惶问；忌我者谓我本无自助决心，国联原可不必多事。惠等带罪海外，无法答辩。且自报告书公布后，军事方面重要甚于外交。将来外交前途，多视军事转移。惠等心余力拙，应付乏术。应请准于开去代表职务，另委贤能接充。"代表团的辞职电不仅未激发军队领袖的抵抗意志，反而指责代表团"撒娇卸责"。代表团非常气愤，不客气地回应道："国威日堕，无娇可撒。痛切陈词，原为负责。"3 月 4 日，外交部致电代表团，对于中国败北失地、叛变投敌等消息一概予以否认，相反却给了代表团很多令人鼓舞的消息，"说我军在建平大战告捷，反攻凌源，获得胜利"。当代表团按照指示公布胜利消息时，"而承德失守之惊耗同时已见于报端，并谓已经北平中国官方证实"。对此代表团非常不满军队的不抵抗以及政府隐瞒真相的做法："今晨各方纷来询问，谓我事前大张其词，决心抵抗，不料毫无布置。热河大于瑞士四倍，凌源、承德亦相距二百里，乃承德之兵不战而退，敌军摧枯拉朽，如入无人之境，较之法国攻摩洛哥土人尚为容易。可见松冈丑诋中国之语，皆已证实，其鄙视我国之心，溢于言表。吾代表团前尊训令宣传抵抗到底者，今竟无词以对。"[①]

---

① 《顾维钧回忆录》第二分册，中国社会科学院近代史研究所译，中华书局 1985 年版，第 192—195 页。

三、"九一八"事变与日本国内政治

由于日本轻易地征服中国东北，在日本国内掀起了狂热的民族主义情绪，右翼精神领袖大川周明得意扬扬地说："国民在可以称之为国民的浪漫主义那种狂热中间，赞美并支持了关东军的态度。"①这种民族主义的歇斯底里情绪引起了日本一些有识之士的忧虑。元老西园寺公望指出："此事只能限于满洲呀！如再从满洲跨出一步，就将危及日本的国家基础。"他还告诫："我想你们对英美在东亚的所作所为一定有许多不满，但到了你们的子孙后代，也不要和盎格鲁撒克逊人相争，相争会使日本陷入非常危险的境地。"②但形势已经不受控制，满洲事变的轻易成功"鼓舞"了日本少壮派军人，无视军纪国法的事件屡屡发生，而日本历来是一个崇奉纪律的国家。1931年8月，即"九一八事变"前，天皇曾表示："处理满蒙问题也要以日华亲善为基本方针。"他还特别告诫陆军大臣南次郎："驻满蒙军队的行动要特别慎重。"但关东军轻易占领满蒙，使天皇的态度发生了根本转变。翌年1月天皇发布敕语，赞扬关东军："满洲事变爆发之际，关东军将士克制众敌，予以全歼。近来扫荡各地群起之匪贼，完成警备之任务，使皇军之威武传遍日本国内外，朕深嘉其忠烈。"③既然关东军如此轻易地占领了"满洲圣地"，对胜利者还能指责什么呢？由此日本社会快速向右转移。

自政友会总裁原敬于1918年组织内阁以来，至1932年5月，除两年的官僚内阁外，一直由政党内阁轮流执政，即所谓"宪政常道"。这一时期，为了反对藩阀政府独裁统治以及军部扩军备战，日本民众在政友会、国民党等主要政党的领导下开展了多种形式的斗争，取得了重大成果。

---

① ［日］信夫清三郎编：《日本外交史》下册，天津社会科学院日本问题研究所译，商务印书馆1980年版，第558页。

② ［日］升味准之辅：《日本政治史》第二册，董果良译，商务印书馆1997年版，第715页。

③ ［日］祢津正治：《天皇裕仁和他的时代》，李玉、吕永和译，世界知识出版社1988年版，第78页。

实现政党内阁制和在此基础上实现政治以议会为中心的政治理念，在 20 世纪 20 年代深入人心。华盛顿会议期间召开的第 45 届议会，成了裁军和批判军部的议会。议会不仅要求裁军，而且要求改革军制，即废除"军部大臣武官现任制"。尾崎行雄等人在《关于海陆军备及特例的质问书》中，对保证军部特权地位的各种制度进行了弹劾，把批判的锋芒指向统帅权独立，指出参谋本部和军令部"完全违反我国宪法条文的规定，事实上是在内阁之外还有一种不负责任的军事内阁"，形成了外交、军事"政出双门的状态"；指责军部大臣由武官担任的制度是"违反官制条例和各国实例"的"不符合时代精神的制度"，帷幄上奏权违背宪法第五十一条等规定。[①]

与议会的动向相呼应，著名民主主义人士吉野作造等人在议会外也大造舆论，提出了全面改革军制的理论。在 1923 年 2 月召开的第 46 届议会上，加藤友三郎首相明确表示支持军部大臣文官制。革新俱乐部乘势提出的废除军部大臣武官专任制议案被一致通过。

这一时期，社会上出现的追求个人利益和享乐主义的世俗化现象与政治上的和平民主潮流不期而遇，民众对国家政权所表现出来的盲目的政治热情在日俄战争以后特别是大正期间开始退却。"现代的大众文化呈现蒸蒸日上的上升趋势。"1924 年，可以容纳 5 万人的著名的甲子园棒球场落成，打高尔夫和网球也成为人们新的爱好，朋友们之间开始在咖啡厅里聚会。"20 世纪 20 年代，一股西方文化潮流席卷了日本社会生活的各个方面。日本民众的生活方式、饮食、住房以及穿着等等方面，都受到西方文化的深刻影响。在东京和其他一些大城市当中，情况就更是如此，在这些城市里，由于西方文化的影响，人们开始流行吃面包，公共场所也开始流行穿西装，而时髦的家庭住所里也一般最少有一间西式房间。在日本银座大街的路上，那些来来往往穿戴着最新外国款式服装和

---

① [日]信夫清三郎编：《日本外交史》下册，天津社会科学院日本问题研究所译，商务印书馆 1980 年版，第 482 页。

首饰的'摩登男'和'摩登女'们，可能正是前去参加爵士音乐会或是去看电影。"①人们玩股票、吃西餐、穿洋服、建私宅，对扩军备战不感兴趣。1930年4月滨口雄幸首相在财界和舆论的支持下，不顾军部的反对，决定签订伦敦海军裁军条约。出席伦敦海军裁军会议的代表团归国时受到了国民广泛的欢迎，裁军运动发展到顶峰。社会上还出现了较为普遍的"蔑视军人"、"军人的社会地位低下"的心理倾向，军官的靴子碰了别人就会听到骂声，一些军官上下班都不敢穿军装。1931年8月关东军司令官本庄繁回国开会时，得知日本政府"把解决满蒙问题的期限放在1935年"。实际上这是政府的拖延计策，对此少壮派军人是心知肚明的。参谋本部俄国班班长桥本中佐在其手记中指出："中央只在口头上夸夸其谈，暴露出对满洲事变全无决心。"他还抨击军部上层人士把解决满蒙问题"理解为例行公文，仍照旧没有采取任何措施。这时，关东军少壮派不用说，内地以樱会（日本法西斯军人团体——引者注）为主体的我们这一派，每件事都要促使上层人士下决心。上层人士只靠每月散发的宣传册子高谈阔论，丝毫没有断然行动的意志"。②

　　另一种社会现象也值得我们注意，那就是马克思主义在日本迅速、广泛的传播。根据日本著名政治史学者丸山真男所援引的当时内务省警保局的内部资料，"以世界大战为契机，民主主义思想流入日本。紧接着，受苏维埃革命的影响，社会主义、共产主义思想被引进日本，旋即这一思想以燎原之势弥漫于国民之中。关东大地震后，高等专科学校毕业以上的所谓有识阶层受到赤化洗礼的程度最深"。③《改造》《解放》和《社会问题研究》等具有左翼倾向的杂志于1919年创刊。据丸山真男调查，日本是当时世界上唯一出齐了马克思、恩格斯全集的国家，而且销量惊人。左翼思潮的蔓延和左翼力量的崛起对军部和右翼扩张势力起到了抑

---

① [美]康拉德·希诺考尔等：《日本文明史》，袁德良译，群言出版社2008年版，第214—215页。
② [日]升味准之辅：《日本政治史》第三册，郭洪茂译，商务印书馆1997年版，第703—704页。
③ 林少阳：《"文"与日本的现代性》，中央编译出版社2004年版，第111页。

制作用。大正时期女权运动也开始崭露头角，她们为获得女性的平等地位和各种权利特别是选举权而斗争。妇女杂志不断创刊，而且拥有大量读者，除了创刊于明治时期的《妇女之友》和《妇女世界》外，大正时期相继创办了《妇女界》（1913 年）、《妇女公论》（1916 年）、《妇人界》（1917 年）、《主妇之友》（1917 年）、《妇人俱乐部》（1920 年）以及《今女界》（1922 年）、《女性改造》（1922 年）和《妇人画报》（1922 年）等。由此可见，整个 20 世纪 20 年代，日本社会左翼和民主主义思潮占了上风。但是关东军在满洲轻易得手，使日本社会思潮为之一变，舆论界和国民听到关东军接二连三占城夺地的消息后，忘记了民主危机而支持军部，甚至在一些无产者政党中也产生了"满洲是日本生命线"的论调。1931 年 11 月 22 日社会民众党中央委员会通过了《关于满蒙问题的决议》，声称"为了确保日本国民大众的生存权，侵害我国由条约规定之满蒙权益是不正当行为"。该党书记长赤松等人对原来无产阶级政党和劳动组合所奉行的马克思主义国家观及无产阶级国际主义展开了批判："在对国家本质的认识上，必须排斥马克思主义的剥削国家观，明确立场，肯定作为具有纯正的统制功能机构的国家观，以期进而实现统制功能的民众化。""在当前激烈的民族斗争的世界形势面前，我们必须阐明马克思主义式的国际主义是空想，是谬误。这种国际主义忽视国民性利害关系，仅仅强调全世界无产阶级的共同利益，且企图推动机械性划一的国际斗争。我们应该在明确无产阶级的国民立场的基础上，采取最为现实的国际主义。"1932 年 5 月 29 日，赤松联合全国劳农大众党中退党的一些分子组建了日本国家社会党，该党的纲领是"秉承一君万民的国民精神，期以建设没有剥削的新日本"，与军部法西斯理论如出一辙。全国劳农大众党的松谷与二郎在"九一八事变"后作为众议院议员满洲考察团的一员赴中国东北进行实地考察，回国后宣称："为了维护满洲的权益，出兵亦属不得已，这不是帝国主义战争。"他在提交给党的《关于满蒙问题的意见书》中公然声称："必须维护满蒙权益。""应将我国现在 200 万人的失业者送到满蒙的原野，通过他们的手来处理满蒙权益。"①随着无产者政党的集体转向，长谷川如是闲、吉野作造等少数民主主义者的批判呼声完全被淹没在"满洲生命线论"的大合唱中，根本无人理睬。实际上中国东北的快速沦陷助长了日本国内民族主义情绪的高涨，刺激军部实施新的对华扩张行动，使得中日两国发生全面冲突的危险性大大加剧了。日本各大报社利用通讯网对"九一八事变"进行全面报道。《朝日》和《每日》派到中国东北和上海的特派记者超过了300人次，并发行号外。"在事变之前，各报在某种程度上对军部采取的是批判的态度"。然而由于军事进展非常顺利，每天都是占城夺地的消息，中国军队望风而逃，舆论开始倾向于支持军部，"历数中国的排日行为，把关东军的行为看成是使用自卫权，采取了支持国策的方针，主张'只有强行才是与中国交涉的基调'"。②舆论对坚持协调外交的内阁进行抨击，并且刊登了《战斗在酷寒中的皇军士兵》、《守住帝国的生命线》之类的报道，通过渲染军国主义气氛以迎合读者的口味。"九一八事变"以后赞美侵略战争、丑化中国人的文学作品充斥日本。

为了与满洲的成功相呼应，少壮派军人要在国内进行激进的改革，由此导致了"五一五"事件的发生。1932年5月15日，一批陆海军少壮军人及右翼组织成员发动政变，占领首相官邸，刺杀了首相犬养毅。尽管"五一五"政变失败了，但参加政变的人员不仅没有受到严厉处置，反而对他们的审判变成了一场煽动民族主义情绪的闹剧。政变者在法庭上滔滔不绝地为自己声辩，旁听者为其鼓掌喝彩，11万份用血签名甚至完全用血写成的请求宽恕政变者的请愿书如潮水般涌到法院，有些青年人要求为政变者服刑。为了表示决心，还向法院寄来了泡在酒精里的小

① [日]堀幸雄:《战前日本国家主义运动史》，郭达云译，社会科学文献出版社2010年版，第176—182页。
② [日]山本文雄:《日本大众传媒史（增补版）》，诸葛蔚东译，广西师范大学出版社2007年版，第139—141页。

指头。不少女性还要求与政变者结婚。整个社会弥漫着歇斯底里的民族主义情绪。"九一八事变"使整个日本社会变得疯狂起来。"满洲事变发生之前，民众的动向具有十分复杂的可能性和多样性，另一方面，资产阶级民主主义的倾向相当显著。此外，还存在着接近社会民主主义性质的无产政党的倾向。是一种各种要素、倾向重叠交叉的状况。"但"九一八事变"完全改变了日本社会和政治，"像在乡军人会呀、青年团呀之类支撑天皇制基础的团体，真正开始活动也是在满洲事变之后，国防妇女会这种庶民性的妇女团体的闪亮登场，也是以满洲事变为契机"。[①]日本著名学者日高六郎认为，思考日本百年来的历史，国际主义的时代有三次，即明治维新时期、第一次世界大战结束时期、第二次世界大战结束时期。与国际主义相抗衡的国家主义时期也有三次，从教育敕语的颁布到甲午、日俄战争是第一次，满洲事变到太平洋战争时期是第二次，第三次发源于 20 世纪 70 年代。[②]满洲事变对日本内政外交的影响是巨大的，它使日本社会产生了一种错觉，即征服中国乃是无须或只需付出少许代价的事情，既然成本如此低廉，而收获如此巨大，为何不放手一搏呢？"五一五"事件结束了长达 14 年的政党政治。5 月 26 日，海军大将斋藤实出任内阁首相，舆论鼓噪要求政府立即承认伪满洲国。6 月 14 日，众议院全体会议一致通过了承认伪满洲国的决议。外相内田康哉在议会中甚至表示：为了解决满蒙问题，"举国一致，即使把国家化为焦土，也决心贯彻这一主张，寸步不让"。[③]作为外交大臣竟然如此胡言乱语，说明日本决策层已为满洲的暂时成功冲昏了头脑，完全失去了理智。1933 年 3 月 6 日，日本宣布退出国联，华盛顿体系宣告破产。由此东亚进入了没有条约的动乱年代。

① [日]堀幸雄：《战前日本国家主义运动史》，郭达云译，社会科学文献出版社 2010 年版，第195—196 页。

② 纪廷许：《现代日本社会与日本社会思潮》，中国社会科学出版社 2007 年版，第 7 页。

③ [日]信夫清三郎编：《日本外交史》下册，天津社会科学院日本问题研究所译，商务印书馆1980 年版，第 579 页。

第六章

五国海军协定下日美军事战略的调整

　　尽管在华盛顿会议上日美基本上达成了妥协。但我们仔细审视华盛顿会议的议题，发现美日几乎在所有的议题上都发生了激烈的争执。华盛顿会议以后，美国极力要维持由它所架构起来的东亚国际秩序，保持华盛顿体系的稳定。而日本则要在体系的框架内最大限度地谋取自己的利益，当华盛顿体系有碍日本获取更大的利益时，日本则不惜以毁弃体系来达到自己的目的。在华盛顿体系内日美两国的关系是从合作逐步走向对抗，最终导致体系解体的。"币原外交"是日本愿意在华盛顿体系的框架内与美国保持协调关系的表现，力图采取经济和外交手段获取日本的利益，而田中外交的出笼则标志着日本外交发生重大转折，它要公然挑战华盛顿体系的核心——《九国公约》的各项原则。日美关系的发展取决于日本的对华政策。如果日本能够坚持新外交的理念和行动，恪守"不干涉中国内政"原则，实施稳健的对华战略，日美关系就能保持一种相对平稳的态势。在整个20世纪20年代日本对美国的贸易输出占其对外总输出的40%左右，美国成为日本最重要的贸易伙伴，而日本则成为美国在亚洲最重要的贸易伙伴。

　　但是经济上的密切联系并不能掩盖两国的政治矛盾，两国从来没有消除戒备心理，即在美日关系平静的外表下涌动着不平静的暗流。如

1924 年 4 月 16 日美国国会不顾日本的反对，通过了一项全面排斥和限制包括日本移民在内的亚裔移民的法案，该法案的通过使日本对美国的移民人数大幅度减少并激起日本民族情绪的强烈反弹，严重恶化了日美关系。

一、从邀击击灭到邀击渐减击灭：日本对美海军战略的变化

最早意识到日美必有一战的是两国军方人士。1923 年日本在提出新的国防方针时，把美国作为唯一的假想敌国。诚然，《五国海军协定》确实使日本军方在对美作战中面临主力舰不足的问题；但是，日本通过强化陆基设施和大力建造辅助舰艇是可以解决该问题的。日本海军元帅东乡平八郎明确表示："我不认为在限制海军军备条约中协定的这种兵力和防备有碍帝国的国防。"[1]华盛顿会议期间，日本海军当局向政府表示，如果被迫接受对美七成以下的海军军备，将完成各项急需的设施，"实质上倾注全力保持七成以上的势力"。[2]日本海军进行的是靠近本土及所属各岛的近海作战，加强陆基设施的建设可以大大提高日本舰队的作战能力。特别是 20 世纪 20 年代后半期，飞机制造工业发展迅速，飞机的活动半径大大延伸，日本可以通过陆基飞机或舰载飞机（由于舰队靠近本土，日本舰载飞机的空袭条件优于美国）对进入日本近海的美国舰队实施空中打击。此外，日本还可以用充足的辅助舰弥补主力舰的不足，在整个力量对比上，超过美国的六成。华盛顿会议后的 5 年间，日本已经竣工、正在建造以及计划建造的辅助舰共 64 艘（同期美国 78 艘）。[3]1930 年 3 月，

---

[1]　日本国际政治学会：《通向太平洋战争的道路·1·满洲事变前夜》，朝日新闻社 1963 年版，第 30 页。

[2]　日本防卫厅防卫研修所战史室：《大本营海军部·联合舰队（1）》，朝云新闻社 1975 年版，第 187 页。

[3]　日本国际政治学会：《通向太平洋战争的道路·1·满洲事变前夜》，朝日新闻社 1963 年版，第 47 页。

日本拥有的辅助舰总吨位达到美国的 71.6%，其中大型巡洋舰为 83.4%，轻型巡洋舰为 139.6%。[1]美国主要在驱逐舰上占优势，但是美国的驱逐舰绝大部分是华盛顿会议前建造的（会议后的 5 年间没有建成一艘驱逐舰，而日本建成了 21 艘）。因此，在驱逐舰的质量上日本超过了美国。

鉴于主力舰只的不足，日本海军当局把邀击击灭战略改为邀击渐减击灭战略。邀击渐减击灭战略的基本思想是，在美国主力舰队从基地出发到决战海域前的航程中，日本先以辅助舰有形无形地杀伤、骚扰美国舰队，不断削减美国舰队的战斗力，然后选择有利时机，在决战海域与美国舰队进行决战，一举加以歼灭。日本海军当局决定分三阶段实施这一战略思想。首先以潜艇部队监视、追踪美国远洋舰队，以便弄清美国舰队的实力、队形、航道、前进方向，并且对美国舰队实施突然袭击。1930 年的作战计划还要求潜艇部队对美国基地"敷设水雷"。[2]华盛顿会议以后，日本建造多艘航速快、航程远的大型巡洋潜水艇，从而大大提高了潜艇部队的监视、追踪及作战能力。其次，以巡洋舰、驱逐舰编成的夜战部队，利用决战前的黑夜作掩护，突破敌方的警戒网，逼近敌战列舰，实施鱼雷攻击。此外，还要求夜战部队保持与敌主力舰队的接触并且加以引诱，形成在翌日的白天决战中对日本主力舰队有利的态势。最后，经过决战而赢得战争的胜利。日本海军当局认为，根据这种步骤进行决战，日本能够取得决战的胜利。因为经过潜艇部队、夜战部队的"渐减"作战，美国远洋主力舰队受到很大损伤且疲劳至极，战斗力大大下降；而日本主力舰队以逸待劳，处境极为有利。1930 年 10 月 6 日，日本联合舰队司令山本英辅发布联合舰队"战策"。"战策"所"流露出来的思想就是首先由夜战、奇袭减杀敌势力，选择适当的时机决战"。[3]

---

① 日本防卫厅防卫研修所战史室：《海军军战备（1）》，朝云新闻社 1969 年版，第 158 页。

② [日]秦郁彦：《太平洋国际关系史——日美及日俄危机的系谱：1900—1935》，福村出版社 1972 年版，第 238 页。

③ 日本防卫厅防卫研修所战史室：《海军军战备（1）》，朝云新闻社 1969 年版，第 158 页。

　　美国为了防备日本潜艇及其他辅助舰的突袭，把舰队传统的单纵式阵型改为轮型式阵型，即以主力舰和补给船为中心，从里到外分布着巡洋舰、驱逐舰、潜水艇，形成多层次的轮型面，又在主力舰队的前方大约200—500海里处，以11艘巡洋舰编成一支搜索舰队，白天呈一字型前进，晚上改为二列横阵组成严密的警戒网，保护紧随其后的主力舰队。[①]由此可见，美国海军当局对日本潜艇及其他辅助舰的突袭，怀有深深的恐惧，担心敌人突袭得手，使美国主力舰队在决战前受到意外打击，以至进入决战时不能对日本舰队构成绝对优势。

　　日本海军当局实施邀击渐减击灭战略所面临的最重要问题，是如何引诱美国主力舰队尽早进入预定的决战海域。日美两国国力悬殊，日本的造船能力大大低于美国，日本必须避免陷入一场旷日持久的消耗战，决战日期越早对日本越有利。《五国海军协定》第19条限制了美国在菲律宾和关岛的防务，为日本实施早期决战提供了极为有利的条件。[②]1923年的《帝国国防方针》提出，一旦日美开战，将攻占的区域从原来的菲律宾扩展到关岛，菲律宾和关岛的陷落将极大地刺激美国人民，美国海军当局迫于强大的舆论压力，不得不立即派主力舰队远征。并且菲律宾和关岛的陷落意味着美国主力舰队失去了根据地的依托，孤悬于广阔的西太平洋海域，从而大大增加美方作战的困难性。

　　从日俄战争到太平洋战争前，美日两国的基本战略思想就是美国的远距离渡洋作战和日本的近海迎击作战。很显然，远距离渡洋作战的难度大大高于近海作战。美国不仅要维持一支占压倒优势的舰队，而且必须克服远距离渡洋作战所面临的一系列困难，如气象、修理、补充等，《五

　　① ［日］秦郁彦：《太平洋国际关系史——日美及日俄危机的系谱：1900—1935》，福村出版社1972年版，第234—238页。

　　② 华盛顿五国海军协定第19条规定：合众国、英帝国和日本同意关于要塞和海军基地事项，在以下列举的各自领土和属地内维持本条约签字日存在的状态……在上述领土和属地内（具体见本书第三章）不得建立海军基地或新的要塞；不得采取任何措施，其性质足以增加现有海军资源以为修理和保养海军军力之用；并且对上述领土和属地的沿岸防御不得从事任何加强的工事。

国海军协定》第 19 条实际上使美国舰队在西太平洋海域得不到陆上军事设施的支援，从而极大地增加了对日作战的困难。日本海军将领小林跻造指出："英美战舰在远东损伤的时候，不到珍珠湾或新加坡，至少不能入坞修理。这在战时是非常严重的打击。"①

二、"橙色"作战计划的出笼

尽管日本放弃了对美海军实力"七成论"，然而从另一方面来讲，《五国海军协定》同样也限制了美国，破坏了美国海军当局曾经设想的建设一支庞大的太平洋舰队的计划。美国海军当局在华盛顿会议前向政府提出这样的方案：在大西洋方面维持同英国相等的海军力量，在太平洋方面拥有两倍于日本的强大的海军军备；若日英两国拒不废除同盟关系，美国必须建设一支足以同日英两强相抗衡的庞大舰队。②参与起草休斯提案的美国海军人士提出，既然日本现有的海军力量不足美国的 60%，就不应该让日本在条约中享有维持对美六成的主力舰比率的权力。对此休斯认为，迫使日本接受六成以下的海军实力，"从政治上来看，必然招致该国的不满，主张四舍五入为六成"。③美国海军首领对此很不满意，认为日本同意把主力舰对美比例从 7：10 降低为 6：10（降低一成），以此为代价换来了《五国海军协定》第 19 条，对日本极为有利，结果日本在西太平洋海域对美国的优势从 6：5 上升到 10：5，"美海军的渡洋进攻极为困难"。④华盛顿会议结束后不久，美国海军当局提出在太平洋方面集结一支以 12 艘新式战列舰为主力的舰队；另外，以 6 艘旧式战列

---

① 日本防卫厅防卫研修所战史室：《大本营海军部·联合舰队（1）》，朝云新闻社 1975 年版，第 189 页。

② ［日］细谷千博、斋藤真编：《华盛顿体制与日美关系》，东京大学出版会 1978 年版，第 421 页。

③ ［日］宇治田直义：《币原喜重郎》，时事新闻社 1985 年版，第 67 页。

④ ［日］秦郁彦：《太平洋国际关系史——日美及日俄危机的系谱：1900—1935》，福村出版社 1972 年版，第 220 页。

舰及若干补给舰编成一支相对弱小的搜索舰队分布在大西洋。这两支舰队必须每年加以会合（经巴拿马运河），作为美国联合舰队在太平洋海域或在大西洋海域举行军事演习。[1]显然这种安排反映了美国海军力量的不足和防卫两大洋的困难。美国军方有时把大西洋舰队调入太平洋，显然希望通过两支舰队的会合而对日本形成某种威慑力量，一旦远东有事，可以尽快集中海军力量进入西太平洋，避免兵力分散之弊。然而，把两支舰队集结在太平洋海域毕竟是权宜之计，美国不可能长时间置大西洋的防备于不顾。休斯曾经对日本首席全权代表加藤友三郎说，美国面临东西两大洋，从理论上讲，美国舰队不得不一分为二。"考虑到这一点，可以说日本处于比美国有利的地位。"英国首席全权代表贝尔福也有同感：根据日英美三国海军力量6：10：10的比例，"我相信感到最危险的是英国，最安全的是日本。特别是四国协商能够成立的话。日本越发居于安全的地位"。[2]"美国上院的大海军论者严厉批评这次会议（华盛顿会议——引者注）为美国海军史上最大的悲剧"，认为《五国海军协定》保证了日本在西太平洋海域的海上优势，从而巩固了日本在东亚的优越的政治地位。[3]

1922年5月，美国陆海军联席会议决定一方面遵守《五国海军协定》第19条，把驻菲部队维持在现有水平；另一方面建立一支不受条约约束的移动性的陆海军部队，以便随时增援菲律宾。1923—1924年，美国军方制订了三个基本的作战计划，即《基本战斗准备计划》、《基本"橙色"作战计划》和《陆海军联合作战计划——"橙色"》。《基本战斗准备计划》要求建造40艘8寸炮径1万吨级的巡洋舰（《五国海军协定》关于辅助舰所能允许的最大炮径和吨位），这种大型巡洋舰火力猛、航速快、航程

①　[日]细谷千博、斋藤真编：《华盛顿体制与日美关系》，东京大学出版会1978年版，第423页。
②　[日]鹿岛守之助：《华盛顿会议及移民问题》，鹿岛研究所1971年版，第59页。
③　日本国际政治学会：《通向太平洋战争的道路·1·满洲事变前夜》，朝日新闻社1963年版，第31页。

远、机动灵活，可以在一定程度上缓解美国舰队因缺乏陆基设施支援而面临的困难。此外该计划还提出建造"移动性根据地"，"移动性根据地"的补给物资主要向菲律宾和日本近海的补助基地输送。《陆海军联合作战计划——"橙色"》再次强调要"建造含有浮船坞和燃料的移动性根据地设施"。[①]但是，建造"移动性根据地"是一项技术复杂、非常困难的工作，建造一个修理美国最大型军舰的浮船坞需耗时一年半。因此，美国海军当局决定一方面加速建造"移动性根据地"；另一方面努力谋求同中国、荷兰、苏联等国的友好关系，以后又把英国列为友好国家。一旦日美发生战争，美国远洋舰队可以得到上述国家的帮助，抵消日本在远东和西太平洋海域的优势。

菲律宾是美国在西太平洋海域最重要的战略基地和殖民地，美国军方对菲律宾的防务非常重视。但是《五国海军协定》第19条束缚了美国，使美国无法扩充和完备菲律宾的军事设施，从而大大增加了防卫的困难性。美国军方首脑对驻菲部队在增援部队和主力舰队到来之前守住菲律宾并无把握。由于菲律宾、关岛、阿留申群岛受条约约束，军事设施很不完备，一旦日美开战，上述岛屿会立即受到日本的攻击或占领。美国主力舰队在缺乏陆基设施保护和支援的情况下，贸然挺进西太平洋海域是非常危险的。1926年美国海军当局决定，"没有总统的许可，就不能断然实行横渡太平洋的渡洋进击。"[②]可见，菲律宾具有极其重要的战略价值，菲岛的陷落意味着日本确立了在西太平洋海域的绝对优势，将进一步增加美国对日作战的困难。菲律宾总督沃德和美国亚洲舰队司令A.安德逊将军表示，菲律宾作为对日作战的根据地，美国必须尽最大努力

---

① [日] 细谷千博、斋藤真编：《华盛顿体制与日美关系》，东京大学出版会1978年版，第423—433页。二战以前，美国军方在制订作战计划时，曾以"橙色"代指日本，以"红色"代指英国，以"蓝色"代指美国。

② [日] 细谷千博、斋藤真编：《华盛顿体制与日美关系》，东京大学出版会1978年版，第423—433页。

加以守卫。《陆海军联合作战计划——"橙色"》提出必须确保西太平洋
海域的军事基地。1929 年美国陆海军联席会议决定在西太平洋海域尽早
确立对日本的海上优势。为此目的，必须确保马尼拉湾和在其他海域的
主要的前进基地，率优势的海军部队远征。[①]由此可见，美国的对日军事
战略呈现出互相矛盾的两个方面：一方面决定采取分阶段、逐渐推进的
作战方式，认为这是走向胜利的最安全可靠的道路；另一方面为了确保
西太平洋的海军基地，决定立即向"西方进击"，尽快与日本决战。因此，
1923 年制订的《基本"橙色"作战计划》既强调把美国舰队迅速派往马
尼拉的重要性，又表示在什么时候、以什么手段援救马尼拉以及究竟是
否援救马尼拉都由舰队司令官自行决定。[②]很显然，《五国海军协定》第
19 条使美国军方在战略上陷入进退两难，举棋不定的困境。

　　菲岛的陷落不仅使美国军方在军事上陷于不利局面，而且必然受到
舆论的强大冲击，在政治上处于尴尬境地。美国某些议员曾煞费苦心地
建议在保留军事基地的前提下，给予菲律宾与古巴一样的"独立"地位，
从表面上割断美菲隶属关系。这样，一旦菲岛陷落，美国军方不至于背
上沉重的政治包袱，可以避免在准备不足的情况下贸然将主力舰队派往
西太平洋海域。美国政府没有采纳这种建议，因为菲律宾的"独立"将
严重影响美国在远东的威信，危及西方帝国主义在东方的殖民体系。

　　美国军方原想通过华盛顿五国裁军会议削弱日本在远东和西太平洋
海域的优势，谋求"太平洋上的安全保障"，确立有利于美国的战略态势。
显然，美国军方并没有达到目的。《五国海军协定》第 19 条为美国实施
太平洋战略设置了严重阻碍。正如美国学者 W. R. 布赖斯德所指出的：
"1922 年以后，美国的作战计划者所面临的急待解决的问题，是如何克
服五国条约第 19 条的限制，即禁止在珍珠湾以西建设美国基地。""然而

---

　　① ［日］细谷千博、斋藤真编：《华盛顿体制与日美关系》，东京大学出版社 1978 年版，第
427—434 页。

　　② ［日］细谷千博、斋藤真编：《华盛顿体制与日美关系》，东京大学出版社 1978 年版，第 423 页。

他们未能实现……（建造）浮船坞的构想；并且也未能说服陆军，在战争爆发以后强化、坚守作为作战基地的马尼拉湾。"①

　　日本在主力舰比例问题上作出的让步并没有动摇它在远东和西太平洋海域的优势；相反，由于美国同意把阿留申群岛、关岛和菲律宾置于限制防备区域，进一步增强了日本对美国的优势。不仅如此，日本还通过《五国海军协定》赢得了"涵养国力"的时间（1920 年日本爆发了明治年代以来最严重的经济危机），逐渐恢复了经济的正常运转，为重新扩军备战创造了条件。另一方面，日本又通过该协定限制和束缚了拥有巨大经济潜力及军工生产能力的美国，防止了日美两国海军军备差距的进一步扩大，使日本有可能在废约以后的短时间内消除同美国海军军备的差距。果然，当日本利用废约以后迅速膨胀起来的海上力量向美宣战时，美国"大部分的新型舰只……尚在建造中"，美国海军"无法与日本帝国海军相匹敌"，②日本取得初战的重大胜利也就不难理解了。

---

　　① ［日］细谷千博、斋藤真编：《华盛顿体制与日美关系》，东京大学出版会 1978 年版，第 437 页。

　　② ［美］小戴维·佐克、罗宾·海厄姆：《简明战争史》，商务印书馆 1982 年版，第 384 页。20 世纪 30 年代，孤立主义思潮在美国十分猖獗。美国对日本的废约举动，没有予以足够的重视，"人民和国会都不愿意（扩充海军）"，"直到 1938 年以前国会甚至拒绝维持条约准许的舰队实力"。（见《一九〇〇年以来的美国史》上册，中国社会科学出版社 1983 年版，第 398 页）日本在废约以后的短短几年间很快将海军实力发展到与美国并驾齐驱的水平。从某种意义上说，《五国海军协定》造成了太平洋战争前日美两国海上实力的均势。

第七章

移民问题与日本外交

移民问题是 19 世纪末至 20 世纪 20 年代影响日美关系最重要的问题之一，日美两国围绕移民问题产生的外交纠纷与日美在远东太平洋地区逐渐发生摩擦和争执的时间恰好吻合。日俄战争，特别是第一次世界大战后，日本的大国心态急剧膨胀，引发了美国人对国家利益与安全的担忧。美国借移民问题压制日本并最终通过了含有严重歧视日本人条款的 1924 年移民法，给日美关系的发展埋下了重大隐患。

一、日本人移民美国的背景及历程

日本不是一个具有移民传统的国家，江户时代由于统治者实行闭关锁国政策，不许日本人出航海外，所以除了个别渔民以外，日本人谁也没有去过外国。19 世纪 40—50 年代渔民中浜万次郎和浜田彦藏先后因海难事故而漂流到美国。中浜万次郎在美国生活了 11 年，改名叫约翰万次郎。1851 年他驾舟回国，担任了幕府的英语翻译。浜田彦藏来到美国的时间略晚于中浜万次郎，他在美国生活了 8 年，曾被某税务官雇佣，充当仆人。浜田彦藏于 1858 年加入美国籍，在一家商贸公司工作，并改信了天主教。1864 年，最早的日文报纸《海外新闻》在横滨发行，该报纸的新闻消息由当时回到长崎的浜田彦藏提供，然后由本间潜藏和岸田吟香用明白易懂的日文写出刊载。

进入明治时期，日本政府为了推行经济现代化政策，实行地税改革，通过牺牲农业和榨取农民的手段积累资金，使得大批农民失去土地或承受高额地税的重压，生活窘迫。同时明治时期，人口出生率急剧上升。从 18 世纪前期到德川幕府末年的近一个半世纪中，日本人口一直徘徊在3000 万人左右。明治初年日本人口增加到 3500 万。1878—1890 年的 12年间，日本人口又从 3600 万增加到 3990 多万，1911 年人口达到 4985万。①日本面临巨大的人口压力，新兴的资本主义经济无法消化、吸收过多的"过剩人口"。严酷的社会现实迫使一些日本人，尤其是农民不得不向海外寻求生路。而政府为了缓和国内人口压力，也鼓励国人向海外移民，于是美国就成了日本人向外迁移的重要国家。

1868 年，在夏威夷驻日本总领事尤金·范·里德（Eugene Van Reed）的招募下，来自横滨的 148 名移民从日本出发去往夏威夷首府檀香山。他们在日语中被称为"元年者"，意即明治元年首批移民。②他们以合同劳工的形式在夏威夷的甘蔗种植园中劳作，每月薪水为 4 美元。1869 年，在德国商人赫尔·施奈尔（Herr Schnell）的带领下，来自会津县若松市的 13 个日本人前往萨克拉门托附近的一个叫金山的地方定居，创办农场。他们把定居的农场命名为"若松"，以纪念自己的故乡。但是在 1885 年前，日本向美国移民仍是无计划和随意性的。

1876 年美国与独立的夏威夷王国签订了互惠条约，允许蔗糖进入美国市场，极大地刺激了夏威夷甘蔗种植业的发展，种植面积扩大，甘蔗产量猛增。于是甘蔗种植园主便开始在世界范围内招募劳动力以解决劳动力短缺的问题。起初，大量中国人来到夏威夷甘蔗种植园充当雇佣劳工，

① 万峰：《日本资本主义史研究》，湖南人民出版社 1984 年版，第 403 页。

② John E. Van Sant, *Pacific Pioneers: Japanese Journeys to America and Hawaii, 1850-80*, Urbana: University of Illinois Press, 2000, p.97.

但他们在劳动合同到期后往往选择离开，使得种植园主不得不寻找日本移民作为替代者。

1881 年夏威夷国王在日本逗留了两周，拜见了天皇，希望日本移民前往夏威夷。为了鼓励日本人移民夏威夷，夏威夷政府提出了许多优惠条件："（夏威夷）政府打算为日本农业劳工或家政工作者提供免费的路费，如若已婚妻子及孩子也将享受同等待遇……政府还将负担移民的食宿直至其找到工作或宣布自力更生。"[①] 1886 年 1 月 28 日双方在东京签订了"移民协定"。在缔约谈判中，日本政府以在夏威夷的日本移民受到虐待为由，向夏威夷政府施加压力，为日本移民争得了许多权利，保障了日本移民的参政权和归化权。[②] 在夏威夷驻日本横滨总领事同时又是美国商人的罗伯特·埃尔文（Robert Irwin）的协调下，首批由政府组织的944 名劳工移民于 1885 年 2 月 8 日到达了夏威夷。1885—1894 年间，共有 26 批、数量近 3 万人的合同劳工在政府的组织下前往夏威夷及其周边岛屿，主要在当地的甘蔗甜菜种植园中工作。1894 年，日本与夏威夷签订的移民合作协议到期，夏威夷政府不再委任埃尔文负责移民招募事宜，标志着政府作为组织者的移民模式宣告终结，日本的私人移民公司开始接管移民事宜。1894 年 4 月 12 日，日本政府颁布了《移民保护规则》，1896 年经议会审议通过，又公布了《移民保护法》。1898 年日本与南美大国阿根廷签署了《自由通商航海条约》。该条约特别指出，日本和阿根廷两国国民享有对等的公民权利和待遇。条约第 3 条规定，日本移民享有与其他国家移民同样的权利，保障其在阿根廷的停留、居住和经商自由；第 4 条规定，日本移民有返回本国的权利；第 11 条规定移住国政府应该对缔约国另一方的国民身体和财产安全，像本国国民一样进行保护，[③] 原

---

①　Melendy H. Brett, *Chinese and Japanese Americans*, New York: Hippocrene Books, 1984, p.96.

②　Brian Niiya（eds）, *Encyclopedia of Japanese American History: an A-to-Z Reference from 1868 to the Present*, New York: Facts on File, 2001, pp.206–207.

③　[阿根廷] J.R. 桑切斯·布朗:《阿根廷与日本友好关系史》,日本贸易振兴会 1998 年版,第 258—266 页。

则上日本移民和欧洲移民一样享有阿根廷政府规定的移民奖励。由此可见，日本政府非常重视保护海外移民的利益。

日本人移民美国本土的时间要晚一些，截至1891年，在美国本土的日本移民仅为2637人。进入19世纪90年代，移民美国本土的日本人显著增加，1900年达到24326人，1910年达到72157人。[①] 1910—1970年间日本移民成为美国亚裔移民中最大的移民群体（包括美国本土和夏威夷）。[②]

日本政府担心本国移民过多、过快地涌入美国本土，将会进一步刺激美国的排外主义者，于是在1900年8月采取了限制性政策，限制日本人前往美国大陆和加拿大。但是日本政府的限制性移民政策的成效并不大，在当时合同劳工供需两旺的形势下，催生出了一种新的移民途径——曲线入境方式。1898年夏威夷正式并入美国。于是转道夏威夷，继而进入美国大陆成了日本移民登陆美国的主要方式，据估计约有38000名劳工是通过夏威夷群岛得以进入美国的。[③]

这种曲线入境方式引起了美国政府和民众的不满。1907年3月14日，西奥多·罗斯福总统颁布了第589号行政令。他在解释颁布第589号行政令的原因时指出：“商务与劳工部提供的证据使我确信日本国民、朝鲜人中的劳工，无论熟练或非熟练，他们持有由日本政府颁发给其前往墨西哥、加拿大和夏威夷的护照，而利用这一点，这些护照持有人却借此达到进入美国大陆的目的，他们的行为损害了美国劳工的工作环境。”“我在此正告那些持有前往墨西哥、加拿大或夏威夷护照的日本、朝鲜国民，即那些熟练或非熟练的日本、朝鲜劳工，他们将被拒绝获准进入美国大陆境内。”罗斯福要求：“商务与劳工部长，通过移民与归化局，直接采

①　[日]黑羽茂：《日美抗争史的研究》，南窗社1973年版，第163页。
②　[日]移民研究会编：《日本的移民研究——动向与文献目录·I》，明石书店2008年版，第60页。
③　Yuji Ichioka, *The Issei: the World of the First Generation Japanese Immigrants, 1885-1924*, New York: Free Press, 1988, p.51.

取措施制定和实施必要的规则与条例以使此项命令得以施行。"①

第 589 号行政令的出台使日本政府感到问题的严重性。随即日美两国政府开始长达一年的谈判，于 1908 年 2 月达成了著名的绅士协定。协定规定：日本同意不向劳工发放前往美国的护照，但可以向曾在美国定居后返回日本的日本移民及其父母、配偶、子女发放护照，美国则允许这些人入境。绅士协定签订以后，日本移民进入美国的数量逐渐减少。据美国移民局统计，1908—1923 年进入美国本土的日本移民为 120317 人，而离开美国本土的日本移民为 111636 人，进入美国本土的移民比离开的移民多 8681 人，年均仅增长 578 人。但是这一时期日裔人口的数量却增长较快。1910 年加利福尼亚人口为 2377549 人，其中日裔人口为 41356 人，占总人口的 1.73%；1920 年加利福尼亚人口为 3426861 人，增长了 44.1%，而日裔人口为 70196 人，增长了 69.7%，占总人口的比率也提高到 2.04%。这是由于"照片新娘"的到来，导致在美日本移民出生率有了很大提高。②1900 年在美国本土（不含阿拉斯加，下同）的日本移民为 24326 人，其中男性移民为 23314 人，占日裔人口的 95.8%；1910 年在美日本移民数量增长了 2 倍，达到了 72157 人，男性移民为 63070 人，占日裔人口的 87.4%，也就是说男性移民占绝大多数的人口结构依然没有改变。但是到了 1920 年，男性移民数量为 72707 人，女性移民为 38303 人，男性移民占日裔人口的比率下降到 65.5%。女性人数的激增不仅从人口结构上改变了日本移民以单身男性为主的情况，平衡了不对称的性别比例，而且从社会生活的角度解决了男性日本移民的婚姻问题，使广大男性移民选择在美定居，生儿育女，改变了以往的寄居者心

---

①　Franklin Odo（eds），*The Columbia Documentary History of the Asian American Experience*，New York: Columbia University Press，2002，p.142.

②　照片新娘（yobiyose or picture brides）：这是男性日本移民娶妻的一种方式。男性移民来到美洲后，到了婚龄阶段，往往向留在日本的亲属写信，央求他们为其在家乡物色适龄女青年，如若找到合适的，他们就向女方寄去自己的照片和一些钱，如果女方同意，就将自己的照片寄给男方，如果双方都满意，男方就向女方寄去一张船票，待女方来到后，两者结婚并在一起生活。——笔者注

理。20世纪初，在美的日本第二代移民数量不足300人，1910年达到了4502人，1920年增长了5倍，达到29672人。

二、排日运动及日美两国围绕移民问题的交涉

由于国土辽阔、人口稀少，美国长期以来一直欢迎外来移民。移民在美国西部经济开发过程中发挥了重要作用，但白人仍对亚裔移民充满了偏见。1853年出版的《旧金山年鉴》用侮辱性的语言描述华人："华人的风俗习惯令加州美国人十分反感。他们的语言、血液、宗教信仰和性格与我们完全不同，他们素质低下，一些人认为他们只比黑人优越一点，而有些人认为他们比黑人更低等。那些熟悉'中国佬'的人很快就对他们产生一种无法控制的憎恶感。中国佬身上气息难闻，他们的肤色和面容怪异，他们为人吝啬极致。众所周知，他们很不诚实，流氓习气很重，天生懦弱。""他们很寒酸，奴性十足，总是唯唯诺诺，受到白人鄙视。"1876年加州政府还发表两个声明，公开呼吁排华。[1]1882年美国国会通过了排华法案，10年内禁止华工进入美国。仅仅基于国籍不同而排斥整个族群的立法在美国实属罕见。[2]《排华法》通过的直接后果是导致对华人歧视和迫害的进一步升级，并将歧视和迫害范围扩大到其他亚裔移民，特别是日本移民。

日本移民主要聚集在美国太平洋沿岸地区和落基山地区等中西部各州，即太平洋沿岸的加利福尼亚州、华盛顿州和俄勒冈州以及中西部及洛基山地区的爱达荷州、怀俄明州、蒙大拿州、犹他州、科罗拉多州、内布拉斯加州、亚利桑那州、得克萨斯州、新墨西哥州、内华达州，以1920年的人口统计为例，上述各州日本移民占了当时日本移民总数的

---

① 潮龙起：《美国华人史》，山东画报出版社2010年版，第43—48页。
② 周敏：《美国华人社会的变迁》，上海三联书店2006年版，第5页。

95.3%，^①而加利福尼亚州日本移民数量最多，成为日本在美移民的中心区域。

美国排日运动可以分为三个阶段，第一阶段主要以排斥日本劳工和禁止日本学童进入公立学校学习为目的；第二阶段主要是借"照片新娘"的婚介形式抨击日本移民的婚姻，以达到防止二代日本移民数量增长的目的；第三阶段主要是阻止日本移民获得土地，设置不利于日本移民在美生产和生活的条件，迫使日本移民离开美国。以上三个阶段的排日运动在时间上有先后、内容上各有侧重，但不能截然分开，内容上往往有交叉。

1888年6月25日，一份名叫《岸边水手杂志》的刊物上刊登文章，警告读者"关于蒙古人种问题最近又发展到了另一阶段"。^②1892年春旧金山《呼声报》接连登载了5篇文章，这些文章尽管谈到日本移民"面带微笑，彬彬有礼"，但主旨还在于"他们抢走了我们的工作，并预计到世纪之交将会有年均12万日本人涌入"。^③一些政客借移民问题进行炒作。与此同时，各地还发生了针对日本移民的暴力事件。

在排外主义者的压力下，1891年3月3日，美国颁布了《移住民新条例》，新条例第一条规定：禁止贫困者移民美国。早期在美日本移民中以留学生居多。但是留学生中的自费生在经济上是没有保障的，他们必须通过打工来赚取生活费，他们往往被称为学生劳工或劳工学生（Student-Laborers or Laborer-Students）。一名日本记者曾于1888年访问了旧金山，通过调查，他在新闻报道中称该市约有2000名日本人，其中穷学生有1600至1700人左右。1890年3月日本每日邮报报道："旧金山

① Kawakami Kiyoshi Kari, *The Real Japanese Question*, New York: Macmillan Co, 1921, p.254.

② Roger Daniels, *The Politics of Prejudice: the Anti-Japanese Movement in California and the Struggle for Japanese Exclusion*, Berkeley: University of California Press, 1962, p.19.

③ Roger Daniels, *The Politics of Prejudice: the Anti-Japanese Movement in California and the Struggle for Japanese Exclusion*, Berkeley: University of California Press, 1962, p.20.

的日本人社区在过去这些年人数增长迅速，已有约 3000 人。他们的身份是穷学生，每年还有数百个这样的人离家到此，口袋里空空如也。他们的目标就是依靠自己的双手赚取微薄的收入以供完成语言、社会学、政治学的学习。"①针对美国的新移民法，日本驻旧金山总领事珍田捨巳在 1891 年 4 月 25 日向外相青木周藏表示，如果发生因日本移民是贫困者而被拒绝入境的情况，"会损害我国民的名誉"，要求各府县知事根据美国的新移民法的规则而慎重发放护照，特别是严格管束贱业者、契约劳工、贫困者、不健康者，努力做到不给排斥日本移民以口实。尽管如此，仍然多次发生日本移民被拒绝入境的事件。围绕日本移民被拒绝入境问题是否与美国政府进行交涉，驻美外交人员产生了分歧。一些日本外交人员担心：假如移民违反了新移民法被拒绝入境而强行与美国进行交涉的话，将恶化美国对日感情。1891 年 5 月 9 日，外相榎本武扬要求驻美领事仔细调查有无违反美国新移民法的事例，对无违反者予以保护，对确有违反者则不与斡旋。4 月 26 日，榎本外相要求各府县知事对赴美日本人进行严格审查。5 月 25 日，外务省移民课长安藤太郎再次要求出国移民人数较多的广岛县、和歌山县、熊本县知事加强对"渡美劳工的管束"。②

　　1893 年 6 月，旧金山教育委员会通过一项决议，令"所有意图进入公立学校入学的日本人必须去华人学校就学"。理由是进入公立学校的日本人超过了入学年龄，挤占了公共教育资源，而校舍空间有限。闻知此事，珍田捨巳立即致信当地媒体，称在公立学校系统就学的日本学生不过四五十人，这些年轻人都是行为得体、举止恰当之人。因个别日本人超龄，而将其余日本适龄学童排除在公立学校之外是没有道理的，至于校舍狭隘，说明当局有责任增筑校舍。在信的结尾，珍田呼吁加州应当

_____

　　① Yuji Ichioka, *The Issei: the World of the First Generation Japanese Immigrants, 1885-1924*, New York: Free Press, 1988, p.9.

　　② [日]外务省百年史编纂委员会：《外务省的百年》上卷，原书房 1980 年版，第 865—866 页。

体现自由主义精神，随信签名请愿的还有白人学生、牧师、教育工作者、商人等。旧金山教育委员会主席海德也表示："将日本人排除出公立学校既是不合情理的，也是对日本人不必要的侮辱。"最后教育委员会通过投票，取消了该项决议。[①]

1893 年 4 月 25 日，美国制定了《移住民处理细则》。在此期间，通过英属哥伦比亚进入华盛顿州的日本移民数量增加了，并发生了入境被拒绝的案件。7 月 28 日，陆奥宗光外相要求各知事对企图通过英属哥伦比亚而迁往美国的移民予以关注。1895 年 5 月 12 日，有 120 余名劳工搭乘"北津"号轮船赴美国，引起了一场外交风波。旧金山新闻媒体借机鼓吹排日，声称日本挟甲午战争胜利之势，向美国输送劳工，这些日本移民都是美国社会的敌人；由于美国法规的不完备，予以取缔是不可能的，因而有必要制定禁止日本人上岸的法律。为此神屋领事建议，为了不给排斥日本劳工以口实，外务省必须采取断然措施，或禁止劳工渡美，或对出国者严格审查，禁止一切有劳工嫌疑者出国。7 月 9 日，外务省次官原敬要求北海道、神奈川、兵库、大阪、长崎、新泻等地的官员"特别注意赴美移民"。[②]

1900 年 5 月，旧金山劳工组织在市政厅前举行了有史以来第一次大规模的反对日本移民的集会。会议要求将日本移民也纳入到排华法案的排斥范围内。同年 12 月，劳联在肯塔基州路易斯维尔召开大会，大会宣称"太平洋沿岸、洛基山脉和内华达山脉间各州正在遭受来自中国和日本廉价苦力劳工的侵袭"，要求国会"重新制订排华法，增加排斥所有蒙古人种劳工的条款"。[③]随后在 1901 年蒙大拿州和爱达荷州的州议会也要

---

① Roger Daniels, *Asian America: Chinese and Japanese in the United States since 1850*, Seattle: University of Washington Press, 1988, pp.111–112.

② ［日］外务省百年史编纂委员会：《外务省的百年》上卷，原书房 1980 年版，第 867—868 页。

③ Jules Becker, *The Course of Exclusion, 1882-1924: San Francisco Newspaper Coverage of the Chinese and Japanese in the United States*, San Francisco: Mellen Research University Press, 1991, p.23.

求国会排斥日本劳工及其后代。在此背景下，1902年4月29日，西奥多·罗斯福总统签署了一项永久性的"排华法案"。排日运动暂时消退了。

明治政府成立后，推行"文明开化"政策，全方位引进西方文明，对异质外来文化吸收规模之大是前所未有的，其目的就是要"脱亚入欧"，与西方人比肩。早在1873年，日本就派出了一个以岩仓具视为首的庞大使节团，力图修改幕末以来与西方各国签订的不平等条约，认为"国与国之间权利对等，乃当然之理"。尽管修约谈判以失败告终，但日本人并不沮丧，因为当时日本的进步还不明显。进入19世纪80年代末，日本人以为经过20多年的"文明开化"运动，日本已足够强大，能够与西方国家平起平坐。1888年11月，日本开始与西方各国交涉修改不平等条约，1899年修约谈判终于完成。1890年12月，以向邻国朝鲜、中国进行侵略扩张的基本国策——大陆政策正式形成。1893年12月末外相陆奥宗光在众议院发表演讲，列举了明治维新以来日本在政治、经济、军事方面所取得的巨大成绩，踌躇满志地说："诸君，请将明治初年的日本帝国和现在的日本帝国作一比较，就不难看出其进步程度是如何之大，其开化效果是如何之显著。首先就经济来说，明治初年，国内外贸易额不足3千万日元，而明治25年几乎达到1亿6千多万日元。此外在陆地上铺设了近3千英里的铁路，架设了近一万英里的电线，还有数百艘西洋式的商船在内外海域航行。再就军备来说，官兵训练武器精锐。我们拥有15万常备军，不亚于欧洲强国的军队。海军拥有近40艘战舰，将来只要国力允许，还将继续增加……尤其是作为一大特例，立宪政体业已确立。今天本大臣和诸君在论述国家最需要的政务之前，要想到我们之进步在亚洲处于什么地位。我们20年取得的长足进步，使欧洲各国人民惊叹：那是一个世界无比的国家。"[①]1895年日本在甲午战争中获胜，1902

---

① [日]梅村又次、山本有造编：《日本经济史（3）开港与维新》，李星、杨耀录译，三联书店1997年版，第56—57页。

年日本与大英帝国结盟，1905 年日本又打败了俄国。民众为帝国的骄人成绩兴奋不已，政府也乐于操控民族主义，19 世纪末 20 世纪初日本国内民族主义情绪急剧膨胀，各种民族主义团体纷纷成立，如成立仅 3 年的妇女爱国会在 1904 年竟然拥有了 50 万会员。日本的进步和在日俄战争中的胜利也受到了其他国家的高度赞扬。一位在日本留学的中国年轻人"在日记里对他的学业或环境不怎么关心，但对日本人的爱国主义却感到惊奇"。①

美国对日本的进步当然看得很清楚，西奥多·罗斯福总统在 1906 年12 月 3 日发表的年度国情咨文中高度评价明治维新的成就，认为日本民族赢得了与欧美最文明民族比肩而立的权利："自从半个多世纪以前海军准将佩里远征日本首次向西方文明打开日本列岛以来，美日之间一直保持着友好关系。自那时以来，日本的发展简直惊世骇俗。在文明世界的发展史上，不仅无可与之比拟者，也无可与之接近者。日本拥有光辉而古老的历史，其文明早于北欧国家——多数美国人祖先所来自的国家。但 50 年前，日本的发展仍然是中世纪式的。在这 50 年期间，彼国在其生命每个阶段的进步简直是人类的奇迹。而如今她已跻身最伟大国家之林。其战争艺术伟大，其和平艺术伟大，其军事、工业和艺术成就伟大……日本人的谦恭有礼，无论是整个国民的还是单个人的，已是举世皆知……他们在社交和智力方面受到我们所有的学院、高等院校和我们所有的专业和社会团体的欢迎。日本人在一代人的时间里赢得了与欧美最早文明化的民族以及最文明的民族比肩而立的权利。他们靠自身的实力和努力赢得了完全的、坦诚的平等待遇权。"罗斯福呼吁："我要求公正对待日本人，就如同我会要求公正对待德国人、英国人、法国人、俄国人或者

----

① ［美］费正清等编：《剑桥中国晚清史》下卷，中国社会科学院历史研究所编译室译，中国社会科学出版社 1985 年版，第 150 页。

意大利人一样。"①但是罗斯福对日本和日本人的感情是复杂的。日俄战争导致了美国人对于黄种人战胜白种人的恐惧感，尤其是在美国西海岸地区，一时间"黄祸论"甚嚣尘上。由此可见美国人从内心深处并没有把日本人与西欧人同等看待，仍然充满了对日本移民的歧视。既然美国缺乏抑制日本崛起和在东亚扩张的手段，那么借移民问题打压日本不失为一种选择。尽管印第安人和墨西哥人也受到美国白人的歧视，但美国从未掀起过禁止印第安人和墨西哥人入境的运动，而日本移民有强大的母国，如果给日本移民有别于其他亚洲国家移民的待遇，会被视为美国在外部压力下的让步，这是排日论者决不愿意看见的结果。

1905 年 2 月 23 日《旧金山纪事报》登载了 9 篇专栏文章来讨论日本移民的危害性。该报甚至打出了一个整版的大幅标题——"日本人入侵——时间问题"，声称"一旦日本战胜俄国，日本移民棕色的涓涓细流就会化为汹涌的洪水，而目前就已经至少有 10 万之众在美，且比华人更难同化"②。1907 至 1908 年美国报刊登载了大量排斥日本移民的宣传报道，煽动各地排斥日本移民。这种狭隘的民族主义宣传迅速从加利福尼亚蔓延到美国中部和东部，"成长为不易控制的怪物"。1905 年 5 月 7 日，排斥日韩人联盟在旧金山成立。1906 年 3 月 7 日，加利福尼亚州议会通过了关于限制日本移民的决议案。同年 10 月 11 日，旧金山市政当局决定对中国人和日本人开设隔离学校。10 月 15 日发布了禁止日本学童与白人一起就读以及日本学童进入唐人街东洋人学校学习的命令。③

---

① United States Department of State（eds），*Papers Relating to the Foreign Relations of the United States with the Annual Message of the President Transmitted to Congress December 3*, 1906. Part I, Washington: G.P.O., 1909, XLI—XLIII. 其译文亦参考朱卫斌：《西奥多·罗斯福对中日移民问题的不同态度及其原因——读他致国会的两份年度咨文》，《华侨华人历史研究》2004 年第 3 期。

② Roger Daniels, Asian America: *Chinese and Japanese in the United States since 1850*, Seattle: University of Washington Press, 1988, p.116. 美国人当时称日本人为棕色小矮人（little brown man）。——笔者注

③ [日]黑羽茂：《日美抗争史的研究》，南窗社 1973 年版，第 155 页。

日本政府对美国限制日本移民的立法和政策一直采取比较克制的态度。1906 年 4 月 18 日，旧金山发生地震，几乎摧毁了整个市区。日本政府和国民迅速向旧金山灾民捐赠了 246000 美元，这是旧金山得到的最大一笔来自国外的捐款，其数额超过了其他国家捐赠的总额。[1]此举显然是力图缓和美国民众的排日情绪。当得知旧金山市政当局发布开设隔离学校的命令后，日本移民群情激愤，拟采取抗议行动。为此日本驻美大使青木周藏告诫驻旧金山领事，认为在美移民的抗议行动"除了挑起友邦市民的排日热，不会有什么效果"，"督促居留民自重"。但是旧金山市政当局采取的对日本学童的歧视性政策，引起了日本国内舆论的猛烈抨击。在舆论压力下，青木周藏致电国务卿卢特，正式向其表达对旧金山教育委员会决定的抗议，理由是该政策违反了 1894 年《日美通商航海条约》所赋予双方国民在对方境内的权利。[2]西奥多·罗斯福总统一方面在10 月 29 日委派商务与劳工部长梅特卡尔夫（V.H. Metcalf）前往旧金山进行调查，另一方面，在出行巴拿马前，特意授权卢特"如果本国任何地区的日本移民还遭受暴徒威胁的话，将动用军队保护他们的安全"。[3]

1907 年 1 月 11 日，日本外相林董召见美国大使赖特，表示如果美国圆满地解决旧金山日本学童入学问题，日本将认真考虑解决"移民问题"。1 月 30 日，赖特表示："我确信，达成相互禁止移民协约是解决时局的唯一有效手段。"2 月 6 日，林董向赖特递交了"具有关于限制日本劳工赴美和美国在日本移民归化问题上给予最惠国待遇内容的提案"。对林董的方案，排外主义者以宪法论和州权论为依据加以反对，认为移民管辖是一国或一州的内部事务，拒绝接受林董的方案。在排外主义者的

① Roger Daniels, *The Politics of Prejudice: the Anti-Japanese Movement in California and the Struggle for Japanese Exclusion*, Berkeley: University of California Press, 1962, pp.32–33.

② Charles McClain (eds), *Japanese Immigrants and American Law: the Alien Land laws and other Issues*, New York: Garland Pub., 1994, p.624.

③ Roger Daniels, *The Politics of Prejudice: the Anti-Japanese Movement in California, and the Struggle for Japanese Exclusion*, Berkeley: University of California Press, 1962, p.37.

压力下，1907 年 3 月 14 日，西奥多·罗斯福总统签署了禁止持有目的地为墨西哥、加拿大和夏威夷签证的日本或韩国劳工入境的命令，通过夏威夷进入美国本土的移民渠道被彻底堵塞。至于日本学童隔离问题由教育当局予以处理。①

同时为了安抚日本，西奥多·罗斯福总统在 1906 年 12 月 3 日发表的年度国情咨文中谴责了加州方面的行为："将日本人从公立学校赶出去，是件荒唐可笑的事。"随后他建议通过一项法案给日本移民以归化权。②

12 月 18 日，梅特卡尔夫向参议院提交了一份报告，指出在总共 23 所公立学校就读的日本人的实际数量仅为 93 人，其中 25 人还是在美国出生的日裔。报告认为："对于我，对于美国政府及其人民，所有需要考虑的是要对日本的国民给予最大程度的保护和最高程度的关照。"③

1907 年 2 月，旧金山教育委员会的成员以及旧金山市长尤尔根·施密茨被总统召至华盛顿，与总统、日本大使共同协商解决方案。经过多次磋商和协调，终于达成一个解决方案：1. 日本学生可以去公立学校学习。2. 作为回报，日本移民数量应得到限制。旧金山教育委员会于 3 月 13 日发表声明，废除加州学校法第 19 条第 1662 款关于"1906 年 10 月 15 日后，学校校长应将所有中、日、韩学生送至位于克雷街南部……的东方人公立学校"的条款。④

由此可见，美国决策层力图通过一些友善举动来缓解因加州排日运动而日趋紧张的日美关系，1906 年 5 月日美两国的关系由公使级升格为大使级。西奥多·罗斯福总统很清楚，如果不能妥善处理移民问题，导

---

① ［日］外务省百年史编纂委员会：《外务省的百年》上卷，原书房 1980 年版，第 870—871 页。

② Charles McClain（eds），*Japanese Immigrants and American Law: the Alien land Laws and other Issues*，New York: Garland Pub.，1994，p.624.

③ Roger Daniels，*The Politics of Prejudice: the Anti-Japanese Movement in California, and the Struggle for Japanese Exclusion*，Berkeley: University of California Press，1962，pp.39–40.

④ Toyotomi Morimoto，*Japanese Americans and Cultural Continuity: Maintaining Language and Heritage*，New York: Garland Pub.，1997，p.22.

致局面失控，美日之间有可能爆发一场战争。当时日美关系恶化已引起了国际舆论的广泛关注，日美战争论开始流行。

1906 年 10 月 27 日国务卿卢特曾起草一个备忘录，分析移民问题的严重性及后果。备忘录指出，移民问题将引发美日战争。日本有可能在美国有能力拯救亚洲舰队和巴拿马运河完工前采取行动。在日军席卷菲律宾、夏威夷甚至美国太平洋沿岸各州以前，美国无力阻止日本人进攻。虽然美军最终会把日军赶出北美大陆，却无力进一步报复日本，美国将失去其太平洋贸易并且威信扫地。①鉴于移民问题的严重性，1907 年 8 月 13 日，罗斯福总统在牡蛎湾召集卢特和陆军部长塔夫脱开会，研究如何改善因美国排日运动而导致的美日关系恶化问题，并派遣塔夫脱前往日本。塔夫脱通过与日本最高领导人（包括天皇）的接触，确信"如果强行执行去年 12 月 28 日卢特国务卿向（日本）驻美大使青木周藏所提议的日美互相禁止移民的条约，那只会给这个国家（即日本）的骄傲的国民以侮辱，有害无益；并且确信，日本政府是极力要避免与美国开战的。"塔夫脱的意见对于后来罗斯福政府的对日政策产生了极大的影响。日本也想极力避免因移民问题导致日美关系的恶化。伊藤博文于 1907 年 11 月 6 日致信林董外相，指出："日美友谊的障碍在于劳动问题和移民问题"，"不能让日美关系像今天这样放任自流"。②在此背景下，从 1907 年 11 月 16 日到 1908 年 2 月 18 日，日美之间通过一系列往返外交文书，达成了"绅士协定"，"移民问题"以日本主动限制对美移民而暂时得以解决。

第一次世界大战后，美国社会弥漫着排外和不宽容的氛围，一度消退的排日运动重新高涨。战争期间所产生的对外国人存在的不安和对异端少数派的不宽容态度，战后延续了下来，出现了要求严格限制移民的舆论。基于"绅士协定"的自主限制，进入美国的日本移民数量一直在

---

① 刘世龙：《美日关系（1791—2001）》，世界知识出版社 2003 年版，第 204 页。

② [日]信夫清三郎编：《日本外交史》上册，天津社会科学院日本问题研究所译，商务印书馆 1980 年版，第 354—355 页。

减少。但是如果包括在美国出生的日本人子女，则日裔人数有了很大增长，10年间增加了约70%，所以排外主义者指责日本人没有遵守"绅士协定"，掀起了以加利福尼亚州为中心的要求全面禁止日本移民的运动，尤其对日本人的"照片结婚"方式进行抨击，认为日本人凭借非道德的、不人道结婚方式进入美国，导致在美日本人数的增长。利用"照片结婚"方式进入美国的日本女性平均每年为600人。1906年在加利福尼亚的日本妇女的生产数为134人，而1917年在加利福尼亚出生的日本婴儿达到了4100人，从1906—1917年的12年间加州的日本妇女年均生产婴儿1745人，由此引起了加州排外主义者的嫉恨，担心日本移民比例将在加州居第一位，认为日本婴儿数量增加的根源就在于"照片结婚"方式，煽动民族主义情绪，鼓吹"照片结婚"方式是无视妇女人权的奴隶风俗，要求予以禁止。[1]1919年9月29日加州的排外主义者成立了排日协会，中心议题就是日本移民的"照片结婚"方式。为此驻旧金山的日本领事向政府建议："有必要立即禁止照片结婚妇女前往美国。"11月18日，外务省次官埴原正直召见美国大使莫利斯，表示日本政府将采取措施禁止"照片新娘"赴美。1919年12月8日，日本驻美大使币原喜重郎向美国国务卿兰辛表达了同样的意思。[2]禁止"照片新娘"赴美使排外主义者失去了攻击日本移民的根据，随即他们把禁止日本移民获得土地作为下一个目标。

19世纪末期兴起的排日运动给日本移民以很大的压力，尤其在城市，因政界、媒体和劳工组织不断宣传，排斥日本移民成为城市社会的主流，日本移民被迫选择离开城市而生活在乡村。居住在乡村的日本移民渴望拥有自己的土地。而排外主义者则通过地方立法的手段，为在美国定居的日本人及其后代设置各种障碍，特别是禁止日本移民拥有土地，以限

---

① ［日］黑羽茂：《日美抗争史的研究》，南窗社1973年版，第159—160页。
② ［日］外务省百年史编纂委员会：《外务省的百年》上卷，原书房1980年版，第872页。

制日本移民的活动空间并达到最终驱逐日本移民的目的。

　　居住在乡村的日本移民从事当地人不太愿意干的农业。1913年，在爱达荷州，日本人种植甜菜的面积就达8000多公顷，占了整个州的三分之一，而他们还种植了10000多公顷的其他作物。1914年在犹他州，日本农业经营者占据了近4500公顷的甜菜种植面积，相当于整个州的十分之一。同年在科罗拉多州，日本移民在12500公顷甜菜种植园中劳作，还有一些人从事其他作物的种植。1914年，在科罗拉多州，500多公顷土地为日本移民所有，近9000公顷为现金租赁，另有16000公顷以上土地以参股方式租赁。①由于绝大多数日本移民具有丰富的农业生产经验，加上勤俭节约，几年后就积累了一笔资金并利用资金购置土地而成为有产者，很快摆脱了雇佣劳动者的角色。日本移民在农业上的成功引起了白人农业经营者的嫉妒，视其为不公平的竞争对手。加州司法部长，同时也是第一部外籍人土地法起草者之一的韦伯公开宣称："该法的目的就在于通过剥夺他们（指日本移民——引者注）在这里所享受的权利来限制他们的出现，因为他们如果无法获得土地，就不会大批而来并想和我们长期居住在一起。"②

　　加州议会第一次尝试用立法手段限制日本人从事农业是在1907年。起初这项法律是针对所有外国人的，因此遭到了一些欧洲国家代表和外国投资者的反对，使得该法律议案难以获得通过。立法者随即调整策略，采用了"禁止无资格获得公民身份的外籍人士拥有土地"这样的概念。因为根据美国移民法，"自由白人和非洲黑人及其后代享有归化入籍权"，而日本人既不是白人也不是非洲黑人，当然就不能拥有土地。但是该法案遭到了大农业经营者的强烈反对，他们认为将土地出租给日本移民要

---

　　① Roger Daniels, *Asian America: Chinese and Japanese in the United States since 1850*, Seattle: University of Washington Press, 1988, p.133.

　　② David J. O'Brien & Stephen S. Fugita, *The Japanese American Experience*, Bloomington: Indiana University Press, 1991, p.22.

比自己耕种更加有利可图。为了安抚利益受损的大农业经营者，加州参议院在法案中增加了允许日本人租用土地三年的条款。1913 年 5 月 2 日和 5 月 3 日，该法案在加州参议院和众议院的投票表决中获得通过，即1913 年加州外籍人土地法。①

尽管加州外籍人土地法明确禁止没有归化权的人拥有土地，但日本移民利用该法律的漏洞继续从事农业生产。因而 1913 年以后，日本移民租赁和拥有土地的面积不降反增，1913 至 1920 年的 7 年间，所租赁和拥有的土地分别从 155488 英亩和 26707 英亩增长到 192150 英亩和 74769英亩。②移民通常通过以下方式来继续持有土地：由于在美国出生的移民子女享有成为美国公民的权利，有些移民就将土地所有权转移到子女名下，作为其监护人继续持有土地；有些移民则借助白人朋友或者委托代理人购买、持有土地，成为土地的实际拥有者；还有些移民成立了空头公司，因为法律允许美国公民占多数的公司持有土地，通常一对移民夫妇和他们在美国出生的两个孩子再加一个白人律师就能成立一家这样的公司，进而合法持有土地。③

面对这种情况，加州的排外主义者自然不会善罢甘休。他们通过各种排外组织提出以下建议：1. 取消君子协定；2. 禁止照片新娘；3. 禁止所有的日本移民；4. 剥夺所有亚洲人获得美国国籍的权利；5. 修改宪法，即使是出生在美国的人如果其父母属于没有归化权的种族，也不能享有归化权。④排外主义分子还提出修改外籍人土地法，要求禁止日本移民

---

① Charles McClain (eds), *Japanese Immigrants and American Law: the Alien Land Laws and other Issues*, New York: Garland Pub., 1994, p.45.

② Ronald Takaki, *Strangers from a Different Shore: a History of Asian Americans*, Boston: Little Brown, 1998, p.205.

③ David J. O' Brien & Stephen S. Fugita, *The Japanese American Experience*, Bloomington: Indiana University Press, 1991, p.24.

④ Charles McClain (eds), *Japanese Immigrants and American Law: the Alien Land Laws and other Issues*, New York: Garland Pub., 1994, pp.70–71.

占有、租用土地或成为公司股东，也不允许作为监护人拥有和租赁土地。在随后的公民表决中，通过了经修改的外籍人土地法的动议。①随即外籍人土地法修正案在州议会获得通过，即加州 1920 年外籍人土地法。加州 1920 年外籍人土地法接受了排外主义分子的所有修改意见，并且法律还对土地的拥有和转让程序进行了更严格的规定。

加州外籍人土地法的制定和实施也带动了周边各州制定类似法律。随后，美国西部各州如华盛顿、俄勒冈、新墨西哥等多达 12 个州陆续通过了外籍人土地法。1923 年，加州再度通过了一项更为严厉的新外籍人土地法。上述法律几乎堵死了日本移民占有土地的所有渠道，使得日本移民在美国的生存愈发艰难。

第一次世界大战结束后，日本极力将移民问题扩大化，把移民问题从日美两国的外交问题上升为世界问题，在国际舞台上以有色人种的代表身份与美国抗争，利用战后民族主义运动，向美国施加压力，维护和扩大日本在远东太平洋地区的权益，提高日本的国际地位。

巴黎和会的召开为日本与美国交涉移民问题提供了机会。日本在巴黎和会上有 3 个目标，即：1. 取得西方各国对种族平等原则的无保留的承认，并将这个原则列入国际联盟盟约；2. 将德国以前在山东省内享有的权利交由日本接受；3. 取得赤道以北的太平洋各岛屿。②日本提出"种族平等原则"的目的是为了获得解决移民问题的实际利益。但日本的 3 个目标仅实现了 2 个。起初日本对建立国际联盟没有什么兴趣，担心西方国家借国际联盟限制日本在东亚的扩张。为此日本成立了超党派的"人种差别撤废期成同盟会"，要求把种族平等原则列入国际联盟盟约作为日本加入国联的前提条件。根据政府训令，日本代表团为了在国联盟约中列入"人种平等"条文而制成了甲、乙两种方案。1918 年 2 月

---

① Charles McClain（eds），*Japanese Immigrants and American Law: the Alien Land Laws and other Issues*，New York: Garland Pub.，1994，p.74.

② ［美］马士、宓亨利：《远东国际关系史》，姚曾廙等译，上海书店出版社 1998 年版，第 575 页。

4日，日本全权代表牧野伸显和珍田捨巳探询美国的意见。威尔逊总统
为了实现其建立国际联盟的宏愿，对乙案原则上表示同意。乙案内容是：
"各国国民均等主义是国际联盟的基本纲领。为此，缔约国约定在各自
境内对外国人法律上及事实上的正当权力给予均等的权利及待遇，不因
人种或国籍的差别而有所区别。"但是日本的提议遭到了英国及其自治
领特别是澳大利亚的强烈反对。在2月13日国联盟约起草委员会会议
上，日本正式提议在国联盟约第21条，即宗教自由项内插入"人种平
等"的条文："各国国民均等主义是国际联盟的基本纲领。为此，缔
约国尽速约定给予国联会员国的一切外国人均等公正的待遇，不因人
种或国籍的不同而在法律上或事实上进行差别对待。"牧野伸显在演
说中表示，"人种、宗教上的怨恨经常成为各国国民间的纠纷及战争
的原因"，以实现永久和平为目标的国际联盟应最大努力地"开启解
决本问题的道路"。①日本的提案仅获得巴西、罗马尼亚、捷克等国的
支持而遭否决，关于宗教自由和人种平等的国联盟约第21条被删除。
人种平等提案被否决引起日本国内舆论强烈不满。2月19日、20日
外交调查会接连开会，讨论国联盟约，严厉抨击牧野伸显等会议代表。
和会期间一度回国的美国总统威尔逊于3月14日返回巴黎。为了缓
和日本国内舆论对国联盟约的反对，威尔逊考虑对盟约草案作适当的
修改。日本利用这一有利时机提出新的议案。但是日本的提案遭到澳
大利亚的反对，澳大利亚总理威廉·莫理斯·休斯（William Morris
"Billy" Hughes）拒绝与日本代表当面讨论种族平等问题。"日本的提
案深为诸如英国各自治领这样一些国家的代表所厌恶，这些国家对于
非欧洲人的入境是加以限制的。"休斯的一个下属指出："如果他损害白
人主导的澳大利亚，没有哪个政府能多存活一天。我们的立场是——日
本的提议要么有所图要么毫无意义。如果是前者，就放弃，如果是后者，

---

① ［日］外务省百年史编纂委员会：《外务省的百年》上卷，原书房1980年版，第718页。

为什么还要提出？"①由于种族平等条文涉及移民问题，美国舆论反对在国联盟约中加入该条款，促使威尔逊总统的态度发生了变化，他担心如果把种族平等条文列入盟约，会导致国会的强烈反对，最终否决凡尔赛和约。为此，日本作出妥协，建议不将种族平等归纳为国联盟约的条文，而是作为一项原则写入盟约前言。"但这也没有能够使英国自治领的代表们，特别是澳大利亚总理威廉·莫理斯·休斯平息下来，他威胁要挑起英国各自治领和美国西部各州人民起来反对。在这种局面下，当修改后的日本提案交付表决时，威尔逊总统和英国出席该委员会的代表都弃权。"②尽管日本提案得到了意、法、捷、波等国的支持，但在投票表决中仅获得 17 票中的 11 票。威尔逊总统以委员会主席的身份宣布，因委员会的决议非全体一致赞成不能生效，所以日本提案不能采纳实行。巴黎和会否决种族平等案，说明日本获得的大国地位是不完全的。西方国家一方面安抚日本，声称盟约既规定日本为国联理事会的理事，则已将日本置于"与其他大国完全平等的地位"，因而使日本代表得随时"将种族平等问题提出讨论"；另一方面拒绝将种族平等原则列入国联盟约，"重新强调了东西方之间的差别"。"即便是日本，尽管必然要被承认是一个强国，但是在西方的心目中，它仍然是亚洲的一部分。"③

为了打开日美两国在移民问题上的僵局，1920 年 9 月至 1921 年 1 月，美国前驻日大使莫里斯与日本驻美大使币原喜重郎就移民问题进行会谈，从 1911 年日美通商条约修订的由来、绅士协定、美国移民法、差别待遇的立法、二世日本移民的双重国籍等角度讨论移民问题，会谈每周一次，共进行了 23 次，寻求解决的方案。日本表示在外交文书中声明，今后将

① [英]玛格丽特·麦克米兰：《大国博弈：改变世界的一百八十天》，荣慧、刘彦汝译，重庆出版社 2006 年版，第 220 页。
② [英]C.L.莫瓦特编：《新编剑桥世界近代史》第 12 卷，中国社会科学院世界历史研究所译，中国社会科学出版社 1987 年版，第 481—482 页。
③ [英]C.L.莫瓦特编：《新编剑桥世界近代史》第 12 卷，中国社会科学院世界历史研究所译，中国社会科学出版社 1987 年版，第 481—482 页。

更加严格执行绅士协定,即便是在美日本人的亲属,也不得作为移民赴美。作为回报,在现行的日美通商条约中补充这样的条文,即在美日本人除归化权以外,将享有最惠国移民的权利。由于美国政权更迭和美国依然坚持是否接纳移民以及移民待遇是一国主权范围内的事务,不愿意作出退让,结果莫里斯与币原谈判无果而终。

1923 年 12 月美国第 68 届国会开幕,众议院议员约翰逊提出了新的移民法案,并立即被提交由约翰逊任委员长的移民委员会讨论。与该法案一起被讨论的还有移民配额制度,即基于不同国籍的配额制度,西欧和北欧的移民最受欢迎,配额数量最多,东欧和南欧移民受到严格限制,而亚洲人则要被完全禁止。

在美国国会讨论约翰逊移民法案时,日本驻美大使埴原正直对约翰逊移民法案中包含的排日条款感到焦虑,多次与国务卿休斯面谈,要求美方妥善处理。1 月 13 日,埴原在同休斯的面谈中指出,约翰逊移民法案与现行的日美通商航海条约及绅士协定达成的谅解是矛盾的,一旦通过将对在美日本移民造成重大影响。1 月 15 日,埴原起草了说明日本政府关于移民问题立场的觉书并递交休斯。2 月 9 日,休斯向约翰逊递交了要求修改移民法案的书简,劝告约翰逊删除法案中的排日条款,认为移民法案违反了日美通商航海条约,刺激了日本国民,将使日美关系得以改善的华盛顿会议的成果毁于一旦。[①]2 月 13 日,休斯公布了书简内容。同日,柯立芝总统会见了约翰逊。约翰逊表示,移民委员会中的 17 人有 14 人赞成不删除法案中有关禁止亚裔移民的条款,自己也持同样的立场。移民委员会在讨论休斯书简中提出的移民法案将会限制日本商人在美贸易,从而违反了通商条约时,指出"根据现行的通商航海条约的规定,纯粹以商业为目的进入合众国的外国人"不在限制移民范围内,至于休斯提出的删除禁止日本移民条款,以免招致日本人反感的劝告是不

---

① [日]外务省百年史编纂委员会:《外务省的百年》上卷,原书房 1980 年版,第 874 页。

能接受的。3 月 24 日，众议院提出了关于移民法案报告书，批评"日美绅士协定"，认为该协定不仅把属于美国国会的移民管理权力让渡给了日本，且协定的文本是秘密的未公开发表，立即废除这样的协定是适当的。报告书还认为"日美绅士协定"并没有达到当初西奥多·罗斯福总统提出的严格限制日本移民和防止在美日本人口增加的效果。接着众议院讨论了休斯的提案。休斯建议给日本一定的移民配额，如果以 1890 年的国情调查为基数，那么日本得到的移民配额数量是极少的。众议院否定了休斯的提议，认为该措施与归化法不能整合，而且还使日本人在亚洲人中居于优越地位。[①]

　　众议院通过关于移民法案报告书后不久，即 3 月 27 日，休斯会见了埴原大使，对众议院可能通过移民法案表示忧虑，认为众议院对"日美绅士协定"的内容不了解，把日本移民数量的增加归咎于该协定，有必要就以上两点向议员们作出说明。当时美国参议院也在讨论新移民法案，与众议院的讨论平行进行。但是参议院的移民法案与众议院的移民法案不同，如根据条约规定入境的外国人不在法律限制的移民范围内，而且也没有禁止不能归化移民的规定，参议院移民委员会中的积极排日派是少数派。[②]

　　4 月 10 日，日本外相松井庆四郎致电埴原大使，对移民法案提出如下意见：1."绅士协定"是帝国政府自主的行政措施，而作为国际条约加以处理是困难的；2. 如果确认"绅士协定"是国际条约，日本人不适用移民法的话，将会使日本享有某种特权并妨碍了美国关于移民立法主权的排日派的议论显得正当，"绅士协定废除论"更有市场了；3. 帝国政府希望在移民配额比例方面与欧洲国家一样，反对移民法案中的排日条款或对日本人进行区别对待；4."绅士协定"的废除将会置日本于困难

　　① ［美］入江昭、［日］有贺贞编：《两次大战之间的日本外交》，东京大学出版会 1984 年版，第 77 页。
　　② ［美］入江昭、［日］有贺贞编：《两次大战之间的日本外交》，东京大学出版会 1984 年版，第 77 页。

的境地；5. 为了明确移民法中日本人的地位，享有与欧洲人共同原则的配额比例是最佳结果。① 1924 年 4 月 12 日，含有排日条款的移民法案在众议院以压倒性多数表决通过。只有一个议员公开表示反对，他认为仅仅为了排斥 46 名移民（以 1890 年国情调查为基数日本所得到的移民配额——引者注）而得罪一个友好国家是极不明智的做法。②

4 月 10 日，埴原正直致信休斯国务卿，这封被称为"埴原书简"的信大致分为两部分，第一部分是说明"绅士协定"的由来、内容以及日本政府根据"绅士协定"所采取的措施；第二部分是强烈要求删除移民法案中的"排日条款"，认为排斥日本移民是完全没有必要的，因为日本政府已经忠实地履行了"绅士协定"，有效地限制了移民数量。"埴原书简"的总体内容是平和的，但书简提到一旦美国国会通过了含有排日条款的移民法案将会导致"严重的后果"（the grave consequences），③由此引起轩然大波。

当这封信在 4 月 11 日呈递到参议院时，参议院总务、外交委员会主席亨利·洛奇把"严重的后果"这一说法曲解为"潜在的威胁"（veiled threats），指出接纳或禁止移民是最基本的国家主权，美国立法不能受外国的威胁，"埴原书简"是对门罗主义的侵犯。"埴原书简"的不适当措辞改变了参议员们在日本移民问题上的温和态度，转而持强硬立场。④ "埴原书简"以及日本外务省早先发布的要求美国人不要通过歧视性立法的呼吁，都被看作是日本方面粗暴干涉美国内政的行为。媒体也推波助澜，大造声势。由于埴原正直在书简中用词不当，导致美国参议

---

① ［美］入江昭、［日］有贺贞编：《两次大战之间的日本外交》，东京大学出版会 1984 年版，第 80—81 页。

② Charles McClain（eds），*Japanese Immigrants and American Law: the Alien Land Laws and other Issues*，New York: Garland Pub.，1994，p.98.

③ Untited States Department of State（eds），*Foreign Relations of United States 1924*，Vol 2，Wahington: G.P.O.，1939，p.373.

④ Charles McClain（eds），*Japanese Immigrants and American Law: the Alien Land Laws and other Issues*，New York: Garland Pub.，1994，pp.98–99.

院与众议院趋向一致，以压倒性票数通过"移民法案"，埴原正直心情极为沉重，在驻美大使任期届满后，从外务省引退，谢绝了担任驻意大利大使的任命。

新移民法案于1924年5月26日经柯立芝总统签署后生效。该移民法将世界划分为三大区：1. 无资格区：远东各国及不属美国管辖之太平洋各岛皆属之，此区人民一律无资格入美籍；2. 不加限制区：美洲各国及西印度群岛均属之，此区内出生之人民，可以自由移入美国；3. 定额分配区：欧洲、近东各国、澳洲、非洲均属之。此区人民每年依照规定名额移民来美。①根据1924年移民法，日本被列入无资格区。

究竟是什么原因导致了非常严厉的1924年移民法的通过？第一，20世纪20年代前半期美国国内弥漫着种族主义和排外主义的氛围。第二，美国出现议会权力上升、行政权力下降的现象。威尔逊总统曾长期控制国会，而在1918年的国会中期选举中共和党获得了胜利，成为多数党，不大买总统的账。1923年哈丁总统突然病故后，暴露了行政部门的腐败现象，严重影响了行政部门的权威。由副总统接任总统职位的柯立芝由于缺乏威信，为获得党内大佬的支持而愿意在禁止移民问题上作出让步，所以在国会讨论通过1924年移民法案时，柯立芝总统未就此问题发表过任何意见。第三，1924年是总统选举年，柯立芝总统不想为移民问题而得罪太平洋沿岸各州。②

1924年移民法的通过，意味着美国人明确地把日本人同其他亚洲人一样看作是"不受欢迎的外国人"，故意矮化日本，正如埴原正直在给休斯的信中所指出的那样："关键之处是日本身为一个主权国家，它有没有获得他国的正式尊重或关注……（排斥移民条款）所呈现的是不把日本当做一个国家看待，在美国人民眼中，日本人已被丑化为一文不值，弃

① 潮龙起：《美国华人史》，山东画报出版社2010年版，第50页。
② [美]入江昭、[日]有贺贞编：《两次大战之间的日本外交》，东京大学出版会1984年版，第90页。

之亦毫不足惜。"[①]日美关系中的移民问题不仅是一个事关日本国家利益的问题，还是一个涉及日本国家体面的问题。"因为他们从 1873 年以来，在同其他东方人和欧洲人交往中，一直顽强地为自己要求一个较其他亚洲人为优越的地位。"[②]日本国内群情激愤，舆论猛烈地抨击 1924 年移民法，甚至有日本人在美国驻日使馆门前自杀抗议。日本政府为此采取报复措施，于 1925 年 3 月颁布外国人土地法，规定：凡是不允许日本人在其境内持有土地的国家，其国民也不准在日本领土上持有土地。

三、美国排日运动的原因

美国排日运动主要体现在两个方面：民众的怨恨和排外情绪与政府的限制性立法和政策。在排日运动兴起与高涨的背后，隐藏着非常复杂的原因。

首先，排日运动的兴起、高涨是白人至上的种族主义观念在作祟。排日运动是排华运动的延续。部分美国人形成了根深蒂固的对黄种人的歧视，将其视为不可归化的族群，黄种人就是卑微、低贱、野蛮的代名词。日本移民最初是作为华工的替代者来到美国的，也就承受着原来华工所遭遇的歧视。排外主义者从排华延伸到排日乃至排斥所有蒙古人种血统的人。1906 年，成立于旧金山的排亚联盟成员向在日本人开办的饭店就餐的顾客发放印有"白人男女们，请支持你们白人同胞（企业）"标语的火柴盒，甚至砸毁日本人饭店的窗户，殴打业主。[③]正如著名移民史专家罗杰·丹尼尔斯教授所言，反日运动不过是始于 19 世纪 50 年代并长期

---

① ［美］安德鲁·戈登：《日本的起起落落——从德川幕府到现代》，李朝津译，广西师范大学出版社 2008 年版，第 218 页。

② ［美］马士、宓亨利：《远东国际关系史》，姚曾廙等译，上海书店出版社 1998 年版，第 652 页。

③ Roger Daniels, *Asian America: Chinese and Japanese in the United States since 1850*, Seattle: University of Washington Press, 1988, p.33.

存在的反华情绪的延续。①

其次，伴随中国移民和日本移民而来的所谓移民恐惧症。"外来种族一旦跨越国界就很难控制，有可能成为安全隐患甚至威胁。"因此，移民与国家主权及安全问题密切相关。②排日运动的兴起、高涨与美日在远东太平洋地区逐渐发生摩擦和争执的时间是吻合的。随着国力上升，日本通过甲午战争、日俄战争，不断拓展在远东太平洋地区的势力范围，挑战美国的"门户开放、机会均等主义原则"。日美两国曾围绕夏威夷问题产生了激烈冲突，互派军舰示威，差一点爆发战争。日俄战争后，日本的大国心态急剧膨胀，引发了美国人对国家利益与安全的担忧。众议院军事委员会主席赫尔声称："一旦日本赢得与俄国的战争，就将为菲律宾与美国展开一场血腥的战争。"③日俄战争导致了美国人对于黄种人战胜白种人的恐惧感，尤其是在美国西海岸地区，一时间"黄祸论"甚嚣尘上。1906 年 12 月 20 日，《旧金山观察家报》提出了更耸人听闻的标题——日本人在监听我们的海岸线。几天后，该报纸声称日本移民实际上都是由日本士兵伪装而成的。④这种对日本移民数量和人口意义上不安全的夸大，是一种典型的社会情境。现居民对新来的日本移民的过去缺乏了解，新移民有一个强大并对美国怀有敌意的母国，使得他们对日本移民对美国的忠诚度产生了强烈怀疑。这种认识含有三个要素：1. 许多日本移民是非法的；2. 许多日本移民忠于对美国怀有敌意的母国；3. 许多移民是破坏分子。这种认识的逻辑是：如果许多日本移民通过非法途径来到美国，其中不少移民忠于美国的敌国，那我们还能天真地认为这许多人不

---

① Roger Daniels, *Asian America: Chinese and Japanese in the United States since 1850*, Seattle: University of Washington Press, 1988, p.33.

② 潘兴明、陈弘主编：《转型时代的移民问题》，上海人民出版社 2010 年版，第 127 页。

③ Charles McClain（eds），*Japanese Immigrants and American Law: the Alien Land Laws and other Issues*, New York: Garland Pub., 1994, p.36.

④ Roger Daniels, *Asian America: Chinese and Japanese in the United States since 1850*, Seattle: University of Washington Press, 1988, p.70.

会成为破坏分子吗？[①]日本政府相当重视与海外移民的联系。在美各地移民成立了日本人协会（Japanese Association），日本人协会是一种半官方的社团组织，被置于日本驻美各地领事的管辖之下，实际上担当了日本政府和移民之间的中介。尽管移民已远离母国，日本政府依然视其为本国的臣民，采用各种方式对其加以管理。这种情况在其他移民团体中是不存在的。由于移民母国的强大、不友好以及移民与母国的密切联系，"移民接受社会中的移民恐惧症可能会变得更严重，对紧急无政府状态的知觉更敏锐，对移民意图的知觉更模糊"。"移民接受社会中的一些人会把移民这个事实知觉为国家主权的衰落，会对移民的意图产生猜疑，甚至会把个体化的、正在融入新环境的移民团体看作是一个特异的、隔膜的、同质的整体。在所有移民情境中隐含的这些知觉使得人们即使在大部分的良性情况下，仍会对恐惧和反移民敌意不可避免地夸大。"[②]为什么排日运动在美国太平洋沿岸各州兴起和高涨，其原因就是太平洋沿岸各州是亚洲移民进入美国大陆的最初登陆点。对美国而言，禁止日本移民入境，具有某种沿太平洋沿岸防卫日本入侵的意义。

第三，日美文化的巨大差异。与欧洲移民相比，日本移民的母国文化与美国文化之间的差异要大得多。这成为横亘在双方之间的一道无形障碍。日本移民的一些行为在美国人看来是难于理解的。比如照片新娘，双方通过媒人或父母介绍以素未谋面的方式便定下婚姻大事，这于西方男女双方先自由恋爱而后结婚观念是截然不同的，自然遭到美国人的反对。再比如，日本男性移民从事农业生产时，往往将妻子和子女也作为劳动力来使用，这也与当时美国人的传统不符，即由男性负责生产劳作，女性料理家务。

1922年加州司法部长韦伯在司法工作简报中谈到之所以反对给予日

---

① 潘兴明、陈弘主编：《转型时代的移民问题》，上海人民出版社2010年版，第134页。
② 潘兴明、陈弘主编：《转型时代的移民问题》，上海人民出版社2010年版，第137页。

本移民归化权，是因为"美国家庭按照我们美国传统由父亲处理农活、母亲主持家务，孩子们上学，而东方人的妻子和孩子和丈夫一起在田里干活，这使得我们没法和他们竞争。而且他们也不会按美国的生活方式享受生活"。①日本移民在异国他乡土地上对自己传统文化的坚持与固守使得东西方的文化差异被成倍地放大了，从而加剧了对日本移民的偏见与歧视。

第四，日本移民自身也对排日运动负有一定的责任。他们对母国文化的强烈认同令美国人极为反感。日本移民希望在政治和法律层面上成为美国公民，在文化和心理上依然将自己视为天皇的子民，这种只愿享受美国公民的权利而不愿承担相应义务的做法自然使美国社会难以接受。初代日本移民深受传统日本文化的熏陶，其思维方式、行为习惯都保留了日本文化的浓重印记。每逢日本传统节日，移民都会竞相纪念；几乎每个移民家中都挂有天皇的画像，等等。所有这些都为排外主义者排斥日本移民提供了直接证据。

综上所述，移民问题是19世纪末至20世纪20年代影响日美关系最重要的问题之一。由排日运动直接引发的"日本移民问题"在日美两国政府和民众中引起了巨大反响，两国曾围绕移民问题进行了长期交涉。美国政府借移民问题压制日本，故意矮化日本，因为外国移民在美国的待遇和权利具有象征意义，暗含美国对移民母国的态度。而日本政府则要求本国移民享有与西欧移民一样的待遇，以显示日本"脱亚入欧"政策的成功和日本已经成为一个受人尊重的具有西方价值观的强国。此外，19世纪末日本移民过多、过快地涌入美国本土，也导致了美国移民政策的合法性危机。一些排外主义者大肆鼓噪日本移民威胁论，通过拉响国家安全的警报来妖魔化日本移民，禁止日本人入境。美国排日运动是排

---

① David J. O'Brien & Stephen S. Fugita, *The Japanese American Experience*, Bloomington: Indiana University Press, 1991, p.23.

华运动的延续。1882 年《排华法案》通过后，日本移民逐渐成为美国西部民众排斥的对象，排外主义者从经济、政治、种族歧视等各个方面阻止日本人进入美国，并通过集会、宣传、抵制和暴力等多种方式迫使日本移民离开美国。排日运动从酝酿、兴起和高涨，经历了三个阶段，直至美国国会于 1924 年通过新的移民法案，剥夺了日本移民归化入籍的权利，彻底堵塞了日本人移民美国的渠道，排日运动才告终结。在排日运动兴起与高涨的背后，隐藏着非常复杂的原因。

四、排日运动在其他美洲国家

美国排日运动对其他美洲国家产生了重要影响。1891 年，加拿大不列颠哥伦比亚省议会制定了第一个反日本人法案。1891 年 2 月，省议会要求联邦政府将中国人的人头税由 50 美元增加至 200 美元，[①]作为其修正案，日本人也被置于征税对象之内。但修正案在讨论后被撤回。1895 年，不列颠哥伦比亚省议会在通过的选举法中，剥夺了中国人和日本人的选举权。1897 年至 1905 年，省议会又通过了一系列排斥日本移民的法案，如 1897 年颁布的禁止雇佣日本人和中国人工作的外国劳工法。1907 年，温哥华排除亚洲人同盟召开了一系列会议，力图组织太平洋沿岸历史上最大的反亚洲人示威游行。随即当年秋季温哥华爆发了针对华人和日本人的暴动，华人和日本人经营的店铺遭受了严重损失。总督格雷指出："在不列颠哥伦比亚，人们好像失去了理智。"[②]

19 世纪末 20 世纪初，巴西国会在讨论移民问题时，认为日本人比中国人更为低劣，将日本移民看作是对其种族"白化"的威胁。20 世纪

---

① 根据加拿大 1885 年颁布的法令，华工入境需交人头税。最初为每人 50 元，1901 年增至 100 元，1904 年增至 500 元。——笔者注

② Ken Adachi, *The enemy that never was: a History of the Japanese Canadians*, The Public Archives of Canada, 1976, p.76.

20 年代末爆发的全球性经济危机极大地冲击了秘鲁和巴西经济。富裕的日本移民逐渐成为秘鲁和巴西当地人的"眼中钉",主流刊物纷纷指责日本人的"非法"商业活动加剧了国内经济危机;日本移民勤劳、节俭的品质,被贬损为狡诈、贪婪与吝啬;甚至有的报刊还诬蔑日本移民出售有毒的食品和饮料。[①] 1932 年,秘鲁的桑切斯·赛罗政权(Sanchez Ciro,1930—1933)颁布了《80% 法案》,该法案规定,在各项商业活动中应至少有 80% 的从业者是秘鲁人。这条法案明显是针对日本商业经营者的。1936 年 6 月,秘鲁贝纳维德斯政权(Benavides, 1933—1939)通过的《移民限制法案》,规定《80% 法案》适用于所有行业,移民私自转移商业所有权是非法的。1940 年 5 月,利马城发生了极为严重的反日骚乱,暴民抢劫了利马市中心的日本人商店和住宅。在两天的抢劫过程中,秘鲁城 600 多家日裔店铺被捣毁,十几名日本移民死亡,一百多人受伤,财产损失达 700 万美元,秘鲁警察却视若无睹。许多日本人被迫别妻离子,在利马日裔学校寻求庇护。[②] 1934 年 7 月,巴西政府颁布了《1934 年限制法案》(*the Restriction Act of 1934*),其中规定,将每年进入巴西的日本移民限制在巴西日本移民总数的 2%。在秘鲁,1936 年 6 月,贝纳维德斯政权通过的《移民限制法案》规定,各个国家在秘鲁的人数不得超过 16000 人(而此时秘鲁的日本移民为 20385 人,显然已经超过了规定限额,实际上就是限制任何形式的日本移民);另一方面规定返回母国的秘鲁外来移民,在新的限额下,不得重返秘鲁,这是有意针对二战前回日本接受教育的第二代日裔(二战前约有 3500 名秘鲁日裔返回日本求学)。从 1937 年起,巴西和秘鲁政府对日本移民实施强制同化政策。日裔学校被相继关闭,禁止在公共场所讲日语,禁止五个(秘鲁)或三个

① 刘兆华、祝曙光:《二战前拉美日裔同化与融合的制约因素——以秘鲁和巴西为例》,《史学月刊》2008 年第 8 期。

② 滨崎步·塔克纳德:《日裔秘鲁人移民、定居、同化的历史》(*Ayumi Takenade, The Japanese in Peru History of Immigration, Settlement and Racialization*),《拉美透视》2004 年第 31 期,第 85 页。

（巴西）以上的日本移民集会，日裔社团组织均被解散，日语报刊被全面停刊。二战期间，大部分拉美国家都响应美国的呼吁，驱逐日本移民，"超过 1800 名在秘鲁的日本移民被不公正地指控为偏袒敌方并且被驱逐到美国拘禁"，日本移民的商业和工业企业被没收。①其中秘鲁驱逐的日本移民人数最多，占被驱逐日本移民总数的 84%。除秘鲁外，巴拿马、厄瓜多尔等 11 个拉美国家也大量驱逐日本移民。珍珠港事件爆发后，加拿大政府立即将日本视为敌国，1942 年 2 月 27 日，下令驱逐日本人，没收日本移民财产，并禁止日本人进入加拿大。

日本赢得日俄战争的胜利，引起了除阿根廷之外的其他美洲国家的嫉恨，激发了排日运动的再度高涨。加拿大媒体鼓噪排斥亚裔移民。1910 年 5 月，秘鲁政府规定只有秘鲁当地人和欧洲人才有权拥有塞拉（Sierra）山区未开垦的荒地。秘鲁、巴西仅允许当地人、欧洲人及其后裔从事工业生产，严格限制日本移民参军。

由此可见，近代以来美洲国家的排日浪潮此起彼伏，虽有暂时的停息，却从未真正消失过。日本移民往往成为美洲国家政治经济危机的承载者和民族主义情绪的宣泄口。但是唯有阿根廷例外，与日本保持了密切关系，善待日本移民。生活在阿根廷的日本移民安居乐业，同化与融合程度较高，成为促进日阿（根廷）关系的重要纽带。

与其他美洲国家不同，日本的胜利非但没有引起阿根廷社会对日本的恐慌，反而对日本的胜利给予高度评价。20 世纪初阿根廷建立了强大的海军力量。1904 年 1 月 7 日阿根廷将"莫雷诺号"（Moreno）和"里瓦达维亚号"（Rivadavia）两艘巡洋舰出售给日本，分别改名为"日进号"和"春日号"。两艘舰艇排水量均为 8000 吨，长 105 米，宽 8 米，最高速度达 20 节，代表了造舰技术的最高水平。当时日俄两国在东北亚的矛盾趋于激化。在这样的敏感时期，阿根廷向日本出售先进舰艇，无疑是

---

① ［美］克里斯蒂娜·胡恩费尔特：《秘鲁史》，左晓园译，东方出版中心 2011 年版，第 202 页。

日阿关系史上的标志性事件，表明日阿关系达到了相当的高度。

"日进号"和"春日号"舰参加了旅顺海战和日本海海战，尤其是"日进号"在日本海海战中担任了前锋角色。两艘军舰"以其优异的性能，精确的火力，打败了敌舰"，"即使舰身全部暴露在战火中，敌舰也无法接近它们"。[①]阿根廷派遣了多名优秀海军军官，观摩了日俄战争。阿根廷军官对日本海军的组织、人事、战略、战术等进行了细致的研究和缜密的分析。不仅如此，不少阿根廷军官随日舰出战，为日本海军出谋划策，对日本夺取海战的胜利起到了不可忽视的作用。阿根廷主流媒体对日本军人和普通民众所表现出来的狂热爱国主义精神和不怕牺牲的武士道精神给予高度评价，不吝溢美之词。阿根廷《国家报》指出，日本是亚洲唯一具有宪法的国家，以伦理、道德规范社会，对国家忠诚、对父母孝顺、夫妇和谐、兄弟友爱，不仅是宗教人士，也是普通人的义务。崇尚人类进步的人士，应该祝福日本人的胜利，因为这是进化论的胜利。西班牙、俄罗斯、土耳其等国已患上了有气无力的贫血症而遭淘汰。决定日俄战争胜利的不是武器的优劣，而是人的精神。4500万日本人战胜1亿3500万俄国人，是因为将武士道作为精神支柱的统治阶层统率了以爱国主义启发和管理自己的市民社会和军队，给日本带来了胜利。优秀的军队当然是必要的，而支撑优秀军队所踏实建设的国家的存在更是不可或缺。日本政府派遣留学生赴英国、德国、法国的学校和工厂以及美国的研究机构和大学留学，历经40年的学习，已掌握了西洋文明。反观俄国，在专制体制下，百姓过着奴隶般的生活，统治者固守旧的体制，与近代化背道而驰，在战争中败于推进近代化、奖励国民教育、唤起国民的道德和爱国心的日本

---

① ［阿根廷］J. R. 桑切斯·布朗：《阿根廷与日本友好关系史》，日本贸易振兴会1998年版，第43页。

是必然的。①1920 年，234 名日本海军士官分乘两艘舰艇，访问了阿根廷。1922 年日本海军中将谷口上真率舰队再次访问阿根廷，并参加了阿根廷总统的就职典礼。日阿经济关系也非常密切。20 世纪 20 年代，阿根廷成为日本在南美洲最大的贸易伙伴。②1933 年日本对阿根廷的贸易输出总额达到 2.5094 亿日元。这引起了英国的恐慌，为此发布了《日本对英通商战争》的报告，指责日本侵占了英国的外贸市场。

　　阿根廷也曾发生过排外运动，但是排外运动的对象主要是犹太人或智利等南美国家的移民，而不是日本移民。1919 年 1 月阿根廷爆发的罢工运动导致布宜诺斯艾利斯发生了为期一周的暴力活动。暴徒借口罢工工人是外来移民，罢工对国家主权形成了威胁，掠夺、焚烧了犹太区。据美国大使馆报告，1500 人死亡，4000 人受伤，"大部分是俄罗斯人，通常是犹太人"。一个目击者是这样描述的："听说他们在焚烧犹太区，然后我就往那里走……我就看到可以称作是阿根廷第一次大屠杀的惨象。一堆书和旧家具在大街中央燃烧。""火光照亮了夜空，炫目的红色光芒使打着手势、战栗的人群面目突出。我穿过拥挤的人群前行，看到附近的建筑物里面和周围有人在打斗。有人告诉我，一个犹太商人被指控宣传共产主义。尽管如此，我想其他希伯来家庭正遭受残酷的惩罚。我的耳边传来家具和箱子猛烈地扔到大街上的声音，夹杂着'杀死犹太人！杀死无政府主义者！'的尖叫声。不时有长胡子老人和头发蓬乱的妇女经过我身边。……无论我的目光落在哪里，见到的都是这些令人厌恶的景象，因为袭击犹太人商店和房子引起的骚乱已经蔓延到了我们周围的各个街区。"③日本移民在被称作"悲惨周"的 1919 年 1 月暴乱中却安然无恙。

---

　　①　[日] 今井圭子：《从阿根廷主要报纸看日俄战争期间的日本报道》，《拉丁美洲论集》1999 年，第 5—8 页。
　　②　[阿根廷] J. R. 桑切斯·布朗：《阿根廷与日本友好关系史》，日本贸易振兴会 1998 年版，第 78 页。
　　③　[美] 乔纳森·C. 布朗：《阿根廷史》，左晓园译，东方出版中心 2010 年版，第 169—170 页。

当美洲排日运动持续高涨，黄祸论、日本威胁论甚嚣尘上时，阿根廷却逆向而行，与日本保持密切的关系，善待日本移民。为什么排日运动在阿根廷缺乏动力和民众基础呢？究竟是什么原因导致日阿两国保持密切的外交关系呢？

日本向美洲的移民类型大致可分为两种，即自由移民和契约移民。战前日本向美洲的移民形式多为契约移民，由移民公司与当地农庄或矿山签订契约，募集移民，用船大规模载运前往接纳国。契约移民有一种暂居客情结，大多没想过要永远离开自己的祖国。他们出国只是为了赚钱，完成契约合同后，带着所有的积蓄返回日本。而自由移民却有长远打算，他们具有一定的积蓄和技术，并有在接纳国无限期定居的愿望。阿根廷的日本移民主要属于自由移民，人数较少，规模较小。绝大部分日本移民以个人或小家庭形式来到阿根廷，包括一部分非法移民。由于是自由移民，导致阿根廷日本移民融合程度较高。由于本族群人数较少，势力薄弱，移民从心理上不会产生对本族群的强烈依赖感。自由移民形式使得阿根廷日本移民与其他美洲国家日本移民相比呈现出以下特点：第一，农业移民人数比例很小。1914 年，阿根廷日本移民仅有 16.6% 定居在农村，[①]不会发生移民与当地居民争抢土地的现象。而美国的日本移民绝大多数生活在乡村。农业也是加拿大日本移民从事的主要产业。一旦移民有了一些积累，就习惯于购买或租用一片小农场。1927 年，不列颠哥伦比亚省的日本移民控制了约 10000 英亩的土地，价值约 125 万美元。[②]加拿大日本移民在家禽农场、果园和畜牧养殖业中也占有一定优势，引起了白人农业经营者的嫉妒，视其为不公平的竞争对手。另外，即便日本移民在阿根廷购买土地也不会引起太大的反响。因为 19、20 世纪之交，阿根

---

① 阿根廷日本人移民史编纂委员会：《阿根廷日本人移民史·战前编》第一卷，社团法人阿根廷日系团体联合会 2006 年版，第 61 页。

② Roger Daniels, *Two monographs on Japanese Canadians: A history of the Japanese Canadians in British Columbia*, 1877–1958, p.8.

廷出现了大庄园规模缩小、土地所有权分散的现象。1895 年，巴拉德罗
（Baradero）农村地区小于 1000 公顷的地产仅占 14%，剩下的全是巨型庄
园。然而，在 15 年内，以大庄园的缩小为代价，那些"较小"的土地单
位增加了，占了巴拉德罗土地面积的近 85%。"这些迹象表明出口增长催
生了旧地产的分割以及新土地的垦殖。同样，牧业和农业出口增长导致
了职业扩散。""出现了一个农村中间人群体，他们由商店经理、小种植
者、仓库保管、买主和卖主构成。"移民从土地所有权的分散中获益，购
买土地变得容易。如意大利移民在门多萨（Mendoza）通过合同获得分割
的土地种植葡萄，建立葡萄压榨厂。"因此，19 世纪晚期不断扩大的小
麦出口使租客有能力购买他们耕种的土地。"有些地区近一半的农耕家庭
拥有自己的土地。19、20 世纪之交，阿根廷农村中的中产阶级主要由意
大利、德国和瑞士等外国移民组成。[①]日本移民当然也分得了一杯羹，他
们主要从事花卉和蔬菜栽培。第二，在阿根廷工厂中日本工人所占比例
较小，不会与白人或土著劳工在劳动力市场上形成竞争。一部分定居于
城市的日本移民从事个体工商业，如洗濯店和咖啡店。1919 年，布宜诺
斯艾利斯的日本人洗濯店超过了 20 家。这些人并非城市底层民众，而是
享有一定社会地位的中产阶层。另外，在阿根廷工厂中的日本工人，半
数以上是女工。在纺织、棉布、制鞋、衣帽工厂中，女性的比例甚至达
到 85% 以上。1926 年，阿根廷阿帕克特斯（Aruparugatasu）的一间帽业
工厂约有 176 名日本工人，其中 95% 以上为女性，与男性相比，女性工
人往往更为"听话服从"和"易于管理"。[②]第三，无论是在城市还是农
村，都没有形成大规模的日本移民聚居区，大部分日本移民与阿根廷当
地人混居在一起，一些日本人开设的商店里雇有阿根廷员工。"由不同的
移民形态我们可考察出不同的移民环境。在以契约移民为主的秘鲁、巴西，

---

① ［美］乔纳森·C.布朗：《阿根廷史》，左晓园译，东方出版中心 2010 年版，第 155—158 页。
② 李明欢：《20 世纪西方国际移民理论》，《厦门大学学报（哲学社会科学版）》2000 年
第 4 期。

移民环境具有很大束缚性。而阿根廷则呈现出一种相对自由的形态。"①
契约移民多为成百上千人一同从日本乘船出发，来到接纳国后基本上被
安置在同一个地方，所以不管是从生活上还是心理上都形成了强烈的团
体观念。如 1908 年 6 月 18 日，来自 165 个家庭的 786 人组成的日本移
民团体到达巴西的桑托斯港。这些移民被安置在圣保罗州奥吉亚那地区
的咖啡农场从事垦殖工作，随之而来的其他日本移民也都进入咖啡农场
当农业工人。②契约移民形式导致巴西涌现了许多日本人聚居场所，即
日本移民中心或者日本移民社区。这种有组织的群体性移民，一方面有
效地保持了移民之间的密切关系，另一方面也使日本移民强烈依赖本族
群的组织或社团，不易融入当地社会。当一个移民工人被老板克扣工资，
他倾向于求助于本族群组织或社团，而不是求助于法律法规。移民组织
或社团在解决此类事件中容易出现过激举动，加剧了日本移民和当地社
会的矛盾。由于生活在较大的移民社区内，日常生活所需在本社区内就
可以得到满足，所以聚居社区内的日本移民很少与外界接触，大部分一
代移民保留了原有的生活习惯、文化传统和思维方式。

　　与其他美洲国家相比，阿根廷保持了移民政策的连贯性和稳定性，
使得日本移民数量呈缓慢增长的趋势，不会导致移民政策的合法性危机，
同时也没有必要采取强制同化或限制等举措，从而激发在阿日本移民的
反感和抵触，出现族群冲突。

　　1898 年 2 月 3 日，日本和阿根廷签署了《自由通商航海条约》，两
国正式建交。阿根廷政府一直坚持遵守《自由通商航海条约》，使日本移
民享受与西欧移民一样的权利。《自由通商航海条约》在日阿两国外交史及
移民史上都具有极为重要的意义和地位。该条约的特点就是对移民问题做了
详细的规定，如第 3 条、第 4 条、第 6 条和第 11 条规定日本和阿根廷两国

---

①　[日]福井千鹤：《南美移民与日系社会》，《地域政策研究》2005 年第 5 卷第 3 期。
②　吴德明：《拉丁美洲民族问题研究》，世界知识出版社 2004 年版，第 295 页。

国民享有对等的公民权利和待遇。第 3 条规定，日本移民享有和其他国家移民同样的权利，保障其在阿根廷停留、居住、经商的自由；第 4 条规定，日本移民有返回母国的权利；第 6 条规定了双方进出口贸易的保障事宜；第 11 条规定缔约国另一方的国民身体和财产安全，应该同本国国民一样得到保护。[1]日阿政府以条约形式确定了日本移民在阿根廷的合法地位。1902 年 4 月，日本在阿根廷建立公使馆，在首任驻阿大使大越成德的努力下，阿根廷同意无条件给予日本移民以永久居住权。阿根廷政府还应日本大使馆的要求，帮助兴建了几所日本移民小学；二战前阿根廷政府从来没有颁布过任何针对或限制日本移民的法规或法案。[2]阿根廷政府及新闻媒体积极评价日本移民在阿根廷经济发展中的贡献，认为日本农业移民"充满活力、意志坚强"，他们的到来对日本和阿根廷是"互利互惠"的事情。[3]阿根廷政府在日本移民购买土地、纳税、农业技术培训等方面，给予一定的优惠和帮助。

　　阿根廷日本移民生活境遇要优于其他美洲国家的日本移民。在 1908 年去往巴西的 760 名日本移民中，有 160 人后来来到了阿根廷。据记载，"乘坐'笠户丸'到巴西的日本移民中，有两三个人非常向往阿根廷，并且不断地煽动其他日本移民一同前往阿根廷。导致了圣保罗的一些日本移民纷纷退耕，南下至阿根廷"。巴西的咖啡种植园劳动条件过于艰苦，也过于苛刻。而在阿根廷，不管是从事农业劳动，还是在大城市打工，赚钱机会相对多些，也容易些。[4]日本驻阿根廷公使馆和阿根廷日本人协会注重在阿根廷人和日本移民之间营造良好的氛围，消解阿根廷人对日本移民的疑虑。榛叶赟雄在报刊载文指出，阿根廷是最适合日本人定居的南美国家。为加强日阿两国的经济、文化关系，1930 年，日本成立了"日本阿根廷协

---

①　[日]福井千鹤：《南美移民与日系社会》，《地域政策研究》2005 年第 5 卷第 3 期。

②　[日]今井圭子：《战前阿根廷主要报纸围绕日本移民的报道》，Bulletin of the Faculty of Foreign Studies，2001（36），第 159 页。

③　[日]宇野悟郎：《阿根廷移民私史》，イーストウエストパブリケイションズ，1980 年版，第 55 页。

④　[日]水谷史男：《日本移民在南美的定居过程——关于从冲绳到阿根廷的移民觉书》，特别推进プロジェクト报告，2008（39），第 143 页。

会"，高松宫宣仁亲王任会长，前驻阿根廷公使山崎次郎、原大阪商船会社社长冈田英太郎任副会长。许多工商界人士参加了该协会，对促进日阿两国关系发挥了重要作用。[①]异族通婚是衡量移民同化与融合的重要指标。据 1939 年对秘鲁人婚姻状况的统计，日本人是秘鲁社会内唯一同族通婚率高于异族通婚率的种族。[②]在巴西，1908—1942 年间，第一代日本移民的异族通婚率仅为 2%，第二代日裔深受其父母的影响，异族通婚率低于 6%。[③]在阿根廷，日本移民的异族通婚率要高于其他美洲国家，阿根廷名门闺秀嫁给日本移民的例子屡见不鲜，如企业家安东定夫的妻子出身于著名的斯特克家族。最早定居于阿根廷的牧野金藏的妻子也是阿根廷人，是他所在公司经理的女儿，名叫阿玛莉亚。据悉他们婚后生活和谐美满，共育有 5 个子女，子女取英文名字，接受西式教育，牧野本人后来也改用英文名字"Michael King"。牧野金藏出生于日本神奈川县，自小便有到海外建功立业的雄心壮志。20 岁时，在一艘英国船上工作，成为一名海员。1886 年随船到达阿根廷，从布宜诺斯艾利斯港口登陆。牧野金藏先是在布宜诺斯艾利斯工作，不久便前往科尔多瓦省，在科尔多瓦的英国铁路公司担任工程师一职，直到退休。牧野金藏不仅是第一个移民阿根廷的日本人，可能也是拉丁美洲的第一个日本移民。但是牧野金藏并不是日阿两国正式外交关系框架下具有法律意义的移民。1898 年以前移民阿根廷的日本人，都不是通过合法的外交途径来到阿根廷的，因为日本和阿根廷没有建立正式的外交关系。1898 年 2 月 3 日，日本和阿根廷签署了《自由通商航海条约》，两国正式建交，随之有了近代法律

---

① ［阿根廷］J. R. 桑切斯·布朗：《阿根廷与日本友好关系史》，日本贸易振兴会 1998 年版，第 107、71 页。

② 滨崎步·塔克纳德：《日裔秘鲁人移民、定居、同化的历史》(Ayumi Takenade, *The Japanese in Peru History of Immigration, Settlement, and Racialization*)，《拉美透视》2004 年第 31 期，第 90 页。

③ Jeffrey Lesser, *In Search of the Hyphen: Nikkei and the Struggle over Brazilian National Identity*, Stanford University Press, 2002, p.40.

意义上的合法移民。1900 年乘坐阿根廷军舰"萨米恩托号"来到阿根廷的榛叶赟雄、鸟海忠次郎是最早通过正式的官方手续移民到阿根廷的日本人。当时榛叶赟雄是个 16 岁的少年，而鸟海忠次郎只有 13 岁。以后鸟海忠次郎在阿根廷成为了一名海军，在海军医院从事药剂和护理方面的工作。而榛叶赟雄性格坚毅，成为阿根廷日本移民的领袖。1904 年初，大学毕业生古川大斧和丸井三次郎受日本政府派遣赴阿根廷实习。丸井三次郎最终定居在阿根廷，创办了日文《布宜诺斯艾利斯周报》，这是阿根廷的第一份日文报刊。榛叶赟雄在阿根廷完成中学学业后，进入布宜诺斯艾利斯大学法学部学习，与英籍女子结婚。在阿根廷，日本二世移民既能说日语，又能说西班牙语，到了三世的时候很少有人能够说流利的日语了。与其他美洲国家日本移民坚持神道教或佛教信仰不同，阿根廷日本移民却积极改变宗教信仰，皈依天主教。20 世纪 30 年代日本移民成立的天主教会组织得到了阿根廷政府的支持。不少日本移民出于对子女成长的考虑，让孩子皈依天主教，便于孩子进入当地学校学习、融入当地社会。

　　太平洋战争爆发后，阿根廷周边的智利、委内瑞拉、尼加拉瓜、厄瓜多尔和多米尼加共和国等都向轴心国宣战，与日本断交，但阿根廷仍保持中立。一方面阿根廷具有传统的中立思想；另一方面在阿根廷的外来人口构成中意大利人和德国人居多，导致阿根廷偏向轴心国。意大利裔是阿根廷人数最多的外来移民，有近 150 万人，而定居在阿根廷的德国移民也超过了 20 万。"实际上，德国学说一直是阿根廷从军校到参谋学院每个军官培训内容的一部分。30 年代担当国家元首的将军们骄傲地身着军服拍照，这些军装突出带穗的头盔、普鲁士式的披肩，类似德皇军官第一次世界大战时穿的军服。但对阿根廷而言，美国一直都不是个好的贸易伙伴。"①"在布宜诺斯艾利斯出现了130多个纳粹组织和团体，其成员达到30万人以上。另外，在阿根廷有200多个德语学校，很多电台和报纸被纳粹分子所控制了。"②

尽管1944年2月阿根廷与日本断交，但是阿根廷政府做出这一举动并非自愿，而是迫于当时的国际形势。1943年6月和1944年2月阿根廷连续发生两次政变，最终由法雷尔（Edelmiro Julion Farrell）政府执政。当时国际局势明显朝着有利于反法西斯同盟国方向发展，轴心国失败基本已成定局。法雷尔政府为了获准参加旧金山联合国会议的权利，被迫对德、日断交。二战期间日本移民在阿根廷的境遇也随着日阿外交关系的起伏而发生了变化。日阿断交后，日本移民确实受到了一定程度的限制或打击，但是其受害程度远远小于美洲其他国家的日本移民。阿根廷从来没发生过暴力排日事件，也不存在任何危及日本移民人身安全的恶性事件。由于阿根廷很多部门，如铁路、电视台、学校等都被德裔控制，作为德国的盟国，日本人在战争时期甚至受到了重用。日阿断交后，阿根廷政府仅颁布了两项针对日本移民的限制措施，即关闭日语学校和禁止发行日语报纸。二战结束后，上述措施很快就解除了。

---

① [美]乔纳森·C.布朗：《阿根廷史》，左晓园译，东方出版中心2010年版，第185页。
② 宋晓平：《阿根廷》，社会科学文献出版社2005年，第72页。

第八章

一波三折的日苏、日英关系

苏联一直把保障自己的安全，以便迅速发展经济、增强国力作为外交的首要目标。在西方资本主义国家对苏联采取封锁、敌视态度的情况下，苏联特别重视改善与东亚国家的关系。1924 年 5 月 31 日，中俄两国签订了平等的《中俄协定》，恢复了正式的外交关系。翌年 1 月 20 日，日苏两国签订了《北京条约》，结束了十月革命以来的敌对关系。苏联以上述两个条约实际上加入了华盛顿体系，回归了国际社会。第一次世界大战后，英国面对国力下降的现实情况，愿意与日本开展某种程度的合作，借助日本的地理优势和力量维持英国在东亚的既得"权益"并抑制中国日益高涨的民族主义。日本决策者也在认真思考如何构建后同盟时代的日英关系。尽管后同盟时代的日英关系渐行渐远，但两国都不愿意从同盟关系倒退到敌对关系。第一次世界大战后至"九一八事变"前的日英关系呈现出复杂微妙的状态。

一、苏联的东亚政策与《日苏北京条约》

1. 苏联三次对华宣言与《中俄协定》

苏联一直把保障自己的安全，以便迅速发展经济、增强国力作为外交的首要目标。在西方资本主义国家对苏联采取封锁、敌视态度的情况下，苏联特别重视改善与东亚国家的关系。1919 年 7 月 25 日，苏俄政府发表第一次对华宣言，即"俄罗斯苏维埃联邦社会主义共和国人民委员会对中国人民及中国南北两政府的宣言"，宣布废除"与日本、中国和以前协约国所缔结的一切秘密条约"，"苏维埃政府已放弃了沙皇政府攫取的一切占领区，放弃了沙皇政府从中国攫取的满洲和其他地区"。拒绝接受庚子赔款，放弃一切在华特权。"废弃俄国商人在中国境内的一切商站。任何一个俄国官员、牧师和传教士不得干预中国事务，如有不法行为，应依法受当地法院的审判。"宣言最后呼吁中国政府与苏俄政府建立正式的外交关系。[①]苏俄政府的第一次对华宣言表明苏俄政府愿意与中国建立一种新型的国家关系，赢得了中国各阶层人士的好感，纷纷表示要与苏联建立友好关系。1920 年 9 月 27 日，苏俄政府发表第二次对华宣言，再次重申"以前俄国政府历次同中国订立的一切条约全部无效，放弃以前夺取中国的一切领土和中国境内的俄国租界，并将沙皇政府和俄国资产阶级从中国夺得的一切，都无偿地永久归还中国"。宣言要求与中国建立正常的贸易和经济关系。[②]两次对华宣言显示了革命初期苏俄理想主义的外交理念和急于摆脱国际孤立的外交考虑。在受到西方国家封锁、孤立和敌视的国际背景下，苏联希望拥有一个善意的东方邻国。苏联政府于 1923 年 8 月 11 日派加拉罕（Lev Mikhailo Vich Karakhan）率代表团来华，旨在建立中国与苏联的外交关系。9 月 4 日，加拉罕在北京发表了苏联政府第三次对华宣言。由于苏联在三次对华声明中都显示了对中国的友好姿态，愿意废除一切不平等条约，建立中苏间平等的国家关系，所以加拉罕在北京受到了热烈欢迎。"当时，以作为中国知识分子和激进分子的中心和堡垒而著称的北京大学的教职员和学生们，多次为加拉罕

---

① 程道德等编：《中华民国外交史资料选编（1919—1931）》，北京大学出版社 1985 年版，第 168—169 页。

② 程道德等编：《中华民国外交史资料选编(1919—1931)》,北京大学出版社 1985 年版,第 174 页。

先生举行欢迎会和宴会。"但是，苏联政府的行动与其呈现的态度并不一致。"迨苏联政权逐渐巩固，国际局势好转，对华政策即回到国家现实利益的考虑，多次以中国并未响应为由，声称苏联不受宣言之约束。"①中国代表王正廷与加拉罕就中苏关系正常化进行谈判。1924年3月16日，王正廷在未经政府批准的情况下，与加拉罕草签了协议。外交部长顾维钧审阅协议草案时，感觉"大失所望，极不满意"。因为该协议草案有可能使中国失去在外蒙古的主权和地位。中国政府之所以不愿意立即与加拉罕谈判中苏关系正常化，就是因为苏联频繁地在外蒙古进行有损中国主权和地位的活动，致使外蒙古有可能从中国分离出去。中国曾向加拉罕建议，苏联政府发表一个正式声明，"承认中国在外蒙古的主权，放弃在外蒙所采取的有损中华民国地位的措施"，以此作为两国谈判的先决条件。但加拉罕在外蒙古问题上始终含糊其辞。顾维钧指出，协议草案存在着三个最重要的问题：1. 涉及外蒙古的一些条约问题。协议规定废除沙俄同中国签署的以及同其他列强签署的有关中国的一切条约。但苏俄同所谓的"独立外蒙"签署的条约和协议却没有提到。既然特别指明是沙皇政府所签订的条约，这就是默认了苏俄与外蒙古的条约。2. 苏联从外蒙古撤军问题。协议草案规定，一旦中国同意撤军条件，苏联军队将立即撤离。换言之，就是中国承认苏联撤军是有条件的，从而使自己处于完全听任苏联摆布的境地，苏联则可以认为中国提出的条件根本无法接受而长期屯兵外蒙。3. 关于在中国的俄国东正教会的房地产权问题。②为此，内阁否决了协议草案，并免去了王正廷的职务。加拉罕对中国政府修改协议草案的要求极为不满，照会中国政府，声称："此次与中国政府正式代表之谈判业经终了。""苏俄政府坚拒重行讨论业已议定并签字

---

① 唐启华：《被"废除不平等条约"遮蔽的北洋修约史（1912—1928）》，社会科学文献出版社2010年版，第207页。

② 《顾维钧回忆录》第一分册，中国社会科学院近代史研究所译，中华书局1983年版，第331—第335页。

之各项协定。""苏俄政府警告中国政府,勿铸足以影响于苏俄与中国政府将来邦交上不可补救之错误。""交涉破裂及协定失败,其责任应由贵国政府单独负之,一切随此而生之结果,其责亦在贵国政府。"中国政府驳斥了苏联政府的照会,认为王正廷"签字草约,事前并未请示政府"。王正廷的全权证书载明,他"只有商议议决之权,将来议决事项,如经政府准其签字批准,定予施行"。①加拉罕在北京掀起了一场媒体公关运动,向中国政府特别是顾维钧施加压力。但顾维钧不为所动。最后加拉罕接受了中国政府的修改意见。1924 年 5 月 31 日,加拉罕与外交部长顾维均签订了《中俄解决悬案大纲协定》(简称《中俄协定》),两国恢复正式的外交关系,废除中国和沙皇政府签订的一切条约,代之以平等为原则的新约,苏联承诺抛弃前俄政府根据条约在中国境内任何地方"所得之一切租界等等之特权及特许",放弃庚子赔款,承认外蒙古为中华民国的一部分及尊重在该领土内中国之主权,撤退苏联在外蒙古的军队,"中国以中国资本赎回中东铁路及该路所属一切财产"。②《中俄协定》是一个平等的条约,北洋政府在国力衰落、内部纷争的艰难情况下,借助外交手段迫使苏联承认中国对外蒙古的主权,赎回中东铁路,放弃沙俄政府在中国的特权,取得了重大外交胜利,为中国以后争取废除与列强的不平等条约开创了先例。中苏恢复邦交后,加拉罕被任命为苏联驻中国大使。中国政府任命李家鳌为驻苏联代办。中国不愿意派出全权大使,因为顾维钧与加拉罕签订的《中俄解决悬案大纲协定》,只是一个指导下一步谈判的总原则,许多悬而未决的具体问题有待双方进一步谈判解决,今后中苏关系的发展仍然充满荆棘。

---

① 程道德等编:《中华民国外交史资料选编(1919—1931)》,北京大学出版社 1985 年版,第186—191 页。

② 程道德等编:《中华民国外交史资料选编(1919—1931)》,北京大学出版社 1985 年版,第199—200 页。

2. 日苏谈判与《日苏北京条约》

苏联对日本在中国的行动存有戒心。十月革命后，日本乘新生的苏维埃政权立足未稳，于1918年4月出兵西伯利亚，企图占领苏联远东及西伯利亚地区。但是在出兵的4年时间内，日本付出了伤亡12000多人、财政支出7亿日元的代价，却一无所获，最后不得不撤离。但是出兵西伯利亚给日苏关系投下了阴影，造成了日苏之间的不信任。1923年3月，苏联限制日本渔民在苏联远东领海海域的捕鱼作业。1924年国际社会出现了承认苏联的潮流，许多西方国家纷纷与苏联建交。在这种新的国际形势下，苏联决定与日本建立正式的外交关系，为国家的经济建设创造一个良好的外部环境。

日本国内要求与苏联建立正常的外交关系的呼声日益高涨。渔民希望借此获得在北太平洋捕鱼作业的合法性，实业界则要求拓展对苏贸易。1923年3月7日，东京商业会议所要求政府与苏联缔结通商协定。当时担任日苏协会会长、东京市长的后藤新平在推进日苏关系方面发挥了重要作用。后藤新平认为改善日苏关系"是帝国外交的一个转机"，"第一，帝国当务之急是诱导劳农政府，抓住对俄发展的好时机，开拓日俄共荣的道路；第二，在美国对俄关系暗中活跃之际，抢先一步，消除将来的祸根；第三，对中俄的接近，先行一步，制止中国的妄动，把东洋和平的钥匙掌握在我手中"。[1]外务省内具有强烈反共思想的外务大臣内田康哉、欧美局长松平恒雄等人对后藤新平的意见不以为然，认为日苏关系正常化时机还不成熟，应该慎重。但是后藤新平的意见得到了首相加藤友三郎的支持，于是后藤新平以"私人"名义邀请苏联驻远东地区大使越飞（Adoif Abramovich Joffe）访问日本，以非政府交涉方式举行会谈。1923年2月2日，越飞抵达东京。3月7日，越飞在谈判中提出了关于日苏交涉的三个条件：1. 相互平等权利；2. 在法律上承认苏联；3. 明确

---

① [日]外务省百年史编纂委员会：《外务省的百年》上卷，原书房1980年版，第847页。

规定日本从库页岛北部撤军的日期。3月21日，欧美局长松平恒雄向后藤新平递交了政府的答复意见：1.原则上赞成相互平等主义；2.法律上承认苏联要以庙街事件的解决和履行国际义务为先决条件；3.庙街事件解决后再确定撤兵日期。①其实，这是日本在老调重弹。由于双方分歧太大，谈判没有取得进展。4月20日，日本内阁会议决定继大连、长春会议之后举行第三次日苏两国谈判。5月23日，后藤新平正式向越飞表示，两人间的"私人"会谈到此结束。经过协商，6月28日，日苏两国政府代表在东京举行了非正式预备会谈。苏联代表仍为越飞，日本政府代表为驻波兰公使川上俊彦。越飞提出了苏联的方案：1.日本正式承认苏联；2.明确日本从库页岛北部撤军的日期。对此，川上俊彦提出反方案：1.关于庙街事件的解决条件，第一，苏维埃政府发表具有遗憾意思的声明；第二，承认给日本人造成的损害进行赔偿的义务。2.关于库页岛北部的解决方法，第一，将库页岛北部出售给日本，价格为15000万日元左右；第二，如苏联不出售库页岛北部，允许日本有长期开采库页岛北部石油、煤炭、森林资源的权利。3.关于国际义务的履行，第一，承认以前俄罗斯政府与日本签订的条约；第二，承认欠下的债务；第三，同意返还日本人的私有财产或对所造成的损害进行赔偿。②围绕日本的方案双方进行了激烈的争论，举行了11轮谈判。起初，越飞认为庙街事件与日本出兵西伯利亚事件的性质是一样的，拒绝道歉和赔偿，以后稍作让步，同意发表道歉声明，但拒绝进行物资赔偿。关于出售库页岛北部，越飞原则上表示同意，出售价格为10亿金卢布，以后又根据政府的指示，将价格抬高到15亿金卢布。但基本同意日本有开采库页岛北部石油、煤炭、森林资源的权利，期限在55年以上或至99年。关于履行国际义务问题，越飞断然拒绝。但对日本提出的其他要求，如贝加尔以东的森林、矿山开发权，

① [日]外务省百年史编纂委员会：《外务省的百年》上卷，原书房1980年版，第848页。
② [日]外务省百年史编纂委员会：《外务省的百年》上卷，原书房1980年版，第849页。

缔结通商条约保障日本人的生命财产、工商业自由以及尊重私有财产权，禁止双方进行有损对方的宣传和侵略行为等，越飞或表示同意或表示有条件同意。7月27日，越飞通告川上终结两国间非正式预备会谈。与此同时，日本政府发表从西伯利亚撤军的声明，认为有必要举行日苏正式会谈。1923年9月1日，日本发生关东大地震，政府和社会各界全力投入救灾，无暇顾及日苏谈判事宜，直到1924年5月15日，日本驻华公使芳泽谦吉与新任苏联驻远东地区代表加拉罕举行正式会谈。由于当时苏联已经突破了西方国家的孤立政策，外交环境得到了改善，所以加拉罕在会谈一开始就提出非常强硬的主张，即日本明确撤军日期以及在两周内完成撤军。但是日本军部要求撤军日期由日本自主决定以及撤军期限为3周。日苏正式谈判从一开始就遭遇重大障碍。1924年5月10日，护宪三派在选举中获得压倒性胜利，组成了以加藤高明为首相的护宪三派内阁，币原喜重郎出任外相，对日苏谈判持积极态度。同时1924年4月美国国会通过了含有严重歧视日本人条款的移民法，极大地刺激了日本朝野，舆论开始检讨日本的外交政策，要求联合苏联抗衡美国。苏联也软化了立场，同意日本企业在库页岛北部获得一定的经济权益，在附加照会中对庙街事件"谨向日本政府表示真诚的遗憾"，而日本则放弃要求苏联赔偿等主张。最终双方在1925年1月20日签订了《日苏关于规定两国关系基本法则的条约》（简称《日苏北京条约》），条约除正文外有议定书两件、声明一件、照会一批、附加照会一件，主要内容如下：1. 缔约双方同意从条约生效时起，建立外交和领事关系。2. 苏联政府承认朴茨茅斯条约继续有效，但并不表明苏联政府"同沙皇政府分担缔结该条约的政治上责任"。3. 缔约双方同意条约生效后，应着手对1907年的渔业专约进行修改，在渔业专约修改以前，苏联政府应维持在1924年建立的关于租给日本渔民渔业区的办法。4. 双方政府同意在条约生效后，应根据以下原则缔结通商航海条约：第一，两国人民根据法律，有权完全自由地进入另一方领土并在其内旅行和居住，在其生命和财产的安全方

面，享受经常和完全的保护；第二，两国应根据国家的法律在其领土内
对另一国人民，在相互的条件下就私人所有权和自由地从事商业、航业、
工业以及其他平时职业方面，给予尽量广泛的权利；第三，任何一方不
得歧视另一方，对它适用足以阻碍两国间发展经济上或其他方面交往的
禁止、限制或课征措施，尽可能将各方的商业、航业和工业置在最惠国
的基础上。5. 双方和好相处，尊重对方的权利，并应避免和制止公务人
员及受政府资助的组织采取足以危害日本或苏联的秩序和安全的明显行
为或隐蔽行为。双方同意任何一方不得在其管辖的领土内允许下列组织
或人员存在：第一，冒充另一方领土任何部分的政府组织或团体；第二，
从事政治活动的外国人。6. 苏联政府愿意给予日本人民、公司和团体在
苏联领土内开发矿产、森林和其他天然资源的租让权。此外，条约还规定，
日本军队应于 1925 年 5 月 15 日前全部撤离库页岛北部，苏联将库页岛
北部勘探确定的 50% 的油田面积租让给日本企业，日本每年应将煤田总
产量的 5% 至 8%、油田总产量的 5% 至 15% 交给苏联政府，作为租让权
的报酬，但在喷油井的情况下，报酬可提高到总产量的 45%。①

《日苏北京条约》是双方妥协的产物，该条约的签署正式宣告了十月
革命以来日苏两国敌对关系的终结，使得日苏关系正常化。美国驻日大
使在致国务卿凯洛格和驻华公使的信件中认为，《日苏北京条约》明显有
利于日本，因为条约承认朴次茅斯条约继续有效、修改渔业条约、允许
日本开采苏联能源等。②苏联通过《中俄协定》和《日苏北京条约》实
际上加入了华盛顿体系，回归了国际社会。日本政府任命前外务次官田
中都吉为首任驻苏大使。但是苏联并不以《日苏北京条约》的签订和两
国经济关系的密切为满足，要求加强双方的政治关系，其目的就是确保

---

① 《国际条约集（1924—1933）》，世界知识出版社 1961 年版，第 130—138 页；[日]外务省百
年史编纂委员会：《外务省的百年》上卷，原书房 1980 年版，第 849—856 页。
② [日]服部龙二：《币原喜重郎与二十世纪的日本——外交与民主主义》，有斐阁 2006 年版，
第 109 页。

苏联东部边界的安全。出于维持日英美国际协调体制和避免造成日苏提携的印象，币原将日苏关系严格限定在经济领域，即政经分离。继任的田中内阁对苏联共产主义的渗透更是保持高度警惕。1926 年 8 月和 1927年 5 月，苏联政府先后两次向日本政府提出，两国缔结同 1926 年 4 月签订的《苏德友好中立条约》一样的互不侵犯条约，遭到了日本政府的拒绝。1927 年 6 月 16 日，日本首相田中义一明确告诉苏联驻日大使，缔结这样的条约是不合时宜的。1928 年 3 月 8 日，当苏联新任驻日大使托鲁亚诺夫斯基会见田中首相，又一次提出两国缔结互不侵犯条约时，田中以"时期尚早"为由，再一次加以拒绝。①

"九一八事变"使苏日两国在中国东北的利益发生了碰撞。西方国家希望日本能够在中国东北与苏联产生冲突，或者日本在占领东北后向北进攻苏联，导致全面的苏日战争。这也是西方国家在"九一八事变"后对日本采取纵容政策的深层次原因。

苏联对西方国家企图挑起苏日冲突的阴谋保持高度的警惕。一方面对日本在中国东北的行动采取"不干涉"政策，另一方面极力要求与日本缔结互不侵犯条约。1931 年 12 月 31 日，苏联外交人民委员李维诺夫（Maxim Maximovich Litvinov）在宴请途经莫斯科的日本外相芳泽谦吉时表示："在目前外国军国主义及冒险分子策划破坏苏日关系时，我们两国如果能够缔结这样一个条约，将具有重大意义。"②不仅如此，苏联还以极低的价格向伪满洲国出售中东铁路，以此获取日本的好感。但是日本对苏联的提议反应冷淡。为了缓和英美等国对日本发动"九一八事变"的批评和干涉，日本祭出了反苏反共的大旗。一旦与苏联缔约将暴露日本的真实目的和虚伪，引起英美等国的反感，促使他们对其侵华行动采取抵制措施。同时日本也不愿冒犯苏联，对苏联的亲日言行虚与委蛇。在不断确认苏联"不

---

① 李凡：《日苏关系史（1917—1991）》，人民出版社 2005 年版，第 64 页。

② 李凡：《日苏关系史（1917—1991）》，人民出版社 2005 年版，第 73 页。

干涉"政策的内涵后，日本逐渐扩大在中国东北的侵略活动。

二、渐行渐远：后同盟时代的日英关系

一战极大地改变了远东太平洋地区的格局。由于俄国爆发十月革命，曾暂时失去了在远东太平洋地区的影响。军事上的失败和失去在远东太平洋地区的殖民地，德国势力实际上已被排挤出远东太平洋地区。日本则扩大了它在这一地区的殖民利益，美国也不失时机地加强在远东太平洋地区的影响。在这种情况下，英国开始实施一种新的东亚政策。英国在东亚面临三种挑战，即日本咄咄逼人的东亚扩张战略、苏联重新恢复在东亚的影响和中国日益高涨的民族主义。对日本的扩张，英国采取纵容或默认的政策，因为日本在满蒙地区的扩张与英国在华"利益"不会发生直接碰撞，实际上英国还指望日本的扩张会导致日苏关系紧张，借日本之手遏制共产主义在中国的影响。对中国民族主义运动，英国一度采取强硬的政策，结果激起了中国人民强烈的反英情绪。在国民革命运动中，中国多次爆发了针对英国的反帝爱国运动。为了缓解中国人民的反英情绪，英国表示愿意与中国讨论修改不平等条约和其他问题。与此同时，英国又在小处让步和维护重大"利益"之间尽力保持平衡。"维护英国的利益，首先要维护英国在上海的利益。当中国国内的混乱日益加剧，看来要危及英国在上海的商业和投资以及侨民的安全时，英国在上海的驻军便大大地增兵了。"[1]这种公然的出兵行动，比英国表示的亲善姿态要坚决果断得多，使英国处在中国人民反对和国际舆论谴责的尴尬境地。

英国有全球利益，随着帝国实力的下降，始终面临一个问题，即防务范围广阔与防卫力量有限的矛盾，导致其在东亚的防务显得非常脆弱，

---

① [英]C.L.莫瓦特编：《新编剑桥世界近代史》第12卷，中国社会科学院世界历史研究所译，中国社会科学出版社1987年版，第501页。

这也是英国与日本结盟的重要原因。另外，英国始终对苏联政权怀有恐惧和敌意。1926年英国外交部的一份备忘录对此做了详细而明确的阐述："自从布尔什维政权在俄国建立之后，它的活动主要是直接针对这个国家（按：指英国），而且……在世界的任何部分我们都已经遭遇了它持久连贯的敌对。其原因在于无法逾越的两国政策的特点，我们各自的目标完全与对方相反。英国的政策旨在寻求帝国安全和促进贸易发展……另一方面，俄国的政策却在于建立共产主义，这只能通过破坏现存秩序才可以实现。为了促进革命，俄国在各处煽动骚动与混乱。它的主要武器是在全世界进行疯狂宣传，而因为我们是一个世界范围内的帝国，而且推翻我们是莫斯科的主要目标，因此，这种宣传处处带有反英的特征。在远东，我们有一个布尔什维俄国，它与沙皇俄国追求着同样的目标，主要的不同只在于布尔什维主义者在实施政策时远比它的任何前任更加胜任而且无耻。"[1]

当美国裹挟一战胜利的余威，要求拆散日英同盟时，英国就需要在日本与美国之间作出痛苦的选择。美国的战略目标很清楚，即美国海军在大西洋上与英国海军保持均势，防止英国对大西洋商路的垄断；在太平洋上保持对日本海军的优势，抑制日本在东亚的扩张。一战以后，英国在欧洲以英法协商为基础，在世界范围保持与美国的密切关系，在所有场合避免与美国发生战争为一贯的战略方针。1920年2月，英国海军部表示，没有必要也没有意愿以现行形式延续日英同盟。1921年4月，海军大臣李（Arthur Hamilton Lee, 1st Viscount Lee of Fareham）表示，放弃英国传统的海军政策，与美国缔结对等的海军条约。美国把所有舰队集中于太平洋，而大西洋防务则委任英国。显然，英国将继续保持在大西洋的优越地位，同时又避免了与太平洋上作为日本的对抗势力——美国发生战争的可能性。[2]

---

① 王蓉霞：《英国和日本在华关系（1925—1931）》，东方出版中心2011年版，第232页。

② ［日］黑野耐：《大日本帝国的生存战略》，讲谈社2004年版，第187—191页。

日英同盟终止后日本外交与国防环境发生了重大变化。甲午战争期间日本是在无同盟的国际环境下步入战争的，结果受到了列强的干扰，尤其是三国干涉还辽及俄国势力突入朝鲜，使日本不能安然地享受战争的胜利成果。日俄战争是在有同盟的国际环境下进行的，列强不仅不干涉日本的行动，反而暗中帮助日本，日本确立了在中国东北和朝鲜的优越地位。所以有无同盟对日本的外交与国防战略有重要影响。[①]在军事上，如果日英保持同盟关系，两国海军力量就以 16：10 的比例大大超越美国海军力量，日本在东亚的扩张就不必过多顾虑美国的干预；相反，英美携手，日本海军就不得不以 6：20 的绝对劣势面对强大的英美舰队，日本在东亚陷于孤立境地。如何构建后同盟时代的日英关系就成为日本决策者必须认真思考的重大问题。华盛顿会议后，日英关系显然远不如以往密切，两国渐行渐远。英国加强新加坡海军基地建设被视为对日本不友好的行为，恶化了日英关系。尽管日本始终将美国作为第一假想敌国，海军以防卫美国为主要战略目标，陆军以美中俄（苏）为假想敌国，然而在假想敌国行列中总是隐约浮现出英国的阴影。

第一次世界大战后，英国面对国力下降的现实情况，愿意与日本开展某种程度的合作，借助日本的地理优势和力量维持英国在东亚的既得"权益"并抑制中国日益高涨的民族主义。"英国利益的建立为时已久，而且规模庞大。这些利益主要集中在那些早期即由于国民党的势力向前推进而受到影响的地区。由于这些原因，中国人反对外国利益的情绪，有很大一部分就是针对英国的利益的。"当其他列强通过各种策略回避中国民族解放运动的锋芒时，英国却由于"帝国情结"作祟，公然干预中国民族解放运动，使得英国单独面对中国民族主义的挑战。经历了多次挫折以后，英国开始调整在东亚的政策，愿意放弃某些利益，缓和中英矛盾并巧妙地从中国民族解放运动中脱身。第一次世界大战后至"九一八

① ［日］黒野耐：《大日本帝国的生存战略》，讲谈社 2004 年版，第 205 页。

事变"前的日英关系呈现出复杂微妙的状态。两国都面临中国民族主义的挑战，都对中国民族解放运动持敌视态度，但都不愿意单独面对中国民族主义的锋芒。在抑制中国民族解放运动、防范共产主义方面，双方有共同利益，有合作的空间。此外，持续了近 20 年的日英同盟毕竟在日英关系中烙下了深深的印记，两国有过在东亚合作的历史。

侵华战争与太平洋战争爆发：日本外交的破产

"九一八事变"后，日本的外交日趋激进，军部在外交事务上的影响力不断增强，外交沿着军部的扩张路径而行进。军部策动的华北分离运动极大地损害了国民政府的主权以及政治、经济利益，国民政府的对日政策渐趋强硬。

卢沟桥事变爆发后，中日两国进入了全面战争状态，奇怪的是两国并未"绝交"和"宣战"，日本是"不宣而战"，中国是"战而不宣"，两国仍保持一定的外交联络渠道，日本始终没有放弃诱降国民政府的计谋。中国局势引起了全世界的关注。日本的行动逾越了西方国家特别是美国的容忍限度。日本在诱降国民政府的同时，围绕中国问题与国际社会进行交涉，但是日本外交随军事局势的变化而左右摇摆。当日本加入轴心国集团并开始染指西方国家在东南亚的势力范围时，表明日本已经与世界上大多数国家为敌，日本外交的回旋余地越来越小。

苏联出于自身国家安全的考虑，担心日德两个法西斯国家东西夹击苏联，公开支持中国人民的抗日战争，以达到利用中国牵制日本、避免日本北向进攻苏联的目的。为此苏联从道义上和物资上给中国以极大的支持。1937 年 8 月 21 日，苏联主动与中国签订了《中苏互不侵犯条约》。

由于英国忙于在欧洲与德国搞绥靖，没有精力过问远东事务，于是指望美国出头来干预中日战争；欧洲战争爆发后，英国更是自顾不暇。

在抗战初期，美国出于自身利益的考虑，采取无所作为的中立态度。随着侵华战争规模的扩大，日本显露出了向东南亚扩张的势头。美国开始考虑对华援助，因为这是拖住日本、阻止日本南进的最好办法。1940年9月—1941年12月，美国对华援助逐渐发展为全面援助，在珍珠港事变爆发时，中美之间已经形成了一种全面的援助体系。随着美国对华援助的增加，美国对日经济制裁也逐渐升级。日美关系在美国对华援助的增加和美国对日经济制裁的升级中逐步恶化。在日美对立日益严重的情况下，日本并没有放弃寻求妥协的可能性，从1941年3月起，日本与美国进行了长达9个月的谈判。由于日本要价太高，谈判无果而终，太平洋战争爆发，日本外交彻底破产。

一、华北事变与中日关系的急剧恶化

占领东三省并不是日本的最终目的，华北是日本染指的下一个目标。因为华北有丰富的煤炭、棉花、高粱、大豆等资源，而且华北地方实力派林立，南京国民政府对该地区的控制较弱。日本军部利用地方实力派与中央政府的矛盾，策动"华北自治"，企图把华北地区分离出去，建立一个亲日的地方政权，在伪满洲国南边出现一个缓冲地带，同时阻碍南京国民政府推动国家现代化的努力。1933年冬和1934年初，日本得知中国政府正在与德国、意大利，特别是美国进行军事合作的消息，美国还派遣教官在杭州培训中国飞行员，深感不安。日本当局认为一旦中国在军事力量方面实现了现代化，经济发展，政治统一，将会妨碍日本对华侵略。1934年4月17日，日本外务省情报部长天羽英二发表声明，宣称日本在维护远东的和平中享有特殊地位，"日本的责任是单独维持东亚和平及秩序，这是自然的归宿"，反对各国对华的一切军事援助和财政援助。天羽声明的实质是"亚洲门罗主义"，企图独霸远东地区，所以引起了各国政府和国际舆论的强烈反应。4月19日，中国发表声明驳斥日本的称霸主张，"世界无一国家得在任何地方，主张有独负维持国际和平之责任"，中国与其他国家间的关系是独立主权国家间的正常关系。4月23日，英国政府向日本发出照会，暗示天羽声明违反了《九国公约》，"英国对于九国公约，极为关切"，"若单独宣告废止，不论出于何种方式，皆为英国所反对"。4月29日，美国政府也向日本发出照会。美国国务卿赫尔（Cordell Hull，1871—1955）在会见日本大使时指出，天羽声明含有日本在邻国及相邻土地上"享有太上政府地位"的意图。①日本一方面对天羽声明重新加以解释，安抚美英等国；另一方面加紧策动"华北自治"运动。1935年5月初，日本华北驻屯军利用亲日派报人在天津日租界被枪杀事件，挑起河北事变，向中国施加压力。华北驻屯军司令官梅津美治郎向何应钦发出备忘录，要求南京政府罢免河北省政府主席于学忠、天津市长张廷谔的职务，第51军等部队调离河北省，国民党在河北省内的所有支部撤离，禁止中国境内的所有排日活动，日方对河北地方官员的任命有建议权等。何应钦以复函的方式承认了日方的要求，此即《何梅协定》的由来。在中日双方交涉河北事变的同时，关东军又在察哈尔挑起察哈尔事变。察哈尔省民政厅长秦德纯被迫与日本关东军代表土肥原贤二签订《秦土协定》。《何梅协定》和《秦土协定》为日本分离华北奠定了基础，在此以后，日本通过拉拢地方实力派和已失去权势的原北洋军阀人士，正式实施"华北自治"运动。

日本对华北的扩张和策动华北"自治"，企图把华北变成第二个东三省的做法，引起了中国人民反日情绪的高涨，也是南京国民政府难以容忍的，因为严重损害了南京国民政府的主权以及政治、经济利益。蒋介石表示："冀于（学忠）既去，察宋（哲元）又撤，党部取消，军队南移，

---

① 复旦大学历史系中国近代史教研组：《中国近代对外关系史资料选辑（1840—1949）》下卷第一分册，上海人民出版社1977年版，第261—267页。

242 徘徊在新、旧外交之间——20世纪20年代日本外交史论

华北实已等于灭亡，此后对日再无迁就之必要。"华北事变后，国民党对日政策逐渐变得强硬起来，暗中加快了对日抗战的准备工作，如在铁路建设中抢修、赶修了一些着眼于国防战备的铁路工程。1936 年 6 月，粤汉铁路全线通车，把 9 省通衢的武汉与南方重镇广州联结起来，成为南北纵行第一干线。"在日本军阀谋以武力威胁中国之际，若此路仍未完成，则一旦战争发生，中国将无由抗战。"① 1932 年 5 月中日双方签署的《淞沪停战协定》中，有限制中国军队驻守在京沪铁路安亭站以东至长江边的浒埔口的规定，为国民党政府在南京与杭州间调动军队造成困难。于是铁道部决定动工兴建苏嘉铁路，并于 1936 年 7 月 15 日通车。苏嘉铁路作为京沪、沪杭甬路的联结线，全长 75 公里，自南京到杭州经由此路比较经由上海的距离缩短了 150 公里。随着华北局势的日趋紧张，从 1936 年起，铁道部把军事运输放在重要位置，通令各路局切实做好以下 4 项事务：（1）对铁路员工加紧进行军事训练；（2）购储材料；（3）充实各项设备，增加运输能力；（4）积极推进防空工作。为了保证战时行车畅通，铁道部要求各路购储一年以上的用料。"其他修复桥梁路基等抢险用料，均预为购备，于需要地点，择地密藏。"并修建岔道、岛形月台、特种装卸纵面月台，极大地方便了军车的停靠和各种重型武器的装卸。1936 年，国民党政府决定在汉口、南昌、南京、徐州、太原、郑州、西安设立主要兵站，储存军粮、弹药和燃料，组织四支守备军分任津埔至平汉南段、陇海及浙赣等铁路的警备。

1935 年 10 月 7 日，日本外相广田弘毅提出了新的对华政策，即一、中国须绝对放弃以夷制夷政策，不得再借欧美势力牵制日本，采取亲日政策；二、日本认为唯有中国承认"满洲国"，方能使日本相信中国有诚意改善中日关系，如由于各种原因中国不能立即承认"满洲国"，可暂时对"满洲国"为事实上之默认，并须设法使"满洲国"与其接壤华北之地区，

---

① 《抗战前国家建设史料 交通建设》，台湾"中央"文物供应社 1979 年版，第 301 页。

保持文化的经济的密切联络；三、中日共商有效方法防止赤化。这就是著名的"广田三原则"。"广田三原则"就是要中国脱离国联、承认伪"满洲国"和与日本建立反苏同盟。如果中国一旦接受"广田三原则"，不仅会使国家主权受到严重损害，而且也使中国在国际上陷于孤立境地。围绕"广田三原则"，中日进行了长达一年多的交涉，但南京国民政府始终拒绝接受"广田三原则"。日本统治者通过外交手段不能迫使中国屈服，于是行使武力就成为另一种选择。

二、卢沟桥事变的爆发与国际社会的反应

20 世纪 30 年代，日本法西斯势力猖獗，接连发生恐怖暴乱事件，企图以此来推动整个统治阶级的法西斯化。以 1936 年 2 月 26 日法西斯少壮派军人发动军事政变为标志，法西斯军国主义体制在日本确立。1936 年 8 月 7 日，日本"五相会议"（首相、外相、陆相、海相、藏相）通过了确定日本国策的纲领性文件——《国策基准》，规定日本的"根本国策在于国防与外交相配合，确保帝国在东亚大陆地位的同时，向南方海洋进出发展"，"排除苏联的威胁，同时防备英美，具体实现日满华三国的紧密提携"。为此，要求陆军在开战初期即能对苏联远东兵力加以一击，海军足以对抗美国，确保西太平洋制海权。[①]至此，日本战时的南北并进战略正式确立，发动全面侵华战争是日本实施"国策基准"的重要环节，日本制订了一系列具体的侵略计划，中日之间的战争已不可避免。

1937 年 7 月 7 日晚，日军发动卢沟桥事变，由此拉开了长达 8 年的全面侵华战争。基于1936 年 12 月西安事变的和平解决所奠定的政治基础，中国各党派和政治势力走上了团结抗战之路，以第二次国共合作为基础的抗日民族统一战线正式形成，中国人民掀起了波澜壮阔、艰苦卓绝的

---

① [日]外务省编纂:《日本外交年表及主要文书（下）》，原书房 1978 年版，《文书》第 344 页。

抗日民族解放战争，成为世界反法西斯战争的重要组成部分。

卢沟桥事变发生后，引起了国际社会的广泛关注。苏联《真理报》发表文章，谴责日本的侵略，呼吁国际社会团结起来，制止、扑灭"现在正由德国、意大利和日本点燃的世界战争的火炮"。1936 年 11 月日德两国签订《反共产国际协定》(该协定的秘密附件中有鲜明的反苏内容)，使苏联面临东西两个法西斯国家夹击的危险，苏联出于自身国家安全的考虑，公开支持中国人民的抗日战争，以达到利用中国牵制日本、避免日本北向进攻苏联的目的。为此苏联从道义上和物资上给中国以极大的支持。1937 年 8 月 21 日，苏联主动与中国签订了《中苏互不侵犯条约》。双方还口头约定：苏联不与日本缔结互不侵犯条约，中国不与第三国签订共同防共协定。《中苏互不侵犯条约》的签订鼓舞了抗战中的中国人民，对日本长期执行的孤立中国的外交政策是一次沉重打击。日本外相广田弘毅非常恼火地表示：《中苏互不侵犯条约》"偏要选择这个特殊的时机和特殊的局势来签订，这是令人感到遗憾的"。与此同时，苏联向中国提供了大量军需物资援助。1937 年 9 月，中国政府派代表前往苏联，商讨苏联对华军事援助事宜。从 1937 年 9 月至 1941 年 6 月苏德战争爆发，苏联对中国提供了三次贷款，总额为 1 亿 7317 万余美元；向中国供应了 924 架飞机、82 辆坦克、1516 辆汽车、1140 门大炮以及 5 万支步枪等。[1]苏联三次对华贷款总额远远超过美英两国 1.02 亿美元的贷款总额。苏联贷款利息低、还贷周期长，而且苏联向中国提供的战争物资价格低于国际价格 20%。不仅如此，苏联还向中国派出大量军事顾问和专家以及航空志愿队 2000 余人，直接参加中国人民的抗日战争。

日本全面侵华对英、美的远东政策提出了挑战，特别是日本发动"八一三事变"，于 1937 年 11 月占领全上海，更是极大地损害了英、美在华"利益"，因为英国在华投资的 80%、美国在华投资的 60% 在上海。

---

① 沈予：《日本大陆政策史（1868—1945）》，社会科学文献出版社 2005 年版，第 552 页。

但是当时英国的张伯伦政府把避免欧洲战争的爆发作为考虑的头等大事，忙于在欧洲与德国搞绥靖，没有精力过问远东事务，于是指望美国出头来干预中日战争。7 月 13 日，英国提议由英、美、法三国共同调停中日冲突。淞沪抗战爆发后，英国又建议中日军队同时撤离，划上海为中立区，由英、美、法三国负责中立区治安。这些提议都遭到美国的拒绝。但是英国并未改变拖住美国的决心。1937 年 11 月 1 日，外交大臣艾登（Robert Anthony Eden，1897—1977）在下院的演讲中声称：没有美国，英国在远东就不可能做出任何有成效的事情，因此英国将同美国一样，美国准备走多远他就走多远，美国准备走多快他就走多快。①英国指望美国出面干预中日战争而自己坐享其成的做法，表明英国的远东政策完全是机会主义和不负责任的，所以罗斯福（Franklin Delano Roosevelt，1882—1945）讥讽英国就像"受了惊吓的兔子"。

尽管日本发动卢沟桥事变，严重威胁到美国在华"利益"，但是美国政府对卢沟桥事变究竟是一个孤立的、局部的事件，还是日本全面侵华的开始缺乏正确的判断，因此对事件的初步反应是呼吁中日双方尽快停火，平息事端。1937 年 7 月 13 日，美国国务院对分别造访的中日官员表示："日中之间的武装冲突，对和平事业及世界进步将是一个沉重打击。"7 月 16 日，国务卿赫尔又发表了一个所谓"不偏不倚"的声明，"它没有指责谁，没有点谁的名"，使日本"绝对找不到发怒的理由"。②显然，在美国决策者看来，无所作为最符合美国的利益。美国政府采取这种立场是出于两方面的考虑：一是避免欧洲国家将美国推到与日本直接对抗的第一线。二是受国内孤立主义思潮的制约。1937 年 10 月 5 日，罗斯福在芝加哥发表"防疫演说"，认为"不论宣布的或是不宣布的战争，都是一种传染病，它会把离开最初作战地方很远的国家和人民都卷进去"。"所有爱好和平的国

---

① ［美］郝伯特·菲斯：《通向珍珠港之路》，周颖如等译，商务印书馆 1983 年版，第 15 页。
② ［美］格鲁：《使日十年》，蒋相泽译，商务印书馆 1992 年版，第 214—215 页。

家必须坚持表达和平的愿望，以使那些图谋破坏彼此间协定和他国权利的国家停止其作为"。①罗斯福发表这一演说的目的是试探孤立主义者，看看美国在对外干预方面到底能走多远。但是罗斯福的演说却在国内引起轩然大波，孤立主义者指责总统在煽动战争，还有人发起"使美国置身于战争之外"的大规模签名运动。在这种形势下，在抗战第一年，美国基本上没有援助中国，美国在中日战争中采取了有利于日本的"中立政策"，避免恶化美日关系比援助中国显得更重要。所以赫尔在事变之初的第一周还指示驻华大使詹森 (Nelson Trusler Johnson)，告诉中国官员不要指望美国会给予任何经济、政治和军事上的帮助。②1937 年 12 月 12 日，日本在南京附近长江中炸毁了美国军舰"佩纳号"和三艘美孚油轮。美国的反应仅是要求日本道歉和赔偿损失，没有采取进一步的措施。

卢沟桥事变发生后，南京国民政府为了将中日冲突国际化，争取国际社会同情和支援，先后申述于国联和布鲁塞尔国际会议，向日本施加压力，迫使日本停止侵略。1937 年 9 月 12 日，中国代表团向国联提交了正式申诉书，建议国联采取以下行动：（1）宣布日本为侵略者；（2）声明拒绝对日本提供战争物资和贷款，拒绝接受日本的进口；（3）对中国购买和输送武器提供方便，对中国提供贷款和一般财政援助。③9 月 13 日，国联第 18 次大会在日内瓦召开。16 日，大会议决将中国申诉案移交远东咨询委员会讨论处理。国联在讨论中拒绝接受中国提出的关于实施对日制裁的要求，"他们对任何类似制裁的东西都害怕"。9 月中下旬，日本飞机对中国东南地区的非军事目标、重要城镇进行轰炸，造成平民生命财产的重大伤亡。9 月 27 日，顾维钧在远东咨询委员会上大声呼吁："如果国联在强权面前不能捍卫公理，它至少可以向全世界指出谁是为非作歹的人。如果它不能制止侵略，它至少可以斥责侵略。如果它无力执

① 《罗斯福选集》，关在汉编译，商务印书馆 1982 年版，第 150—156 页。
② 任东来：《争吵不休的伙伴——美援与中美抗日同盟》，广西师范大学出版社 1995 年版，第 1 页。
③ 李广民：《准战争状态研究》，社会科学文献出版社 2003 年版，第 358 页。

行国际公法和盟约的原则，它至少可以让人们知道，国联并未弃之不顾。如果它不能防止对无辜男女老少的残酷屠杀和对财产的疯狂破坏，它起码可以表示它愤怒的感情，并借以加强文明世界的普遍要求，立即停止这种非法的、灭绝人性的空袭兽行的行动。"经过激烈辩论，10月5日，远东咨询委员会通过了中国申诉案的决议及报告书，6日交国联大会通过。决议及报告书的基本内容包括：（1）"日本犯有违反它的条约义务的罪行"；（2）建议各会员国"应避免可能削弱中国，或在中、日冲突中给中国增加困难的任何行动"；（3）各国应分别考虑对中国能作出多大程度的支援；（4）召集九国公约签字国及在远东有重大利益的国家举行会议，讨论中日冲突。①第四项内容是由英国提议并获与会国同意的，"是将责任推卸给美国的巧妙手段"，目的是让美国介入远东冲突，借美国之力向日本施加压力以维持国联摇摇欲坠的威信。

11月13日，九国公约签字国会议在比利时首都布鲁塞尔召开，出席会议的有19个国家，日本拒绝出席。会议通过的宣言和决议书"非常模棱两可，非常软弱无力"。"除了再次确认某些一般原则外，没有更多的内容，没有提出任何具体措施。"中国代表顾维钧严正指出："拒绝给中国以援助，是否意味着中国应该停止抵抗侵略，或者在无足够手段的情况下，能无限期地抗战下去？在清楚而有力地证实了目前冲突中，日本和中国的政策在法律上的区别之后，你是否还认为在侵略者和受害者之间，无需作实际上的区别对待？由于拒绝停止向日本提供继续侵略中国所需的物资和经济资源，你不是似乎已经作了这样的表示了吗？"布鲁塞尔会议结果表明，"它主要不是一个向中国提供有效援助或解决中、日冲突的工具，而是一个为英、法提供摆脱困境的方法，特别是对英国来说更是如此，因为它在远东的利益更在其他西方列强之上。这次会议

---

① 《顾维钧回忆录》第二分册，中国社会科学院近代史研究所译，中华书局1985年版，第502—509页。

被视为谋取美国在远东局势中给予合作和支持的唯一手段。"[1]

国联第18次大会和布鲁塞尔会议充分表明了西方列强在面对日本肆无忌惮的侵略扩张时的软弱无力，他们将一己私利置于国际关系原则之上，国联已经名存实亡，它没有能力或意愿维持自己的规则。在国联建议召开讨论远东局势的九国公约签字国会议时，居然没有一个国家包括九国公约发起国美国愿意承办此次会议，只是在英、法的劝说下，比利时才不情愿地充当了主人。

三、抗战前期的日本对华政策

尽管日本发动了全面侵华战争，中国进入了全民抗战，可是中日两国却并未"绝交"和"宣战"，日本是"不宣而战"，中国是"战而不宣"，两国仍保持一定的外交联络渠道。直到珍珠港事件爆发、美英对日宣战后，国民政府才在1941年12月9日发布对日宣战公告。宣战公告中指出：中国之所以此时才对日宣战，是因为"过去四年余之神圣抗战，原期侵略者之日本于遭受实际惩创后，终能反省。在此时期，各友邦亦极端忍耐，冀其悔祸，俾全太平洋之和平，得以维持。不料强暴成性之日本，执迷不悟"。日本却始终不对中国"绝交宣战"。由此表明，日本诱降国民政府的努力始终没有放弃。抗战前期中日之间维持着一种非常奇特的关系。

·　卢沟桥事变后，日本在采取军事进攻的同时，积极展开外交活动。1937年10月1日，日本四相会议（首相、外相、陆相、海相）通过了《处理中国事变纲要》，规定外交措施的目标是："在于迅速促使中国反省，将中国诱导到我方所期待的境地；对中国及第三国进行恰当的交涉与工作。"[2]11月2日，外相广田弘毅会见德国驻日大使狄克逊，要求德国出面调停中

日冲突并提出具体的议和条件，即（1）内蒙古自治；（2）扩大华北非军事区；（3）扩大上海非军事区；（4）停止反日政策；（5）共同防共；（6）降低对日货的关税；（7）尊重在华日侨权利。[①]德国之所以积极调解中日冲突是基于自己的战略考虑。因为德国希望日本北向进攻苏联，使苏联面临日德东西夹击的不利境地。如果日本将主要兵力投入中国战场，使中日战争长期化，会削弱日本对苏联的威胁，日本作为盟国的战略价值也将大大降低。在淞沪抗战期间，德国表示愿意调停中日冲突。11月5日，德国驻华大使陶德曼(Oskar Trautmann)将日本的议和条件转告蒋介石，遭到蒋的拒绝。布鲁塞尔会议闭幕后，"国联既无切实助我办法，国内又险象环生"，当陶德曼重提调解时，蒋介石软化了态度，于12月2日表示愿意接受德国调停，同意以日本所提的议和条件作为谈判的基础。但是日本对华政策受到军部的极大干扰，缺乏稳定性。攻占南京后，日本统治集团内部强硬论抬头。12月21日内阁会议通过了更加苛刻的议和条件，由外务省草拟了《为日华和平交涉致德国大使的复文》。内阁会议还制定了"日华媾和条件细目"：（1）中国正式承认"满洲国"；（2）中国放弃排日和反"满"政策；（3）在华北、内蒙古设置非武装地带；（4）为了实现日满华"三国"的共存共荣，华北在中国主权下应设置适当机构，并赋予广泛权限；（5）在内蒙古应设立防共自治政府，其国际地位与当时的外蒙相同；（6）中国确立防共政策；（7）在华中占领地区设置非武装地带，并在大上海市区域进行日华协作、维持治安和发展经济;（8）日、满、华"三国"就资源的开发、关税、贸易、航空、通信等缔结协定；（9）出于保障目的，华北、内蒙古和华中的一定地区，应在必要期间驻扎日本军队，等等。[②]12月22日，广田外相将日本的议和条件告诉了狄克逊并表示，中国不仅要全部接受日本的议和条件，而且要向日本"表

---

① 沈予：《日本大陆政策史（1868—1945）》，社会科学文献出版社2005年版，第553—554页。
② [日]猪木正道编：《日本政治·外交史资料选》，有信堂1967年版，第204—205页。

示乞和的态度"。12月26日,陶德曼将日本的议和条件转交给了中国政府。由于中国政府没有在 1938 年 1 月 15 日即日本设定的答复期限予以答复。1 月 16 日,日本政府发表声明,宣称"帝国政府今后不以国民政府为对手,而期待与帝国提携的新兴中国政权的成立与发展,并将与其调整两国邦交,协助建设复兴的中国"。[①]这就是第一次"近卫声明"。不久中日两国使节回国,外交关系中断。

1938 年 10 月日军攻陷广州、武汉。以此为标志,旷日持久的中日战争进入战略相持阶段。中国人民的英勇抵抗粉碎了日军妄想在短期内灭亡中国的野心,日本统治者被迫放弃主要以军事手段解决"中国事变"的企图,开始注重采用政治手段。从 1939 年 9 月德军悍然发动二战到 1941 年 12 月太平洋战争爆发,国际形势急剧动荡,日本对华政策呈现出许多新的特点并与国际政治风云的变幻紧密相连。

全面侵华战争爆发后,陆相杉山元曾向天皇表示,只需一个月就可以解决"中国事变"。但是,中国人民的顽强抵抗出乎日本侵略者的预料,打乱了它的如意算盘,使日军深陷中国战场的泥潭欲进不能,欲退不得,中日战争朝着长期化方向发展,从而严重影响了日本当局的世界战略。1938 年 10 月,日军攻陷武汉、广州后,侵华总兵力高达 24 个师团、100 万人以上,国内仅剩下 1 个师团。在此情况下,日本当局已经无法继续增派侵华兵力,发动大规模的全面进攻了,迫不得已开始了侵华政策的战略转变。从 1938 年 10 月开始,日本改变了以往军事进攻为主、政治诱降为辅的对华政策,转而采取政治诱降为主、辅以军事进攻的对华政策,极力拉拢诱降国民党政府,扶植汪伪势力,把军事进攻的重点移向解放区。12 月 22 日,近卫首相发表声明,提出了调整日华邦交三原则,即日本将"与中国同感忧虑、具有卓识的人士携手,向建设东亚新秩序迈进",谋求实现"善邻友好、共同防共、经济合作"。[②]尽管日本

① [日]外务省编纂:《日本外交年表及主要文书(下)》,原书房 1978 年版,《文书》第 386 页。
② [日]外务省编纂:《日本外交年表及主要文书(下)》,原书房 1978 年版,《文书》第 407 页。

从 1938 年 10 月开始，加强了对国民党政府的政治诱降，然而，由于近卫内阁曾发表过不以蒋介石为对手的声明，实际上关闭了中日两国直接交涉的大门，政治诱降的收效不大。特别是 1938 年 12 月汪精卫公开投入日本侵略者的怀抱，声称要建立新中央政府，更增加了蒋介石对日本侵略者的疑惧。

1939 年 9 月 1 日德军突袭波兰，第二次世界大战全面爆发。国际形势发生了很大的变化，英法等国的视线转向西方，无暇东顾。日本统治者企图借这种有利的国际形势迅速解决"中国事变"。因此，阿部行信内阁在 1939 年 9 月 4 日发表声明说："当此欧洲战争爆发之际，帝国决定不予介入，一心向解决中国事变的方向迈进。"[①]

经过两年多的侵华战争，日本统治者认识到不以蒋介石为对手就解决不了"中国事变"，达不成"和平"协议。近卫本人也承认 1938 年 1 月 16 日的声明是"最大的失败"，"为了纠正此错误，另设法与重庆谈判"。[②] 1939 年 9 月 15 日，参谋本部起草了《以建立中央政府为中心处理事变的最高方针》的文件。该文件指出"建立新中央政府（汪伪政权——引者注）的工作，其实质包括促成重庆停战的指导，吸收其武力、财力"，决定把对重庆政权的"和平"停战工作和建立汪伪政权的工作统一起来。"把汪工作和重庆工作同时并进，力争在新中央政府建立前或不得已时在建立后，使日军和重庆军达成停战，并指导汪、蒋政权合流。这就是巧妙地指导这两项工作向停战、汪蒋合流、全面和平方向发展。"[③]在这种方针指导下，日本积极推进同重庆政权的"和谈"，极力促成汪、蒋合流。1939 年 12 月 27 日，日方代表铃木卓尔中佐开始同重庆代表进行秘密会谈（代号桐工作）。日军参谋总长载仁亲王对会谈作了详细指示，驻华日

---

①　日本防卫厅防卫研修所战史室：《中国事变陆军作战史》第三卷第一分册，田琪之等译，中华书局 1981 年版，第 2 页。

②　龚古今、唐培吉主编：《中国抗日战争史稿》上，湖北人民出版社 1984 年版，第 372 页。

③　日本防卫厅防卫研修所战史室：《中国事变陆军作战史》第三卷第一分册，田琪之等译，中华书局 1981 年版，第 117 页。

军总部对这一工作倾注了全力。会谈持续了近一年，会谈争论的中心问题是承认"满洲国"问题、华北驻兵问题和汪政府的处理问题。慑于国内外舆论，蒋介石不敢承认"满洲国"和与汪伪政权公开合流。日本统治者也不愿意作过多的让步，会谈陷入僵局。蒋介石对日本扶植汪精卫非常敏感，希望日本推迟建立汪伪政权的时间，甚至放弃对汪精卫的支持。司徒雷登曾于1940年初代表蒋介石向日本提出八项和平原则，其中第一项就是日本政府要"以蒋介石为对手"。在蒋介石和汪精卫之间，日本当然更看重拥有实力的蒋介石。参谋总长载仁亲王在1940年3月17日给驻华日军总司令官的命令中指出："建立政府若走在停战协定签字之前时，要尽最大努力使重庆同意。为此，不妨暗示对方，我方对于承认新中央政府的时间有保留之意。"[1]虽然日本对和谈抱有极大的热情，希望借此一举解决"中国事变"，但是不可能完全置汪精卫于不顾，无限期地推迟建立汪伪政权的时间，从而造成汪精卫等人的离心倾向。日本统治者中的某些人对会谈怀有一定的疑虑心情，因为日本不了解重庆政权的谈判代表宋子良（战后证明并非宋子良本人），害怕被重庆特务机关所蒙骗。参谋总部指示驻华日军首脑"不能以中止或延期建立新中央政府作为停战条件"。[2]驻华日军首脑反复权衡，思虑再三，终于在1940年3月30日建立汪伪政权，指望通过建立汪伪政权来分裂和瓦解重庆政权，诱降国民党官员特别是高级将领。但是，日本统治者并没有把筹码全部押在汪精卫身上，它只是让汪精卫代理伪国民政府的主席，在外交上也没有立即予以承认，为同重庆政权再开和谈留有余地。

　　1939年11月到次年1月，日军发动南宁战役。继南宁战役之后，

---

　　① 日本防卫厅防卫研修所战史室：《中国事变陆军作战史》第三卷第一分册，田琪之等译，中华书局1981年版，第128页。

　　② 日本防卫厅防卫研修所战史室：《中国事变陆军作战史》第三卷第一分册，田琪之等译，中华书局1981年版，第128页。

1940 年 5 月日军又发动了宜昌战役。如果说占领南宁是为了从经济上封锁重庆,割断重庆与外国的联系,那么宜昌战役则是着眼于政治上的效果,迫蒋重开和谈,逼蒋就范。日军经过一个多月的艰苦作战,于 6 月 14 日攻占宜昌。宜昌距重庆 480 公里,西扼入川咽喉、东通武汉,又盛产稻米,素有华中粮仓之称。宜昌失守,重庆深感震动,加上这时欧洲战局激变,使重庆投降派又活跃起来。"日中战争八年中,蒋介石总统最感到危机的时刻,就是宜昌作战的时候。这时一个走向解决中国事变的机会已经来临。"①蒋介石面对日本的巨大军事压力,于 6 月上旬恢复与日本的"和平谈判"。

1940 年德军闪击北欧、西欧,1941 年 6 月 22 日苏德战争爆发。由此引起了日本内部早已孕育的南进论的高涨,给对华政策以很大影响。在中日战争还未结束的情况下,日本统治者决定向南方扩张是为了"把因中国事变失败造成的国民不满情绪转移到南方去",把南进作为建立大东亚新秩序的捷径和解决中国问题的重要办法。"重庆政权之所以仍未放弃抗战者,主要是由于过分低估了帝国的国力,并且寄希望于第三国的援助,特别是对美国在经济上的依赖。"②1940 年 7 月 15 日华南方面军从驻华日军战斗序列中解除,直属大本营领导。苏德战争的爆发更坚定了日本南进的决心。

那么德军在欧洲战场的胜利以至苏德战争的爆发使日本的对华政策有些什么变化呢? 首先日本加强了对重庆政权的和平攻势。1940 年 5 月 18 日日本陆军省制定了《以昭和十五、十六年为目标的处理中国问题策略》的文件。该文件提出:"帝国决心进一步统一与加强政略、战略和谋略,以全力迅速使重庆政权屈服。""进行各种努力,进一步促进对重庆直接

① 日本防卫厅防卫研修所战史室:《中国事变陆军作战史》第三卷第二分册,田琪之等译,中华书局 1983 年版,第 28 页。

② 日本防卫厅防卫研修所战史室:《中国事变陆军作战史》第三卷第二分册,田琪之等译,中华书局 1983 年版,第 90 页。

停战的和平交涉。为此，特别应从大局着眼，重新研究讨论允许停战及和平的条件。"①显然，日本统治者希望用"和谈"的方式迅速全面地解决"中国事变"，恢复国家及日军的机动性，使重庆政权不战而降。日本利用这一时期有利的国际形势重新进行因建立汪伪政权而一度中断的"桐工作"，继续与重庆代表举行会谈。"在这昭和十五年六月中旬以后约一个月时间内,的确出现了似乎事变行将解决,日中两国最接近的一刹那。"②"七月，美联社驻重庆记者报道，英国封锁滇缅通道以来，在中国人中关于日中和平的议论急剧上升，一般的看法是战斗在六个月以内结束，政府将返回南京。"③正在这时，八路军发动了震撼全国的百团大战，给日本的和平攻势和蒋介石的妥协动摇以沉重打击。1940 年 9 月，日军因蒋介石的态度趋于强硬而被迫停止寄予最大期望的"桐工作"。在日本军方结束桐工作的时候，外相松冈洋右打算开辟两条对重庆工作的途径。一条以德国为中介的同重庆政权的间接接触，一条通过钱永铭、周作民等浙江财阀与重庆政权的直接交涉。前一条途径未能打通，后一条途径虽取得一些成果，但最终还是被堵塞了。究其原因：一是国民政府迁都汉口特别是重庆以后，浙江财阀和蒋介石的关系变得淡薄了；二是形势有了新的变化，即美日关系的明显恶化和英国再开滇缅通道。

　　其次是极力扶植汪伪政权。汪伪政权成立后，日本政府并未立即承认它，而是煞费苦心地延缓对汪伪政权的承认，耐心等待重庆政权的"觉悟"。日本军方首脑认为，"承认新中央政府，将导致南京、重庆两政权长期的对立和斗争……将是重走不以蒋介石为对手的老路。"④和谈失败

---

① 日本防卫厅防卫研修所战史室：《中国事变陆军作战史》第三卷第二分册，田琪之等译，中华书局 1983 年版，第 45 页。

② 日本防卫厅防卫研修所战史室：《中国事变陆军作战史》第三卷第二分册，田琪之等译，中华书局 1983 年版，第 55 页。

③ 日本国际政治学会：《通向太平洋战争的道路·4·日中战争下》，朝日新闻社 1963 年版，第 236 页。

④ 日本防卫厅防卫研修所战史室：《中国事变陆军作战史》第三卷第二分册，田琪之等译，中华书局 1983 年版，第 48 页。

以后，日本政府才于 11 月 30 日正式承认汪伪政权。承认汪伪政权，日本政府就在国际法上完全抹杀了重庆政府的存在，从根本上堵塞了与重庆和谈的道路。这表明日本最终下定了长期持久战的决心。由此日本也比以前更加重视汪伪政权，尽一切手段扶植它。驻华日军针对汪伪政权政令不出南京城的现状，决定实行清乡运动，企图在长江下游地区渗透和发展汪伪政权的政治力量，奠定汪伪政权"完全独立自主"的基础。

第三，改变军事战略方针。日本统治者对 85 万日军长期陷于中国战场非常焦虑，因为这对日军的南进是很不利的。这一时期日军首脑一再提出对华实行长期持久战态势。所谓长期持久战态势，其实质就是想方设法缩小驻华日军兵力和削减对华战费，对目前的战局维持现状，采取"以华制华"的方针，恢复日军的机动性，为南进作准备。在这种情况下，日军对华作战态势发生了变化，不再进行大规模的内陆作战了。如华北方面军实施的"治安肃正建设"和"治安强化运动"，采取"三分军事、七分政治"的方针，进行政治、军事、经济、文化等全面侵略和渗透。

四、日美走向对抗

抗战爆发后，中国面临军需物资缺乏、财政经济状况严重恶化的困境，迫切需要国际社会特别是美、英的财政、军事援助。美国出于自身利益的考虑，在战争初期采取无所作为的中立态度。美国对中国的抗战前途一度抱有悲观的态度，有些军方高层人士甚至预言中国的军事抵抗坚持不了几个星期。在中日战争前景不明朗的情况下，美国不愿介入中日战争，更不愿给中国以援助而得罪日本。但是中国人民表现出了坚忍不拔的抗战意志，顽强地抵抗日本的疯狂进攻，赢得了美、英等国的尊敬。武汉、广州沦陷以后，中日战争进入相持阶段，日本在短期内不可能灭亡中国。与美、英等国的麻木、冷漠相比，苏联却对中国的抗战提供了大量援助，赢得了中国人民的好感，中苏关系变得异乎寻常的密切，这使美、英感到不安，担心中国倒向共产主义和苏联。而且随着侵华战争规模的扩大，日本显露出了向东南亚扩张的势头。美、英等国开始考虑对华援助，因为这是拖住日本、阻止日本南进的最好办法。罗斯福明确指出"保卫中国即是保卫美国的关键"。国民党政府不断向美国发出求援呼吁，尽量夸大中国所面临的困难，造成中国得不到外援抗战就会崩溃的印象，甚至放出要与日本讲和的风声，向美英等国施加压力。蒋介石还利用苏联积极援助中国的事实，劝说美国政府改变消极的援华态度，否则中国将不得不改变政治立场。早在中日战争爆发之初，以财政部长摩根索（Henry Morgenthan, Jr）为代表的某些决策者就表现出援助中国的倾向。摩根索把中国的抗日战争与整个世界的紧张局势联系起来考虑："相信日本在中国的胜利将鼓励其他法西斯国家的侵略冒险，从而极大地增加世界战争的危险。因此，世界和平是与中国能否长期抗战戚戚相关的。"[①] 1938 年 11 月美国向中国贷款 2500 万元。尽管这笔贷款数量并不大，而且冠以"桐油贷款"的名称，但它的政治含义是深远的，这是抗战以来美国第一笔对华贷款，显示美国采取了新的对华政策。正如参加谈判的中国官员在致财政部长孔祥熙的信中所说的："这笔二千五百万美元仅是开始，将来可望有大笔贷款源源而来，这是一笔政治贷款……美国已明确地投身进来，不能打退堂鼓了。同情我国的华府尚有两年任期，也可能是六年，现在我们的政治前途更加光明了。"[②] 在此以后，美国采取了既能维持中国抗战、又不会引起日本报复的援华行动。1940 年 4 月 20 日，中美达成华锡借款协议，美国在 6 月 30 日前向中国提供 2000 万美元贷款，中国售锡 4 万吨给美国以清偿借款。1940 年 10 月，美国批准了价值 2500 万美元的中美钨砂借款合同。1940 年 12 月罗斯福政府向中国贷款 1 亿

---

　　① 任东来：《争吵不休的伙伴——美援与中美抗日同盟》，广西师范大学出版社 1995 年版，第 4 页。

　　② 任东来：《争吵不休的伙伴——美援与中美抗日同盟》，广西师范大学出版社 1995 年版，第 21、30—39 页。

美元，英国向中国贷款 1000 万英镑，大大推进了美中英三国的同盟合作关系。美国对华援助实质上是对中国战场的投资，不仅支持了中国人民的抗战，也维护了美国在东亚的根本利益。1940 年 9 月—1941 年 12 月，美国对华援助逐渐发展为全面援助，援助数量增多，条件更加优惠，间隔时间缩短，援助形式多样化，援助领域广泛化，从单纯的物资援助发展到人员交流。在珍珠港事变爆发时，中美之间已经形成了一种全面的援助体系。[①]在美英的支持下，蒋介石拒绝了日本的停战条件，对日态度逐渐趋于强硬，日本的诱降阴谋遭到了失败。"民国 29 年 11 月，蒋总统达成一个有重大意义的决定。他决定中国与英美直接采取一致行动，以对抗轴心国的侵略。从此以后，中国对于日本企图与中国单独解决的一切和平条件概置之不理。"[②]

美国对华援助和对日经济制裁是美国远东政策的两个方面。随着美国对华援助的扩大，美国对日经济制裁也逐渐升级。抗战爆发后，美国的对日政策经历了中立、道义谴责、道义禁运以及经济制裁的道路。抗战之初，美国表示对中日战争采取不干预、不卷入的中立态度。随着日本侵略规模的扩大和由此造成的中国平民百姓的巨大伤亡，美国政府和舆论对日本进行了道义谴责。"人们不安地认识到自己的国家正在向日本提供飞机、坦克和弹药，而后者正在使用它们对中国进行侵略战争。"为了抗议向日本出售武器，美国民众举行公共集会、向报纸写信以及组织各种各样的群众团体，逐渐影响官方政策。1938 年 7 月，国务院宣布对日本实施飞机的道德禁运。此举动"发出了一个清晰的信号，日本在中国的战争中不能再依靠美国的武器了"。[③]以 1938 年为转折，美国对日

---

① 任东来：《争吵不休的伙伴——美援与中美抗日同盟》，广西师范大学出版社 1995 年版，第 21、30—39 页。

② 日本防卫厅防卫研修所战史室：《中国事变陆军作战史》第三卷第二分册，田琪之等译，中华书局 1983 年版，第 37 页。

③ [美]孔华润主编：《剑桥美国对外关系史》下，张振江等译，新华出版社 2004 年版，第 149、150 页。

输出呈下降趋势，而对华出口不断上升，表明美国开始运用经济手段制裁日本。中国在积极寻求美援的同时，也在呼吁美国对日实施经济制裁。美国国内的强硬派主张对日实行经济封锁。史汀生声称：“对日本唯一的方法，就是什么也不给它。”摩根索主张立即对日禁运石油，认为美英两国联合切断日本的石油，那么日本3到6个月就会屈服。事实上日本在侵华战争头3年中消耗的汽油，有70%是由美国供应的。罗斯福不愿采取过于强硬的对日政策，而是选择了风险较小的中间路线。1940年7月26日，美国禁止向日本出口航空汽油、润滑油和头等碎金属。日本对美国的警告置若罔闻。9月底，日军进驻法属印度支那北部并加入德意轴心。美国宣布对日禁运废金属，同时美国政府批准对华“钨砂贷款”。这一举动具有象征意义。自从1938年美国开始有限卷入中日冲突以来，为避免过分刺激日本，在对日经济制裁和物资援华两条战线上从未统一行动。而现在对华贷款和废钢禁运同时宣布，反映美国已无所顾忌了，美国已放弃了牺牲中国与日本谋求妥协的做法。[①]

五、日美谈判的破裂与太平洋战争的爆发

日本统治集团长期以来在南进、北进抉择上举棋不定。所谓北进指的是以中国“满蒙”地区和朝鲜半岛为中心的大陆方向，二战期间则包括苏联远东西伯利亚地区；南进范围则包括日本南面海域诸岛及东南亚各地。在侵华战争陷入僵局的情况下，日本究竟选择南进还是北进较长时间内议而不定。北进是与苏联为敌，南进则是与美英作战。北进以陆战为主，意味着陆军扮演主要角色；南进则以海战为主，海军将担当主力。全面侵华战争爆发后，南进论在日本有过两次高涨。第一次发源于1940

① 刘笑盈：《眺望珍珠港——美日从合作走向战争的历史透视》，北京广播学院出版社2002年版，第307—314页。

年春夏，来势很猛，然而不久就沉寂下去了。第二次出现于苏德战争爆发之后。

1940 年春夏，德军以迅雷不及掩耳之势突袭北欧、闪击西欧，取得了一连串异乎寻常的胜利，诱发了日本内部早已孕育的南进论的高涨。"德国的战争机器和体制，德国的耀眼的胜利，有如烈酒，已冲昏了日本人的大脑"①。"不要误了班车"成了日本朝野最时髦的话题，军部对南进论逐渐着了迷。

1940 年 1 月成立的米内光政内阁是一个维护现状、极力谋求改善日英美关系的内阁，"美中两国在米内内阁的后期明显地表示了同日本接近的姿态"。但是欧洲战局的激变导致了米内内阁的垮台。日军参谋总长载仁亲王认为，"此刻最重要的是组成举国一致的、强有力的内阁，这个内阁不是左顾右盼，而是果断实行各种政策"。②1940 年 7 月 3 日大本营陆军部通过了《适应世界形势演变处理时局纲要》的重要文件。该文件指出："在世界形势动荡的情况下，帝国迅速解决中国事变的同时，特别注重改善国内外形势，继而寻求良机，解决南方问题。"③继米内上台的近卫文磨在新内阁正式组成前就急急忙忙地召开了"四巨头会议"（首相、外相、陆相和海相），商议日本的"基本国策"。会议认为，"为了使英、法、荷、葡在东亚及其邻近岛屿的殖民地包括在东亚新秩序之内，要进行积极的处理……"④7 月 27 日，新政府和大本营举行联席会议，批准了《适应世界形势演变处理时局纲要》"这个划时期的国策"。"由于这个划时期的新国策，使日本的前进道路发生了重大变化，近卫内阁执行和推进了日德意三国同盟政策，陆军开始研究南方作战计划，并进驻了法属印度支那北部，海军正式推进对美国的战备，日本积极地介入了世界性的动乱，

①　[美]约瑟夫·C.格鲁：《使日十年》，蒋相泽译，商务印书馆 1983 年版，第 325 页。
②　[日]稻叶正夫等编：《通向太平洋战争的道路·别卷》，朝日新闻社 1963 年版，第 315 页。
③　[日]外务省编纂：《日本外交年表及主要文书（下）》，原书房 1965 年版，《文书》第 437 页。
④　《荻洼会谈记录》，《日本外交年表及主要文书（下）》，原书房 1965 年版，《文书》第 435 页。

向着处于战乱状态的太平洋大大前进了。"①

必须指出的是，这一时期的日本南进政策在确定打击对象、实施时机、作战范围上是有严格限制的，是一种有限的、局部性的南进，要达到的目标也不是彻底打垮英美，而是摆脱对英美的经济依赖，确立自给自足的战争体制。"捕捉英国的困境和美国的犹豫不决这种良机对英、荷开战，攻下马来亚、香港，把英国势力从远东及南方驱逐出去，利用胜利的余威，把荷属印度纳入日本的资源圈内，摆脱对英美的经济依存关系。"②."目前的政策是尽力避免对美作战。"日本统治者决定挥戈南进的时间为 1940 年 8 月底。

但是，日军并未按原定计划南进，日本统治者无限期地推迟了该计划，笼罩在太平洋上空的战争乌云暂时消失了。那么日本统治者为何不敢把南进政策立即付诸实施呢？

首先，这一时期的南进政策是以所谓"英美可分"这种观点为基础的。日本统治者认为，美国政府鉴于德国征服欧洲、威胁西半球的现实危险以及国内孤立主义的影响，对日本的南进不敢以力相拒；日本趁此机会对英一击，可以轻松地接受英法荷的遗产。然而，在不列颠战役中，美国抛弃孤立主义立场，响应英国的紧急呼吁，从各方面援助英国，英美结盟同德意对抗的战略态势日益明显。军令部长永野修身大将说："英美绝对不可分，对南方行使武力即是对美开战。"③当时日本军方首脑还没有同美较量的决心。

其次，日本统治者内部的稳健派激烈反对南进。他们认为，此时挥戈南进，势必出现"国防上对苏作战准备、进行中国事变的作战、准备南方作战三者并进的困难局面"，这是日本的国力难以承担的。在陆军部

---

① 日本防卫厅防卫研修所战史室：《中国事变陆军作战史》第三卷第二分册，田琪之等译，中华书局 1983 年版，第 76 页。

② 日本国际政治学会：《通向太平洋战争的道路·7·日美开战》，朝日新闻社 1963 年版，第 23 页。

③ [日]稻叶正夫等编：《通向太平洋战争的道路·别卷》，朝日新闻社 1963 年版，第 315 页。

作战课的一次参谋会议上，反对南进的人竟达 60% 以上。天皇也劝诫军方首脑对南进要慎重。

第三，中国人民英勇顽强的斗争牵制了日军的力量，便日军不敢贸然闯入南方。"以满洲事变到日华事变以至今历时十年，日本逐渐深陷泥潭，国家前途困难事重。"参谋次长泽田茂中将说："日本的国力投入中国事变后已余力无几，无法以自己的力量解决南方问题。"很显然，日军南进将极度危险地分散国力与兵力，使侵华日军的困难变得更加深重。

第四，以 1940 年夏天为标志，美国在对日关系上开始奉行一种含而不露的威胁政策。美国舆论也大多倾向于对日强硬。一向"非常同情日本"的格鲁大使 (Joseph Clark Grew) 在 1940 年 9 月拍发了一封自称是"出使日本八年来发往华盛顿的最值得注意的文电"，建议政府采取强硬措施，"美国若是继续运用耐心和克制，反倒会使美日关系越来越不稳定"。此电发出后，格鲁"心情很沉重。我过去所了解的那个日本，已不复存在了"。[1]格鲁此前所发的都是不主张对日本制裁的所谓"红灯"电报，当他看到仅仅对日本进行安抚或抗议已经无济于事时，终于拍发了他称之为"绿灯"的电报。格鲁是罗斯福的哈佛同学和密友，其对日态度的改变不能不引起罗斯福的注意。美国开始对日实施经济制裁，这种有限的经济制裁对日本是一个沉重的打击。同时，"也是个信号，表明美国认为它会和日本开战"。[2]美国所显示的坚定立场以及英美两国海军在太平洋海域合作的谣传，迫使日本政府实行暂时的外交退却。

第五，苏联的威胁始终是日本统治者心中的隐忧。1939 年 8 月 23日签订的《苏德互不侵犯条约》在日本引起极大震动。该条约的签订暂时解除了德国从西面进攻苏联的可能性，苏联增强了在远东的军事实力。1940 年末，苏联在远东布置了 30 个师团，而日本在朝鲜和满洲仅驻扎

① [美]约瑟夫·C.格鲁：《使日十年》，蒋相泽译，商务印书馆 1983 年版，第 334—339 页。
② [美]赫伯特·菲斯：《通向珍珠港之路——美日战争的来临》，周颖如等译，商务印书馆1983 年版，第 112 页。

了 12 个师团；远东苏军拥有 2800 架飞机和 2700 辆战车，日军只有 720
架飞机和 450 辆战车。[①]自明治维新以来，日本一贯把防卫俄国（苏联）
当作自己军事上的重要任务。这一时期苏日两国远东军备的极度不平衡
使日本军方首脑深感不安。特别是 1939 年发生的诺蒙坎事件，再一次证
实了远东苏军不仅在兵员数量，而且在火力和机动力量上占压倒优势。
因此，北方问题不解决，日军就不可能南进。1939 年 12 月，日本军部
决定把当时已膨胀到 85 万人的在华兵力缩减到 50 万人，腾出预算和资
材来充实对苏战备。1940 年 3 月，参谋本部和陆军省首脑会议决定了从
中国主动撤兵的方针，即在 1940 年内不能解决"中国事变"，则从 1941
年初开始，逐步从中国撤兵，到 1943 年，把兵力压缩到上海三角地带及
华北蒙疆地区。显然军部提出这样的兵力部署，实际上等于承认发动全
面侵华战争失败，尽管这一战略方针由于形势的变化未能付诸实施。

　　1941 年 6 月 22 日苏德战争爆发。这一事件从根本上消除了日本统
治者念念不忘的北方威胁，一度沉寂的南进论又高涨起来。德军进攻苏
联的第三天，大本营陆海军部就制定了《适应形势演变的帝国国策纲要》
的重要文件，指出："帝国为自存自卫，促进对南方重要地区的各项施策。
为此，做好对英美作战的准备。首先，根据《关于促进南方施策的方案》，
贯彻执行对法属印度支那和泰国的各项措施，借以加强向南方扩展的态
势。帝国为达此目的，不惜对英美一战。"[②]把作战对象从英荷扩展到美
国。7 月 3 日，日军总部下达了准备进驻法属印支南部的命令，7 月 28 日，
日军占领了法属印支南部。美国对此立即作出了反应。7 月 24 日美国政
府下令冻结日本在美资金，8 月 1 日又禁止向日输出石油。

　　"这种决定性报复措施，使东京政府必须在两条道路中进行选择：要

　　①　日本防卫厅防卫研修所战史室：《中国事变陆军作战史》第三卷第二分册，田琪之等译，中
华书局 1983 年版，第 76 页。

　　②　[日]服部卓四郎：《大东亚战争全史》第一册，张玉祥等译，商务印书馆 1984 年版，第
147—148 页。

么实行限制性撤退；要么孤注一掷，与美国作战。"日本统治者既不愿妥协退让，又不敢立即开战，而是在这"两条道路"之间徘徊观望，踌躇不定。

以外相松冈洋右为代表的北进派，认为德苏开战是千载难逢的好机会，"日本应该当机立断，先搞北面，然后搞南面"。在北进论的影响下，《适应形势演变的帝国国策纲要》在确定南进的同时，又指出："如果德苏战争的进展情况对帝国极为有利，就行使武力解决北方问题，以确保北部边界的安定。"[1]由于战略进攻方向不明确，日本确立了一种含糊不清的、充满机会主义色彩的南北并进战略。这种机会主义战略论非常危险，因为它可能将日本导入与美、苏同时为敌的"最险恶事态"。日军参谋本部决定"以苏联远东总兵力减少一半作为发动武装进攻的条件"。7月7日，日军首脑下达了关东军特别大演习的动员令，这是日本陆军创建以来最大的动员，极其迅速地向满洲、朝鲜等地输送大量兵员、马匹和武器，大大增强了关东军的总兵力，摆出北进的态势，"日苏即将开战之说盛传一时"。由于德军的攻势受到遏制，短期内看不到苏联崩溃的可能性，因此8月6日召开的陆海军联席会议作出了放弃北进的决定，参谋本部紧接着在8月9日宣布，不管德苏战争进展如何，也要放弃1941年内武装解决北方的想法，而集中力量做好在南方对英美的战争准备。[2]日本统治者在北进、南进问题上的争论、犹豫，在一定程度上影响了南进计划的实施。

1941年1月，美国国会通过了《租借法案》，授权总统可以向任何被认为对美国国家安全至关重要的国家出售、转让、交换和租借武器以及相关物资。英国成为《租借法案》的直接受益国，而中国在5月份也成为租借物资的接受国。与此同时，美、英、荷、中开始协调对日政策，

---

① ［日］服部卓四郎：《大东亚战争全史》第一册，张玉祥等译，商务印书馆1984年版，第147—148页。

② ［日］信夫清三郎：《日本外交史》下册，天津社会科学院日本问题研究所译，商务印书馆1980年版，第646页。

实际上建立了 ABCD 联盟。^①在美日对立日益严重的情况下，双方仍在寻
求妥协的可能性。从 1941 年 3 月至 12 月，美日两国进行了长达 9 个月
的谈判。中国问题始终是美日谈判的核心议题。美国希望日本结束在中
国的军事行动，尊重中国的主权、独立与领土完整，而日本则希望美国
对国民党政府施加压力，迫使中国与日本达成妥协。1941 年日本新任驻
美大使野村吉三郎与美国国务卿赫尔在华盛顿进行非正式会晤，就调整
双方关系现状交换意见。4 月初，日本草拟出一份谈判方案，即所谓《日
美谅解方案》。尽管日本的要价太高，但赫尔认为谈比不谈好，同意以《日
美谅解方案》为谈判基础。于是美日谈判升格为正式的外交谈判。《日美
谅解方案》涉及的主要问题包括：1. 日美两国持有的国际观念及国家观
念；2. 两国政府对欧洲战争的态度；3. 关于中国事变两国政府的关系；4. 关
于在太平洋的海空兵力及海运关系；5. 两国间的通商及金融提携；6. 关
于西南太平洋方面两国的经济活动；7. 关于太平洋的政治安定的两国政
府的方针。日本声明，三国同盟的目的是防御，只有在德国受到尚未参
加欧洲战争的国家攻击时，日本才履行三国同盟所担负的军事义务；由
美国出面调停中日争端，其原则是中国独立，根据日中之间的协定，日
军从中国领土撤退，不赔款，恢复门户开放方针，蒋政权与汪政府合流，
限制向中国的移民，但应承认"满洲国"，实现蒋政权与汪政府以及其他
亲日分子的合作；日美恢复正常的经济贸易关系；日本保证在西南太平
洋不使用武力而采取和平的手段，但美国应帮助日本从该地区获得日本
所需要的物资，日美不承认欧洲各国在东亚及西南太平洋地区的领土割
让或合并，给美国和西南太平洋地区的日本移民以平等待遇；两国首脑
举行会谈等。^②6 月 21 日，美国针对日本的《日美谅解方案》提出了美
国的对案。但是翌日，苏德战争爆发，给美日谈判以很大的冲击，南进

---

① [美]孔华润主编：《剑桥美国对外关系史》下，张振江等译，新华出版社 2004 年版，第 167
页。ABCD 分别是美、英、中、荷四国英文名称的首字缩写。

② [日]外务省编纂：《日本外交年表及主要文书》下，原书房 1978 年版，《文书》第 492—495 页。

论再次高涨。7月25日，日军强行进驻印度支那南部，美国立即对日实施经济制裁。

针对美国的经济制裁，近卫首相仍主张继续与美国谈判并撤换对美持强硬态度的外相松冈洋右。近卫清楚日美两国国力存在着巨大的差距。日俄战争后期，日本的国力、兵力均已告罄，只是借助美国的调停，才体面地结束战争。这说明日本只能打一场针对弱小国家的速决战，它经不起长期持久战的消耗。现在日本既要维持侵华现状，又要在孤立无援的情况下对英美两个强国作战，不能不引起日本统治集团中稳健派的恐慌和焦虑。从1941年8月起，近卫置东条英机的反对和国内极端分子的威胁于不顾，接二连三地向美国呼吁，表示愿意在任何地方同罗斯福会晤，以消除目前的紧张状态，并且还准备了高速的"新田丸"轮船，一俟美国同意立即起锚登程。格鲁认为，"一个日本首相，在这个崇奉惯例和传统的国家，竟如此打破惯例和传统，并且可以说是卑躬屈节，甘愿到美国地界去拜会美国总统，这也就是一个标志，表明日本政府已下了决心，要消除给我国造成的巨大损害，这种损害已经得罪并逐渐激怒了一个强国。"①但是近卫并没有拿出一个切实可行的谈判方案。10月2日，赫尔拒绝了近卫提出的举行美日首脑会晤的建议。近卫不敢承担对美战争的重责，在1941年10月16日即和战的关键时刻自动辞职。

近卫辞职以后，东条英机受命组阁。东条上台后把再三推迟的南进计划立即付诸实施。11月5日御前会议通过了《帝国国策实施要领》，明确指出："现在决心对美、英、荷开战"，"发动进攻的时间为12月初，陆海军应做好作战准备"。但该文件并没有彻底堵塞日美谈判的大门，指出："如在12月1日上午零时以前对美谈判取得成功，即中止发动进攻。"②为了争取在谈判桌上获得日本的利益，日本准备了甲、乙两个方案。《甲案》

---

① ［美］约瑟夫·C.格鲁：《使日十年》，蒋相泽译，商务印书馆1983年版，第442页。
② ［日］外务省编纂：《日本外交年表及主要文书（下）》，原书房1978年版，《文书》第554—555页。

包括以 25 年为期驻兵华北、内蒙古和海南岛；日本尊重印度支那的领土
主权，但从印度支那撤军需在中国问题解决及公正的东亚和平确立之后；
中国商业机会均等问题只有在机会均等原则适用全世界时方可实行。《甲
案》是非常强硬的方案，根本显示不出日本对谈判的诚意。为此日本又
提出了一个缩小范围的《乙案》。《乙案》的主要内容是：日美两国约定，
不向法属印度支那以外的东南亚及南太平洋地区实行武力扩张；日美两
国相互协助保障从荷属东印度群岛取得物资；日美两国恢复正常的通商
关系，美国供应日本石油；美国支持日中两国达成和平的努力等。[①]这两
个方案美国根本不可能接受。在美日谈判的最后阶段，美国已经对谈判
前景不抱希望，只是利用谈判作为拖延战争的手段，因为美国在东亚和
西太平洋的军事防御还很不完备。美国通过破译日本外交电报得知《乙案》
是日本的最后方案，如不接受，战争将不可避免。

　　11 月 26 日，美国答复日本提案，向野村大使递交了《美日协定基
础大纲》，即"赫尔备忘录"，其主要内容是日本与中、美、英、荷、苏
等国订立互不侵犯条约；日本必须撤退在中国、印度支那的所有海、陆、
空军队及警察；美国和日本不给予在临时首都重庆的国民政府以外的其
他中国政权以军事的、经济的支持等。[②]美国决策层已经知道日本将发动
突然袭击。事实上也是如此。"赫尔备忘录"是美日谈判以来美国提出的
最为强硬的谈判条件，它的实质就是要把中国恢复到"九一八事变"前
的状态，表明美国已经决定与日本开战。

　　事实上美日谈判不可能成功。因为进入 1941 年，整个世界分裂为两
个阵营，"一方是通过征服和基于修正主义原则而图谋建立世界新秩序的
轴心国同盟"，另一方则是反轴心国的国家联盟，"它们为防止轴心国统

---

　　① ［日］外务省编纂：《日本外交年表及主要文书（下）》，原书房 1978 年版，《文书》第
554—555 页。

　　② ［日］外务省编纂：《日本外交年表及主要文书（下）》，原书房 1978 年版，《文书》第
563—564 页。

治世界而战"。两个阵营的意识形态和外交理念完全相反，"前者拥护的
是排他主义、专制主义与反民主思想，后者则是普遍主义、国际主义和
民主思想"。①

---

① ［美］孔华润主编：《剑桥美国对外关系史》下，张振江等译，新华出版社 2004 年版，第
173 页。

主要参考书目

一、中文参考书目

1.《顾维钧回忆录》第一分册、第二分册,中国社会科学院近代史研究所译,中华书局 1983 年版、1985 年版。

2. 孔祥吉、村田雄二郎:《罕为人知的中日结盟及其他——晚清中日关系史新探》,巴蜀书社 2004 年版。

3. 任达:《新政革命与日本》,李仲贤译,凤凰出版传媒集团、江苏人民出版社 2006 年版。

4.《国际条约集(1917—1923)》、《国际条约集(1924—1933)》,世界知识出版社 1961 年版,

5. 哈罗德·尼科松:《外交学》,眺伟译,世界知识出版社 1957 年版。

6. 滨下武志:《近代中国的国际契机——朝贡贸易体系与近代亚洲经济圈》,朱荫贵、欧阳菲译,中国社会科学出版社 1999 年版。

7. 玛格丽特·麦克米兰:《大国博弈:改变世界的一百八十天》,荣慧、刘彦汝译,重庆出版社 2006 年版。

8. 信夫清三郎编:《日本外交史》上下册,天津社会科学院日本问题研究所译,商务印书馆 1980 年版。

9. 井上清 :《日本军国主义》(1—4 册)，马黎明译，商务印书馆 1985 年版。

10. 章伯锋、李宗一主编 :《北洋军阀》第 2 卷、第 5 卷，武汉出版社 1990 年版。

11. 杨栋梁主编 :《近代以来日本的中国观》(1—6 卷)，凤凰出版传媒集团、江苏人民出版社 2012 年版。

12. 曹汝霖 :《曹汝霖一生之回忆》，中国大百科全书出版社 2009 年版。

13. 唐启华 :《被"废除不平等条约"遮蔽的北洋修约史（ 1912—1928)》，社会科学文献出版社 2010 年版。

14. 芮恩施 :《一个美国外交官使华记》，李抱宏、盛震溯译，文化艺术出版社 2010 年版。

15. 归泳涛 :《赖肖尔与美国对日政策》，重庆出版社 2008 年版。

16. 鲍威尔 :《我在中国二十五年——〈密勒氏评论报〉主编鲍威尔回忆录》，邢建榕等译，上海书店出版社 2010 年版。

17. 王芸生编著 :《六十年来中国与日本》(1—8 卷)，三联书店 1981 年版。

18. 罗志田 :《乱世潜流——民族主义与民国政治》，上海古籍出版社 2001 年版。

19. 费正清、费维恺编 :《剑桥中华民国史》上下卷，杨品泉、张言等译，中国社会科学出版社 1993 年版。

20.E. H. 卡尔 :《两次世界大战之间的国际关系》，徐蓝译，商务印书馆 2009 年版。

21. 罗伊·沃森·柯里 :《伍德罗·威尔逊与远东政策（ 1913—1921)》，张玮瑛、曾学白译，社会科学文献出版社 1994 年版。

22. 信夫清三郎 :《日本政治史》第四卷，周启乾译，上海译文出版社 1988 年版。

23. 升味准之辅 :《日本政治史》第二册、第三册，董果良、郭洪茂译，商务印书馆，1997 年版。

24. 宓汝成编：《中国近代铁路史资料》（三册），中华书局1963年版。

25. 中国社会科学院近代史研究所《近代史资料》编辑室主编：《秘笈录存》，中国社会科学出版社1984年版。

26. 程道德等编：《中华民国外交史资料选编（1919—1931）》，北京大学出版社1985年版。

27. 蒋立峰、汤重南主编：《日本军国主义论》上下，河北人民出版社2005年版。

28. 殷燕军：《近代日本政治体制》，社会科学文献出版社2006年版。

29. 中江兆民：《三醉人经纶问答》，滕颖译，商务印书馆1990年版。

30. 吴东之主编：《中国外交史》第二册，河南人民出版社1990年版。

31. 井上清、铃木正四：《日本近代史》上下册，杨辉译，商务印书馆1959年版。

32. 万峰：《日本资本主义史研究》，湖南人民出版社1984年版。

33. 徐蓝：《英国与中日战争（1931—1941）》，北京师范学院出版社1991年版。

34. 刘笑盈：《眺望珍珠港——美日从合作走向战争的历史透视》，北京广播学院出版社2002年版。

35. 金光耀、王建朗主编：《北洋时期的中国外交》，复旦大学出版社2006年版。

36.《颜惠庆自传——一位民国元老的历史记忆》，吴建雍等译，商务印书馆2003年版。

37. 伯纳德·科尔：《炮舰与海军陆战队：美国海军在中国（1925—1928）》，高志凯译，重庆出版社1986年版。

38. 李恩涵：《北伐前后的"革命外交"（1925—1931）》，台湾"中央"研究院近代史研究所专刊（69），1993年。

39.《中华民国史资料丛刊大事记》第13辑，中华书局1984年版。

40. 李育民：《中国废约史》，中华书局2005年版。

41. 沈予：《日本大陆政策史（1868—1945）》，社会科学文献出版社2005年版。

42. 俞辛焞：《近代日本研究论集》，天津人民出版社2000年版。

43. 熊沛彪：《近现代日本霸权战略》，社会科学文献出版社2005年版。

44. 堀幸雄：《战前日本国家主义运动史》，郭达云译，社会科学文献出版社2010年版。

45. 中央档案馆等编：《日本帝国主义侵华档案资料选编　九一八事变》，中华书局1988年版。

46. 韦罗贝：《中日纠纷与国联》，薛寿衡、邵挺等译，商务印书馆1937年版。

47. 斯蒂芬·范·埃弗拉：《战争的原因》，何曜译，上海人民出版社2007年版。

48. 陈月娥：《近代日本对美协调之路》，中国社会科学出版社2005年版。

49. 中国社会科学院中日历史研究中心编：《九一八事变与近代中日关系——九一八事变70周年国际学术讨论会论文集》，社会科学文献出版社2004年版。

50. 柯博文：《走向"最后关头"——中国民族国家构建中的日本因素（1931—1937）》，马俊亚译，社会科学文献出版社2004年版。

51. 陈公博：《苦笑录》，东方出版社2004年版。

52. 李广民：《准战争状态研究》，社会科学文献出版社2003年版。

53. 祢津正治：《天皇裕仁和他的时代》，李玉、吕永和译，世界知识出版社1988年版。

54. 康拉德·希诺考尔等：《日本文明史》，袁德良译，群言出版社2008年版。

55. 山本文雄：《日本大众传媒史（增补版）》，诸葛蔚东译，广西师范大学出版社2007年版。

56. 纪廷许：《现代日本社会与日本社会思潮》，中国社会科学出版社2007年版。

57. 小戴维·佐克、罗宾·海厄姆：《简明战争史》，军事科学院外国军事科学研究部译，商务印书馆1982年版。

58. 潮龙起：《美国华人史》，山东画报出版社2010年版。

59. 周敏：《美国华人社会的变迁》，上海三联书店2006年版。

60. 梅村又次、山本有造编：《日本经济史（3）开港与维新》，李星、杨耀录译，三联书店1997年版。

61. 费正清等编:《剑桥中国晚清史》上下卷, 中国社会科学院历史研究所编译室译, 中国社会科学出版社1985年版。

62. 刘世龙:《美日关系(1791—2001)》, 世界知识出版社2003年版。

63. 马士、宓亨利:《远东国际关系史》, 姚曾廙等译, 上海书店出版社1998年版。

64. C.L. 莫瓦特编:《新编剑桥世界近代史》第12卷, 中国社会科学院世界历史研究所译, 中国社会科学出版社1987年版。

65. 安德鲁·戈登:《日本的起起落落——从德川幕府到现代》, 李朝津译, 广西师范大学出版社2008年版。

66. 潘兴明、陈弘主编:《转型时代的移民问题》, 上海人民出版社2010年版。

67. 吴德明:《拉丁美洲民族问题研究》, 世界知识出版社2004年版。

68. 李凡:《日苏关系史(1917—1991)》, 人民出版社2005年版。

69. 王蓉霞:《英国和日本在华关系(1925—1931)》,东方出版中心2011年版。

70. 复旦大学历史系中国近代史教研组:《中国近代对外关系史资料选辑(1840—1949)》下卷第一分册, 上海人民出版社1977年版。

71.《抗战前国家建设史料 交通建设》,台湾"中央"文物供应社1979年版。

72. 约瑟夫·C.格鲁:《使日十年》, 蒋相泽译, 商务印书馆1992年版。

73. 任东来:《争吵不休的伙伴——美援与中美抗日同盟》, 广西师范大学出版社1995年版。

74. 日本防卫厅防卫研修所战史室:《中国事变陆军作战史》第三卷第一分册、第二分册, 田琪之等译, 中华书局1981年版, 1983年版。

75. 孔华润主编:《剑桥美国对外关系史》上下, 张振江等译, 新华出版社2004年版。

76. 赫伯特·菲斯:《通向珍珠港之路——美日战争的来临》, 周颖如等译, 商务印书馆1983年版。

77. 服部卓四郎:《大东亚战争全史》第一册, 张玉祥等译, 商务印书馆

1984 年版。

78. 祝曙光：《铁路与日本近代化——日本铁路史研究》，长征出版社 2004 年版。

二、外文参考书目

1. 外务省编纂：《日本外交年表并主要文书》上下，原书房，1978 年。

2. 外务省百年史编纂委员会：《外务省の百年》上下卷，原书房，1980 年。

3. 币原喜重郎：《外交五十年》，读卖新闻社，1951 年。

4. 细谷千博、斋藤真编：《ワシントン体制と日米關系》，東京大学出版会，1978 年。

5. 秦郁彦：《太平洋国际關系史——日米および日露危机の系谱 1900-1935》，福村出版社，1972 年。

6. 日本防衛廳防衛研修所戰史室：《海军军戰备（1）》，朝云新聞社 1969 年。

7. 细谷千博编：《日英關系史》，東京大学出版会，1982 年。

8. 鹿岛守之助：《日英外交史》，鹿岛研究所，1959 年。

9. 日本国際政治学会：《太平洋戰争への道・1・满洲事变前夜》，朝日新聞社，1963 年。

10. 日本防衛廳防衛研修所戰史室：《大本營海军部・联合舰队（1）》，朝云新聞社，1975 年。

11. 入江昭：《極東新秩序の模索》，原书房，1968 年。

12. 鹿岛守之助：《ワシントン会議及び移民問題》，鹿岛研究所出版会，1971 年。

13. 入江昭、有贺贞编：《戰間期の日本外交》，東京大学出版会，1984 年。

14. 外务省编纂：《日本外交文书・ワシントン会議》上下卷，外务省，1977 年。

15. 黑羽茂：《日米抗争史の研究》，南窗社，1974 年。

16. 野村乙二郎：《近代日本政治外交史の研究》，刀水书房，1982 年。

17. 宇治田直义：《幣原喜重郎》，時事通信社，1985 年。

18. 鹿島守之助：《日本外交政策の史的考察》，鹿島研究所，1959 年。

19. 稲叶正夫等编：《太平洋戦争への道・別巻》，朝日新聞社 1963 年。

20. 服部龍二：《幣原喜重郎と二十世紀の日本——外交と民主主義》，有斐閣，2006 年。

21. 石津朋之：《日米戦略思想史—日米關系の新しい視点》，彩流社，2005 年。

22. 酒井哲哉：《近代日本の国際秩序論》，岩波書店，2007 年。

23. 衛藤瀋吉：《衛藤瀋吉著作集第三卷——二十世紀日中關系史》，東方書店，2004 年。

24. 臼井胜美：《日本と中国—大正時代》，原書房，1972 年。

25. 上村伸一：《中国ナシヨナリズムと日華關系の展開》，鹿島研究所出版会，1971 年。

26. 猪木正道编：《日本政治・外交史資料選》，有信堂，1967 年。

27. 黒野耐：《大日本帝国の生存戦略》，講談社，2004 年。

28. 臼井胜美：《中国をめぐる近代日本の外交》，筑摩書房，1983 年。

29. 井上寿一：《日本外交史講義》，岩波書店，2003 年。

30. 池井優：《日本外交史概説（増补版）》，慶應通信，1982 年。

31. ホセ・R・サンチス・ムニヨス：《アルゼンチンと日本友好關系史》，日本貿易振興会，1998 年。

32. 移民研究会编：《日本の移民研究——動向と文獻目録Ⅰ明治初期—1992 年 9 月》，明石書店，2008 年。

33. 移民研究会编：《日本の移民研究——動向と文獻目録Ⅱ 1992 年 10 月—2005 年 9 月》，明石書店，2008 年。

34. 宇野悟郎：《アルゼンチン移民私史》，イーストウエストパブリケイションズ，1980 年。

35. 水谷史男：《南米への日本移民の定着過程——衝繩からのアルゼンチン移民に關する覺書》，特別推進プロジェクト報告，2008 年。

36. John E. Van Sant, Pacific Pioneers: Japanese Journeys to America and Hawaii, 1850—80, Urbana: University of Illinois Press, 2000.

37. Melendy H. Brett, Chinese and Japanese Americans, New York: Hippocrene Books, 1984.

38. Brian Niiya (eds), Encyclopedia of Japanese American History: an A-to-Z Reference from 1868 to the Present, New York: Facts on File, 2001.

39. Yuji Ichioka, the Issei: the World of the First Generation Japanese Immigrants, 1885—1924, New York: Free Press, 1988.

40. Franklin Odo (eds), The Columbia Documentary History of the Asian American Experience, New York: Columbia University Press, 2002.

41. Kawakami Kiyoshi Kari, the Real Japanese Question, New York: Macmillan Co, 1921.

42. Roger Daniels, The Politics of Prejudice: the Anti-Japanese Movement in California and the Struggle for Japanese Exclusion, Berkeley: University of California Press, 1962, p.19.

43. Roger Daniels, Asian America: Chinese and Japanese in the United States since 1850, Seattle: University of Washington Press, 1988.

44. Jules Becker, the Course of Exclusion, 1882—1924: San Francisco Newspaper Coverage of the Chinese and Japanese in the United States, San Francisco: Mellen Research University Press, 1991.

45. United States Department of State (eds), Papers Relating to the Foreign Relations of the United States with the Annual Message of the President Transmitted to Congress December 3, 1906. Part I, Washington: G.P.O., 1909.

46. Charles McClain (eds), Japanese Immigrants and American Law: the Alien Land laws and other Issues, New York: Garland Pub., 1994.

47. Toyotomi Morimoto, Japanese Americans and Cultural Continuity: Maintaining Language and Heritage, New York: Garland Pub., 1997.

48. David J. O' Brien & Stephen S. Fugita, the Japanese American Experience, Bloomington: Indiana University Press, 1991.

49. Ronald Takaki, Strangers from a Different Shore: a History of Asian Americans, Boston: Little Brown, 1998.

50. Untited States Department of State (eds), Foreign Relations of United States 1924, Vol 2, Wahington: G.P.O., 1939.

51. Ken Adachi, The enemy that never was: a History of the Japanese Canadians, The Public Archives of Canada, 1976.

52. Jeffrey Lesser, In Search of the Hyphen: Nikkei and the Struggle over Brazilian National Identity, Stanford University Press, 2002.

后 记

对 20 世纪 20 年代日本外交史课题的研究要追溯到 20 多年前。那时我还是一个在校研究生，1987 年在学报上发表了平生第一篇学术论文《华盛顿会议与日本》。20 世纪 80 年代发表论文不是一件容易的事，着实高兴了一阵子，也坚定了自己继续从事该课题研究的决心。尽管以后自己的学术兴趣有所转移，但始终未放下这一课题的研究。拙著就是这些年来围绕此课题研究的结果。

在拙著出版之际，我要感谢以下同志对我的帮助：他们是中国苏联东欧史研究会会长、原苏州科技学院副院长姚海教授，苏州科技学院人文学院副院长董粉和先生、苏州科技学院财务处宋晓辉同志、苏州科技学院外国语学院副教授罗时光博士、天津社会科学院日本研究所副研究员田庆立博士。

华东师范大学博士研究生张建伟参与了第七章一、二、三节的撰写，并做了许多技术性工作；我的研究生刘兆华、张崧和卞蓉参加了第七章第四节的撰写，查阅了相关资料，在此谨致谢意！

苏州科技学院副院长吴健荣教授、科技处的同志一直关心本人的研究并给予必要的帮助，在此谨致谢意！

我要感谢我的家人，内人华放女士，女儿始终关心和理解我的工作，家人的支持是我研究的最大动力。

祝曙光

2013 年 1 月 23 日于苏州市塔园路新地国际公寓

责任编辑:贺　畅

图书在版编目(CIP)数据

徘徊在新、旧外交之间:20世纪20年代日本外交史论/
　祝曙光 著. —北京:人民出版社,2013.7
ISBN 978－7－01－011874－1

Ⅰ.①徘… 　Ⅱ.①祝… 　Ⅲ.①外交史-研究-日本-
　1918~1931 　Ⅳ.①D831.39

中国版本图书馆 CIP 数据核字(2013)第 054719 号

徘徊在新、旧外交之间
PAIHUAI ZAI XINJIU WAIJIAO ZHIJIAN
——20世纪20年代日本外交史论

祝曙光 著

人民出版社 出版发行
(100706 北京市东城区隆福寺街 99 号)

北京新魏印刷厂印刷　　新华书店经销

2013 年 7 月第 1 版　2013 年 7 月北京第 1 次印刷
开本:710 毫米×1000 毫米 1/16　印张:18
字数:235 千字

ISBN 978－7－01－011874－1　定价:43.00 元

邮购地址 100706　北京市东城区隆福寺街 99 号
人民东方图书销售中心　电话 (010)65250042　65289539